Matzat (ed.)

Espacios y discursos en la novela española del realismo a la actualidad

Espacios y discursos en la novela española

del realismo a la actualidad

WOLFGANG MATZAT (ED.)

IBEROAMERICANA • VERVUERT • 2007

Bibliographic information published by Die Deutsche Nationalbibliothek.
Die Deutsche Nationalbibliothek lists this publication in the Deutsche Nationalbiografie; detailed bibliographic data are available on the Internet at http://dnb.ddb.de

Publicación financiada con ayuda del Programa
de Cooperacion Cultural «ProSpanien».

Amor de Dios, 1 – E-28014 Madrid
Tel.: +34 91 429 35 22 - Fax: +34 91 429 53 97
info@iberoamericanalibros.com
www.ibero-americana.net

Wielandstr. 40 – D-60318 Frankfurt am Main
Tel.: +49 69 597 46 17 - Fax: +49 69 597 87 43
info@iberoamericanalibros.com
www.ibero-americana.net

ISBN 978-848489-281-6 (Iberoamericana)
ISBN 978-386527-303-1 (Vervuert)

Depósito legal: B-8.845-2007

Ilustración de la cubierta Juan Gris, *Paisaje con casas en Ceret*, 1914

Diseño de la cubierta: J. C. García Cabrera

The paper on which this book is printed meets the requirements of ISO 9706

Impreso en Cargraphics
Impreso en España

CONTENIDO

II. Lugares de memoria y olvido

III. La construcción de los espacios ficticios

INTRODUCCIÓN

Al comparar la novela con el drama o la poesía lírica salta a la vista que la novela es el género capaz de crear los mundos ficticios más extensos y completos que, como tales, forman una réplica más o menos exacta del mundo real. Por lo tanto, el espacio es una dimensión esencial de estos mundos ficticios y constituye el marco necesario para la representación de los personajes y de la acción. Aunque esto sea así, la creación de los espacios novelescos no se escapa a la influencia del cambio histórico. Como ha mostrado Mikhail Bajtín en sus estudios sobre el cronotopo, las novelas de la antigüedad carecen de esos espacios dotados de abundantes significados históricos y sociales que asociamos con el género de la novela y, sólo después de una lenta evolución que desemboca en el realismo decimonónico, el arte narrativo dispone de los medios necesarios para crear todo el espectro de mundos sociales y naturales que nos brinda la novela de los últimos siglos.

Sin embargo, el desarrollo de la representación del espacio novelesco no se refiere sólo al aspecto de la mímesis que, después de largos siglos, alcanza su culminación en la novela realista y entra en crisis en la novela moderna. Además, esa evolución depende de las formas históricas de las concepciones del mundo, o sea, de los discursos que les dan forma y las comunican. Según la tesis de Yuri Lotman, los espacios literarios representan determinados modelos culturales a través de las oposiciones espaciales que estructuran el mundo ficticio. En la medida en que estas relaciones espaciales se vinculan con significados específicos para un grupo social o para un momento histórico, pueden dar expresión a las visiones del mundo correspondientes. El título «Espacios y discursos» se refiere a este punto de vista teórico; quiere indicar que no basta enfocar los espacios representados en la novela desde la perspectiva de las ciencias socioculturales, como se hace a menudo hoy en día, por ejemplo en los estudios que tratan la imagen de la ciudad, sino que se deben situar estas representaciones del espacio en el marco de los discursos literarios y extraliterarios. Esto vale de manera particular para la novela, ya que, gracias a las formas complejas de la mediación narrativa, la constitución del espacio novelesco puede entrar en un diálogo polifacético con los discursos socioculturales contemporáneos.

Los artículos de este tomo se centran en la historia de la novela desde el realismo hasta la actualidad. Para la elección de este marco temporal existen motivos obvios: la novela realista, es decir, la novela de los últimos decenios del siglo XIX marca un nuevo arranque en la historia de la novela española y cimienta el desarrollo de la novela del siglo XX. Además, las innovaciones de la novela moderna suponen, en la mayoría de los casos, una relación dialógica con el modelo realista. La característica más importante de los espacios representados en las novelas realistas y modernas consiste en el hecho de que éstos evocan significados sociales referidos a la historia y el desarrollo de la sociedad. Una primera serie de artículos reunida bajo el título «Visiones de la historia española» focaliza esta relación entre los espacios y las concepciones de la historia. La segunda parte, con el título «Lugares de memoria y olvido», se refiere a la pérdida de relaciones estables con el espacio circundante, característica del mundo moderno, y los intentos literarios de contrarrestar esta pérdida. Se señala la capacidad particular del discurso novelesco para hacer resucitar los lugares perdidos y para salvarlos del olvido. Los artículos de la tercera parte, «La construcción de los espacios ficticios», presentan una serie de reflexiones teóricas acerca de los procedimientos narrativos que constituyen el universo de la novela.

El artículo de Friedrich Wolfzettel, que encabeza la primera parte, desarrolla una visión de la historia española muy apta para servir de enlace entre los textos que siguen. Partiendo de *La ciudad de los prodigios* de Eduardo Mendoza traza un recorrido por la novela histórica, que comprende la novela romántica, los *Episodios nacionales* de Pérez Galdós, así como novelas de Miguel de Unamuno, de Pío Baroja y de Valle-Inclán, para demostrar la tesis contenida en el título de su contribución:

«El yo impotente ante la Historia: una constante de la novela histórica española desde el romanticismo». Este título señala una falta de identificación del sujeto con la historia, resultante del hecho de que esa historia se le antoja «sin sentido» (p. 20). Para Wolfzettel, esta relación negativa entre individuo e historia no es una característica exclusiva de la novela moderna o posmoderna, sino una constante de la visión española de la historia de los últimos siglos en contraste con la visión optimista de la burguesía europea, que radica en la Ilustración y se manifiesta, por ejemplo, en la novela histórica romántica creada por Walter Scott. Para explicar este hecho Wolfzettel se basa en la conocida tesis de que la burguesía española no ha logrado representar el mismo papel histórico que en países como Francia e Inglaterra. «La ruptura del espacio burgués en *Nazarín* y *Halma* de Pérez Galdós» —así reza el título de la contribución de Jesús María Vicente Herrero— se puede considerar como una consecuencia del estado de cosas expuesto por Wolfzettel. La «consciencia de una clase media incapaz de regir los designios del país» (p. 37), así lo afirma Vicente Herrero al principio de su texto, motiva en las dos novelas analizadas el intento de abandonar el espacio urbano, espacio burgués por excelencia, a la búsqueda de otros espacios. Pero esta búsqueda fracasa, ya que no encuentra los debidos referentes espaciales. Tampoco los paisajes naturales que Halma y Nazarín recorren con ocasión de sus excursiones por los alrededores de Madrid constituyen una alternativa, ya que presentan, como la ciudad, las huellas de una modernización malograda.

Jochen Mecke se ocupa de una búsqueda parecida de nuevos espacios de identificación en «Del 'paisaje de alma' al 'alma del paisaje': paisajismo en el discurso literario del 98». Su investigación sobre la representación del paisaje en Unamuno, Azorín y Antonio Machado demuestra, en primer lugar, cómo los autores del 98 superan los procedimientos propios de los discursos del romanticismo y del realismo para establecer una relación decididamente estética entre individuo y naturaleza. Sin embargo, la autonomía del paisaje así lograda no se deja reducir a la función de una evasión esteticista. Más bien, proponiendo al mismo tiempo una visión de la historia caracterizada por «la ausencia, la vacuidad, y hasta la decadencia actual de España» (p. 69), los autores mencionados intentan proporcionar los referentes de una nueva identidad cultural lejos de los discursos oficiales de la historia nacional. Que la crítica a España —que llega a su punto culminante en los discursos de la generación del 98— sea una constante en la representación del espacio provinciano, afirma Wolfgang Matzat en su contribución: «La ciudad de provincias de la novela realista a la actualidad: continuidad y transformación». Basándose en los ejemplos de Orbajosa en *Doña Perfecta* de Pérez Galdós, Vetusta en *La Regenta* de Leopoldo Alas, Alcolea del Campo en *El árbol de la ciencia* de Pío Baroja y Mágina en *El jinete polaco* de Muñoz Molina, Matzat traza las diferentes formas que asume esta crítica según los discursos en los que se basa: crítica a la ideología conservadora (Orbajosa) o a la modernización malograda (Vetusta) desde el punto de vista del discurso liberal, crítica al dominio de los instintos primitivos de la vida (Alcolea del Campo) desde el punto de vista del discurso vitalista. La representación de Mágina por Muñoz Molina señala la permanencia de la crisis en la conciencia histórica, apuntada ya en las contribuciones anteriores: no hay pasado que brinde una posibilidad satisfactoria para la identificación.

Las dos últimas contribuciones de la primera parte atestiguan, asimismo, este estado. Stefan Schreckenberg, en su artículo «Lugares de la memoria, espacios de la imaginación y discursos de la identidad: el Siglo de Oro en la novela contemporánea», interpreta *Crónica del rey pasmado* de Torrente Ballester y *El hereje* de Miguel Delibes como dos intentos abiertamente imaginarios de reescribir la historia del Siglo de Oro partiendo de una perspectiva liberal. Este hecho lleva a diferentes representaciones del espacio. Mientras que Torrente Ballester opone al espacio castizo de Castilla los espacios periféricos como una serie de contraespacios, Delibes eleva Valladolid al rango de un lugar de memoria que guarda las huellas de las esperanzas liberales fracasadas bajo el imperio de Carlos I. Absolutamente diferente es la visión de Madrid que Paul Julian Smith descubre en otra novela contemporánea. Bajo el título «Espacios urbanos en la transición española: el caso de Luis Antonio de Villena», estudia la novela de este último *Madrid ha muerto: esplendor y caos de una ciudad feliz de los ochenta*, publicada en 1999. Smith elige este texto para demostrar que la transición no sólo presenta un renacimiento del escepticismo histórico bajo el lema del desencanto, sino también una afirmación de «la vida, la libertad y la búsqueda del placer, si no de la felicidad» (p. 117).

La búsqueda de los lugares perdidos mediante la memoria es un tema que acompaña de manera constante el nacimiento del mundo moderno.

Los artículos de la segunda parte de este tomo indagan cómo se manifiesta este tema en un país como España, aquejado de manera particularmente grave por las crisis de la modernización. Un primer ejemplo se presenta en la contribución de José Manuel Martín Morán, con el título «Espacio cultural y paisaje de la memoria en *La aldea perdida* de Palacio Valdés». Martín Morán analiza, en primer lugar, de qué manera diferentes corrientes estéticas —el costumbrismo, el realismo y el clasicismo— influyen, en el caso de esta novela, en la construcción del espacio idílico, un valle en los montes cantábricos, que constituye un contra-espacio utópico frente al mundo moderno. Sin embargo, a pesar de obvios parecidos, el texto de Valdés se aleja de la novela regionalista de Pereda: «no propone su región como crisol de la nueva nación, como hace Pereda en *Peñas arriba*», ya que «la vuelta al paraíso perdido de su niñez tiene por objeto la reconstrucción de la raíz de su identidad» (p. 144). La utopía colectiva se sustituye por un lugar de memoria individualizado. La relación entre «Memoria y espacio en *El laberinto mágico* de Max Aub», como reza el título de la contribución de Francisco Caudet, se presenta de manera parecida, ya que aquí también la memoria individual hace posible la resistencia contra las fuerzas destructivas de la historia. La función central que Aub da a la experiencia de los paisajes idílicos —como ambiente de la infancia o de los pocos momentos felices durante la guerra— señala su intento de «recuperar la inocencia de la Naturaleza frente a las perversiones de la Historia» (p. 159). Estos paisajes, asimismo, simbolizan las ilusiones perdidas de una generación desarraigada por la guerra y el exilio.

En la novela contemporánea, el pasado puede mostrarse aún más inaccesible, como describe Gerhard Penzkofer en el artículo «La memoria anti-épica en las novelas de Julio Llamazares». Textos como *Luna de lobos* y *La lluvia amarilla* despliegan diferentes versiones de un contra-discurso de la memoria, negándose tanto a la «mitificación y a la monumentalización de lugares de recuerdo» (p. 166), típicas de la historiografía oficial bajo el franquismo, como a la presentación de un «idilio costumbrista» (p. 175), oponiéndose así también a la novela regionalista de tipo perediano. Sólo en *Escenas de cine mudo* se logra la recuperación del mundo perdido de la infancia, pagando sin embargo el precio de «la falta de realidad y la ficcionalización del recuerdo» (p. 177). Vista sobre este trasfondo la actitud de Juan

Goytisolo parece ambigua. Mª. Carmen Porrúa, en su contribución «Espacio, sujeto y memoria en *Telón de boca* de Juan Goytisolo», examina, por una parte, la manera en la que Goytisolo valora el pasado a través de los contenidos de una memoria subjetiva; por otra parte, describe cómo en esta novela la mirada nostálgica hacia tal pasado —la infancia y el tiempo vivido con una mujer amada y ahora desaparecida— se ve amenazada por la irrupción de la modernidad y un consiguiente «caos destructivo» (p. 195) que transforma el espacio marroquí, que constituye el ambiente del presente del narrador, en un «espacio de la muerte» (p. 196).

Los artículos reunidos en la última parte del tomo se centran en varios aspectos de la «construcción de los espacios ficticios». En la contribución de Darío Villanueva, con el título «El realismo intencional: de Pereda a Cunqueiro», se llama la atención sobre la relación entre el «campo de referencia interno», constituido por el mundo ficticio, y el «campo de referencia externo» (p. 206), o sea, la realidad del autor y de los lectores. Basándose en novelas de Pereda, Leopoldo Alas, Blasco Ibáñez y Álvaro Cunqueiro, Villanueva demuestra cómo el «realismo intencional» intenta alcanzar la ilusión de la fusión de estos campos de referencia. Mientras que en este artículo se subraya la permanencia del modelo realista, Germán Gullón describe la búsqueda de un «Espacio intermedial en las letras españolas circa 1900», y muestra así cómo los mismos escritores realistas intentan modernizar el discurso narrativo decimonónico. Su análisis ilustra los procedimientos con los que Pérez Galdós en *Tristana* y Leopoldo Alas en *Berta* construyen espacios de memoria combinando el medio lingüístico con las imágenes y la música. Axel Wasmuth se dedica en «Polifonía y armonía de los espacios en *Herrumbrosas lanzas* de Juan Benet» a una reflexión hermenéutica sobre la construcción del espacio ficticio. Propone la tesis de que, en la novela de Benet, la constitución del mundo ficticio se realiza mediante una relación dialéctica entre el espacio abstracto y homogéneo de los mapas y el espacio concreto de la percepción y que así nace tanto el efecto de la armonía vinculada a la autonomía del modelo estético logrado, como una polifonía que resulta de la integración de las voces contradictorias de la realidad histórica.

Los trabajos que se presentan en este tomo son los resultados de un coloquio internacional que tuvo lugar en la Universidad de Tübingen el 9 y 10 de julio de 2004. Quiero agradecer a la Universidad su generoso apoyo y a todos mis colaboradores la ayuda prestada; en la organización del congreso particularmente a las señoras Dra. Sabine Fremmer y Monika Ehrt, y a las señoras Carmen Almendros y Friederike Werner en la publicación de estas actas.

Wolfgang Matzat
Tübingen, marzo de 2006

I.

VISIONES DE LA HISTORIA ESPAÑOLA

EL YO IMPOTENTE ANTE LA HISTORIA: UNA CONSTANTE DE LA NOVELA HISTÓRICA ESPAÑOLA DESDE EL ROMANTICISMO

Friedrich Wolfzettel

La ciudad de los prodigios, publicada en 1986, es la historia de una deslumbrante ascensión social en el marco de la «renovación» (Mendoza 2000: 9) de Barcelona entre las dos grandes Exposiciones Mundiales de 1888 y 1929. Por lo tanto, la novela describe el desarrollo de la modernización de España antes de esa «cadena o pendiente que llevaba ineluctablemente a la guerra y a la hecatombe» (474). La vida del héroe, Onofre Bouvila, una nulidad social, hijo de un «indiano» fracasado, nacido «en la Cataluña agreste, sombría y brutal» (14) de la región pirenaica, está estrechamente vinculada con este medio siglo en el que Barcelona «se disponía a franquear la línea que separaba el siglo pasado del presente» (191), es decir, las décadas de la industrialización que llevan de las guerras carlistas hasta la crisis política después de la Primera Guerra Mundial. A partir de la primera Exposición, el héroe aprovecha sistemáticamente todas las oportunidades que le ofrece la historia de la ciudad. Como agitador anarquista Onofre Bouvila descubre lo lucrativo de un ungüento para el pelo, saquea los almacenes de la Exposición Mundial y se convierte en el empleado de un gran mafioso, antes de llegar a ser el jefe él mismo. En lo sucesivo, no vacilará en enriquecerse sin escrúpulos en el contrabando de armas durante la guerra mundial. El héroe es, de hecho, la encarnación de la proverbial habilidad catalana y el representante metonímico de la gran ciudad. El vínculo entre la vida privada y la vida pública parece tan estrecho que el héroe, especie de pícaro moderno, es casi una función y un emblema de la gran ciudad con cuya descripción Eduardo Mendoza ha iniciado la historia moderna del mito de la capital de Cataluña. Como una especie de variación modernizada del tema stendaliano o balzaquiano de la llegada de un joven provinciano a la capital, así como del tema balzaquiano y zoliano de la ascensión social en tiempos de derrumbe y de renovación, Onofre Bouvila, pese a ciertos rasgos psicológicos elementales, no hace sino representar cierta homología entre la vida individual y la vida social e histórica. Comparable al clan de los Peces en las novelas contemporáneas de Pérez Galdós, es un 'pez' feliz en las aguas turbias de la historia moderna.

Tal vez sea correcto calificar *La ciudad de los prodigios* de novela histórica, pero se trata de un tipo especial cuya ironía mordaz no deja de recordar el modelo de Valle-Inclán. Más bien valdría, pues, hablar de una parodia del género típicamente decimonónico en el sentido de que el movimiento histórico sugerido de vez en cuando no tiene ninguna significación intrínseca ni necesidad narrativa; es un mero telón de fondo, más o menos ridículo, de la acción picaresca principal. Basta con pensar en la evocación del dictador Primo de Rivera a finales del libro. Claro está que, bajo estas circunstancias, el papel desempeñado por el actor y héroe no puede ser substancial. Esta constatación vale aún más cuando se piensa que, a primera vista, la concepción del protagonista mediocre y representante del movimiento socio-histórico parece corresponder casi exactamente con la de las novelas scottianas y a la teoría lukácsiana derivada de estas últimas. Sin embargo, aquí también sería más sensato hablar de una alusión irónica y paródica a esa vieja tradición. El hecho mismo de que Onofre Bouvila sea casi la personificación alegórica de la ciudad impide lógicamente todo tipo de influencia del individuo sobre los acontecimientos históricos. El que se contenta con aprovechar las ocasiones es beneficiario de la historia y nada más. Su superioridad consiste obviamente en la facultad de ver las señales. Es un 'prodigio' que está a la altura de los prodigios de la «ciudad de los prodigios» con la que puede establecer una conexión íntima de connivencia. Pero no es un héroe histórico en el sentido decimonónico, porque, en realidad, queda a un lado de la gran Historia. A mitad del libro aproximadamente lo dice él mismo: «Ahora ya sé cómo son las cosas. También sé que yo no las voy a cambiar, por más que haga; ni puedo ni tengo tiempo de cambiar las cosas»; y —hecho significativo— el héroe añade aún: «ni estoy seguro de que quisiera hacerlo aunque dispusiera de ese poder y de ese tiempo» (209). Esta actitud pasiva denota, pues, lo que podríamos calificar de impotencia voluntaria y deliberada ante las pretensiones de la Historia. La renuncia a todo tipo de impacto a nivel político y social implica necesariamente la 'privatización' de la vida en esta novela en la que la subcultura de las finanzas y de la mafia viene a reemplazar la esfera pública. En cierto sentido el episodio del 'exilio' del héroe en su tierra natal hasta finales del libro podría ser leído como una *mise en abyme* de esta desvirtuación de la Historia frente a la vida privada. Al hablar de los periódicos que «daban siempre noticias atrasadas y a menudo falsas», Onofre Bouvila nota que «Esto no parecía incomodar a los lectores; además las noticias políticas ocupaban un lugar secundario en aquellos periódicos; que concedían preeminencia a los sucesos locales y a otra información más banal» (387). Es «una trasposición de valores» que irrita al héroe, pero «al cabo de un tiempo [...] empezó a pensar que tal vez aquel orden de prioridades no fuera tan desatinado como le parecía al principio» (387).

Es esta «trasposición de valores» la que constituye también el carácter paródico de la novela pseudo-histórica de Mendoza. Lo veremos en la escena final del vuelo, escena impregnada de irrealidad. Instalado con su amante en el dirigible fabricado por el ingeniero Belltall, padre de su amiga, Onofre se convierte en el punto de mira de la muchedumbre: «Las historias que circulaban acerca de su riqueza fabulosa y los medios de que se había valido para obtenerla lo habían convertido en un personaje popular» (468). Este personaje «fabuloso» y «popular» que parece provenir de las novelas populares del siglo XIX va a ocupar el lugar de la Historia. Y, en cambio, volando por encima del Palacio Nacional, va a ver a los grandes personajes históricos reunidos allá como en un espectáculo. La Historia se parece a un libro de estampas: tal como después de la muerte del héroe, «aparecieron semblanzas biográficas de Onofre Bouvila convenientemente expurgadas, pensadas para la edificación de los lectores» (471). Esta muerte —en la «máquina voladora» (471) que, con Onofre y su joven amiga, acaba por hundirse en el mar— forma, obviamente, parte de una puesta en escena teatral al recordar el viejo tema mítico del alejamiento del héroe moribundo hacia el más allá. Así, a finales del libro, todo se vuelve ficción y mito y el protagonista parece tener razón al pensar que «el mundo en realidad es como el cinematógrafo» (468).

El tema del hombre superior es obviamente el revés dialéctico del yo impotente. La novela posmoderna se inscribe así en una larga tradición de la problematicidad de la Historia y, sobre todo, de la relación entre el individuo y la Historia. De hecho, el héroe de la novela posmoderna es el tipo mismo del vencedor, el héroe de una Historia vista desde abajo y desde arriba, pero siempre de una Historia sin sentido. Al convertirse en objeto de un mito popular, este héroe sin profundidad parece huir también de la banalidad misma de una Historia desvirtuada despojada de su dimensión futura indispensable. La Historia desvirtuada contribuye además a desvirtuar el lugar y los lugares de la Historia. Al contrario de lo que se espera, pues, el mito de Barcelona no presenta sino una ilusión. Tal como no hay profundidad psicológica o profundidad histórica al parecer la realidad «como un cinematográfico», tampoco hay una profundidad espacial. El final mítico de la máquina voladora implica la pérdida de toda conexión necesaria entre el protagonista y los lugares de su existencia histórica concreta.

La ciudad de los prodigios se sitúa en la primera época moderna después de la fase de la transición. La novela representa el inicio de una nueva orientación de la narrativa española en busca de sus raíces históricas perdidas. En una reseña reciente Jennifer Wilton ha resumido la comunión de esta nueva generación (integrada por Antonio Muñoz Molina, Rafael Chirbes, Manuel Rivas, Dulce Chacón o Manuel de Lope) con la frase: «Junge spanische Autoren befragen die alten und kultivieren die Erinnerung» (Wilton 2004: 12 s.). Sin embargo, en esta perspectiva de un nuevo arranque, no deja de sorprender el hecho de que la novela mendoziana en vez de marcar un cambio de rumbo significativo, parezca reanudar la tradición ya vieja al representar más bien el punto final de esa misma tendencia que, como veremos a continuación, se remonta hasta el romanticismo tardío. Por lo demás, la novela de Mendoza está lejos de formar un caso único. Al observar la nueva narrativa española más detenidamente, nos damos cuenta de que *La ciudad de los prodigios* forma parte de toda una serie de novelas históricas modernas, cómicas o trágicas, cuya historia queda aún por escribirse. Baste aquí con recordar las comedias fantásticas de Gonzalo Torrente Ballester, *El hereje* (1998) de

Miguel Delibes[1] o las novelas de aventuras de Arturo Pérez-Reverte o con pensar en las novelas históricas de Manuel Vázquez Montalbán, en cuya obra Hartmut Stenzel ha destacado en un ensayo reciente el «fracaso de la Historia» y la «destrucción del sentido» (Stenzel 1995).

También en el marco de la novelística moderna 'clásica', antes o después de la Guerra Civil, parece significativo que los autores tal vez más representativos de mediados del siglo XX, Camilo José Cela y Ramón J. Sender, hayan contribuido también a desvirtuar la noción misma de la Historia: Cela con su visión única y catastrófica de la historia española, Sender con su técnica de distanciamiento mítico. En *San Camilo 1936*, de 1969, Cela destaca «los necios hilos de la historia» que «sólo sirven para tejer sudarios» (Cela 1982: 331). En *La Cruz de San Andrés*, de 1994, la novela de una familia forma el telón de fondo de la idiotez del progreso histórico. En *Mazurca para dos muertos*, de 1983, la historia es literalmente una danza macabra. En cuanto a Sender, desde su primera novela, *Imán*, publicada en 1930, hasta la *Crónica del alba*, de 1971, y la serie de novelas dispuestas bajo constelaciones míticas, la imagen del laberinto existencial se encuentra en las raíces de la búsqueda de un orden mítico superior, en contra de la Historia, absurda y sin legitimidad. Una novela como *Carolus rex*, de 1971, que trata de la decadencia absoluta de España bajo el reino de Carlos II el Hechizado con motivo de un proceso de la Inquisición, nos presenta la imagen grotesca de una Historia desviada, sin héroe y sin sentido ninguno. Los prisioneros de la Inquisición igual que el rey y la reina son igualmente las víctimas de un desorden en el que «no existía siquiera ninguna clase de gobierno» (Sender 1986: 125). En la escena inolvidable del auto de fe, los reos de muerte pasan delante de los reyes y una muchacha hebrea se dirige a la reina con estas palabras: «Noble reina, ¿no puede tu influencia salvarme de todo este espanto y horror?» (159). La reina, incapaz de reaccionar, se queda tan impotente como el rey mismo. La Historia es obviamente un engranaje que convierte a todos en marionetas. Y claro que, en esta «danza macabra», los lugares históricos virtualmente intercambiables pierden toda significación propia.

[1] Cf. la contribución de Stefan Schreckenberg en este volumen: «Lugares de la memoria, espacios de la imaginación y discursos de la identidad: el Siglo de Oro en la novela contemporánea».

La ciudad de los prodigios nos servirá, pues, como ejemplo específico en el marco de una pregunta más larga y necesariamente bastante sumaria. El enfoque de este ensayo afectará en efecto a una constante ideológica y mental que parece imponerse a pesar de la diversidad genérica de los ejemplos. Como «visión del mundo» específicamente española, esta constante contribuye a constituir cierta alteridad en comparación con la mayoría de las otras literaturas modernas, ya sea en Europa o en América. Desde luego, podemos plantear desde un principio la pregunta del porqué de tal alteridad mental. En efecto, parece interesante colocar la tesis de este resumen de la novelística española bajo el pensamiento sociológico de Ortega y Gasset. Porque si cierto optimismo histórico, así como el triunfo de la filosofía de la historia, está obviamente conectado con el ascenso social de la burguesía, claro está que la falta de optimismo histórico denota aquel fenómeno que Ortega llama en 1922 «la España invertebrada» (Ortega y Gasset 1922). Es verdad que, en primer lugar, Ortega lamenta en su libro, muy discutido (cf. R. Schmolling 1981), la falta de una «élite aristocrática», «la ausencia de los mejores», y la deficiencia del sistema feudal, pero este pecado original de la organización socio-política española afecta también al desarrollo futuro, ya que la falta de una aristocracia fuerte impide la formación de una burguesía consciente de sí misma. Y ya se sabe que la *bête noire* del autor de la *Rebelión de las masas* es la pequeña burguesía incapaz de vigor histórico. El fracaso del liberalismo romántico, pero también el del «ideal de progreso de la clase media española» (Regalado García 1966: 28) de la novelística galdosiana parecen confirmar este diagnóstico social igual que el desdén de Valle-Inclán o el de Pío Baroja por la pequeña burguesía y el mito del superhombre derivado de esta condición. Sin una fuerte clase media —nos lo advierte la sociología del tipo marxista, Lukács, Goldmann y otros— no puede haber concepto válido, positivo de la Historia, es decir, que la Historia carece de sentido. Ya nos advierte Juan Ignacio Ferreras en su tipología fenomenológica que la ficción histórica está basada en la tensión fundamental entre «el pasado exaltado», la justificación y la problematización del presente y un «futuro deseado» (1976: 26). El retraso forzado y el paro artificial ocasionados por la Guerra Civil constituyen un motivo más de esa misma problemática histórico-social del país.

Pero echemos una breve mirada sobre el siglo de oro de la novela histórica concentrándonos en las tres grandes etapas del romanticismo, la narrativa histórica de Galdós y el fin de siglo y la generación del 1898. Según Georg Lukács (1965), la novela histórica romántica representa la conciencia más alta de la burguesía triunfante después de la Revolución, aunque el modelo adecuado no fue elaborado en Francia, sino en Inglaterra. Según este último, Walter Scott crea el héroe medio representante de las fuerzas de la Historia al construir la dialéctica fundamental entre la vida privada y el fondo histórico que siempre presupone también un fondo regional y social muy preciso, un lugar significativo, simbólico de las fuerzas de la Historia significativa. Con arreglo a esta concepción, el héroe, sea trágico o no, viene a participar en el sentido objetivo del movimiento histórico cuyo progreso —dirán los pensadores liberales— puede ser interpretado como una ascensión hacia la luz. En este sentido, la novela histórica es la heredera de la Ilustración. Sin embargo, ante el fracaso del liberalismo en España y la decadencia actual, este modelo filosófico de la Historia parece obviamente problemático. En nuestro libro sobre la novela española ya hemos destacado las dificultades con las que chocaba el modelo walterscottiano en el contexto español (Wolfzettel 1999: 34 ss.). En su reciente tesis doctoral sobre la novela histórica española, Benjamin Kloss ha profundizado en este aspecto (2003: 64 ss. y 79 ss.), llamando además la atención sobre el hecho de que bajo condiciones similares, el modelo dialéctico de Scott no puede tener éxito. A pesar de las primeras traducciones del novelista inglés desde finales de los años veinte y la adaptación, por ejemplo, de *Ivanhoe* en *Los bandos de Castilla* (1830), de López Soler, la novelística histórica española está marcada por lo que Kloss llama con una fórmula paradójica *Die Abhängigkeit und Loslösung [...] vom Modell des Historischen Romans Walter Scotts* (2003). En este contexto parece particularmente significativo el hecho de que las mejores obras construidas, sin duda alguna, bajo el influjo directo del novelista inglés acaben por distanciarse del modelo de este último, como si hubiera una honda incompatibilidad entre el modelo optimista walterscottiano y la mentalidad de los románticos españoles. Así, Kloss nos hace notar que la novela *Ni rey ni roque* (1835), de Escosura, discípulo de Alberto Lista, se basó sobre el modelo de *Waverley* y está, de hecho, conforme en casi todos puntos con las reglas de la novela scottiana, salvo en el aspecto principal de la congruencia entre la historia privada y la historia nacional. En este caso la historia privada es una historia lograda que se opone radicalmente al desastre nacional, y al introducir esta dicotomía, el autor parece subrayar la falta de dinámica dialéctica entre los dos polos.

El procedimiento es el contrario a lo que sucede en el caso de los dos grandes autores Larra y Gil y Carrasco, quienes prefieren una versión sombría y trágica de la historia privada. Ferreras (1976: 33) ha propuesto hacer una distinción entre la concepción progresiva de Larra y la novela regresiva de Gil y Carrasco, pero fundamentalmente se trata de dos caras de una misma medalla. *El doncel de don Enrique el Doliente* (1834), una versión novelesca cuyo estilo demuestra aún la influencia del drama *Macías*, irá más allá de la novela de Escosura: En vez de una simple dicotomía entre la Historia y el yo, esta imagen lúgubre de un mundo en descomposición evidencia la impotencia del héroe ante la imagen sombría del medioevo tardío, mientras este último funciona como mero telón de fondo de un concepto hondamente pesimista de la Historia en general. En vez de representar los «nuevos valores de la sociedad», como piensa Ferreras (1976: 34), el héroe, pero también Enrique el Doliente, parece desvincularse de la Historia para vivir tan sólo su propia fatalidad (cf. Wolfzettel 1999: 44). En cierto sentido, la concepción trágica del autor nos hace ver un mundo de víctimas; por lo demás los dos protagonistas, Macías y Enrique el Doliente, reunidos, no por casualidad, en el título de la novela, pueden ser interpretados como personificaciones del autor mismo. Con razón habla Kloss de una novela histórica indiferente respecto al modelo scottiano (2003: 159), en el sentido de que esta novela se sitúa entre un pasado perdido, un presente catastrófico y un futuro inexistente. Bajo estas condiciones de una Historia mitificada, el lugar del drama lúgubre pierde toda importancia histórico-regional. Lo que cuenta, al revés, es el valor simbólico de una estructura espacial que consigue, por primera vez en la novela española del siglo XIX, crear una atmósfera laberíntica y opresiva. El lugar histórico está desvirtualizado conforme al mensaje absurdo de la Historia. La aparente precisión del espacio histórico resulta una ilusión del yo impotente.

A primera vista, este juicio no parece valer para *El señor de Bembibre* (1844) de Gil y Carrasco, tal vez la novela histórica más hermosa y lograda del romanticismo español (Wolfzettel 1999: 52 ss.). Se podría hablar hasta de una corrección del ensayo laberíntico de Larra; pues, al contrario de este último, el autor trata de construir una realidad histórica homogénea y una intriga novelesca coherente y, sobre todo, de plantear un héroe funcional, a la manera de Walter Scott, en un espacio histórico preciso y significativo de la España tradicional. Pero en vez de poner en marcha una dialéctica histórica scottiana, la novela desemboca en la negación de la Historia por el amor y la Naturaleza. Igual que Larra, Gil y Carrasco no hace sino demostrar la victimización del héroe histórico, pero del mismo modo que Escosura hace valer también la inanidad de la Historia misma frente a los valores eternos de la vida privada reflejados en la estética romántica de la Naturaleza. Lo trágico se convierte en lo patético sentimental, y la Naturaleza, negación de la Historia, es, al mismo tiempo, la negación de los lugares que funcionan tan solo como equivalentes de un regionalismo pintoresco. Una vez más, el espacio cultural y geográfico sirve como fondo ejemplar de la insensatez trágica de la Historia. Nada más significativo que este retrato de una huida trágica ante las fuerzas adversas de una Historia que obstaculiza la realización de todos los deseos legítimos.

Ferreras nos ha llamado la atención sobre la herencia bastante rica de «la novela histórica de origen romántico» (1976: 105 ss.), género caracterizado, según el crítico, por una «visión ruptural del mundo», es decir «un héroe solitario que irreversiblemente acabará en la muerte, y un universo que, aunque mediador, no será nunca capaz de asimilarse al héroe, de integrárselo» (1976: 105). Sin embargo, todo parece cambiar con los *Episodios nacionales* de Galdós, esa obra monumental que, según Antonio Regalado García, constituye la «rehabilitación de la novela histórica» (1966: 134) en el marco del liberalismo y representa un apogeo de la novelística histórica europea. Además, en vez de remontarse al medioevo y de buscar las raíces lejanas de la nación española y de hundirse en la visión trágica de la Historia, las cinco series de los *Episodios* constituyen la prehistoria de las «novelas contemporáneas». Al establecer una continuidad entre el pasado, el presente y el futuro deseado, desde 1805 (*Trafalgar*) hasta 1882 (*Cánovas*), los *Episodios* describen los presupuestos históricos y sociales del ascenso de esas clases medias que formarán el centro de las novelas contemporáneas (cf. Rodríguez 1967). Por primera vez se trata explícitamente no de episodios lejanos y pintorescos de la historia nacional, sino del nacimiento mismo de la España moderna. Por primera vez la Historia tiene una función racional y didáctica en el marco del proyecto liberal del autor y los escenarios del teatro de la Historia denotan los lugares del proceso de una toma de conciencia colectiva del ser español y de su historicidad. No nos detengamos en este contexto en el problema de la evolución ideológica del autor y de sus crecientes dudas acerca de su proyecto liberal, ni siquiera en el proyecto de examinar los aspectos de un cambio progresivo de los métodos narrativos. En un artículo fundamental de 1970 sobre «La Historia como materia novelable», Ricardo Gullón ya había destacado la «novelización» progresiva de la quinta serie, la «equiparación entre lo histórico y lo inventado» (1979: 422), al notar al mismo tiempo que una concepción irónica y hasta fantasmagórica tiende a sustituir el concepto heroico de la Historia nacional. Recientemente, Diane Faye Urey ha subrayado «Galdós' persistent reexamination and revision of his own work» (1989: 228) al llamar la atención sobre el hecho de que «the last three series of *Episodios* offer a progressively more deliberate challenge to the conventions of representation, whether in literary or historical discourse» (1989: 229). Hagamos caso omiso igualmente de que Galdós, al pasar de la tercera a la cuarta serie, reemplaza los caracteres heroicos por unos caracteres incoloros más adecuados, según parece, para la descripción de la historia moderna entre 1848 y 1868. Hans Hinterhäuser ya había señalado que sólo en la primera serie de los episodios predominan las grandes personalidades (1963: 370). Además, Diane Faye Urey nos hace notar que «the fourth series, written between 1902 and 1907, seems to lack the cohesive artistic unity of plot development that characterizes, for the most part, the first three series» y que «the series lacks a protagonist whose activities serve as the focus of the plot extended through most of the novels» (1989: 101). Vamos a pasar por alto todos estos aspectos intrínsecos de la elaboración del proyecto, porque no afectan a la organización ideológica interna de la inmensa obra cuyos principios constituyentes no han cambiado a lo largo de la realización del proyecto. Estos principios implican de hecho, al menos a primera vista, una renovación de la concepción walterscottiana, pero a diferencia de esta última, una revalorización radical de la relación entre el héroe medio y los acontecimientos históricos. Se trata de nada menos que de la proporción otorgada a la Historia y a la función del héroe principal.

La gran novedad de los *Episodios nacionales* consiste, en efecto, en abandonar el concepto de un héroe típico, emblemático de las fuerzas históricas. Al contrario del modelo walterscottiano, Galdós se contenta con introducir un personaje testigo cualquiera y de presentar la historia desde el punto de vista de este personaje. La perspectivización del relato refrena la autonomía completa del discurso histórico al atribuir a un hombre del pueblo o de la burguesía una función determinante de crítico. Es decir, que el yo narrador de cada una de esas novelas reemplaza al autor omnisciente al hacernos notar que la Historia no pertenece a los historiadores sino a toda la nación. Hinterhäuser ha hablado de la «paulatina apoteosis» del pueblo como primera fuerza determinante de la Historia (1963: 128). Según Vicente Llorens (1970-1971: 75) Galdós ha incorporado, por primera vez, al «pueblo anónimo» a la Historia (cf. Carranza 1942). Julio Rodríguez Puértolas dará un paso más: Según este crítico «Galdós 'descubre' mucho antes que Unamuno la *intrahistoria*» (1983: 37). Y Rodríguez Puértolas no vacila en referirse a las categorías de Lukács al hablar de «una nueva épica, la del hombre en el mundo, la del hombre agente y paciente de la Historia, en una relación dialéctica, conviene insistir, que en el caso de Galdós ha permitido sin esfuerzo alguno comentarle, precisamente, a la luz de la teoría de la novela de G. Lukács» (1983: 39). Para el crítico español se trata, sobre todo, de la famosa *tipicidad* que está en la base de la teoría marxista de la novela en general y de la novela histórica especialmente. Por lo que atañe a Gabriel Araceli, por ejemplo, este héroe-testigo de la primera serie de los *Episodios* «tipifica», según este crítico, «con claridad absoluta la formación, desarrollo y ascenso de la nueva clase que acabará siendo omnímoda en el siglo XIX: la Burguesía» (Rodríguez Puértolas 1983: 41). La perspectiva burguesa y popular constituiría y reflejaría la posición desmitificadora del autor. Por primera vez la gran Historia sería una función de la vida del pueblo. La perspectiva antioficial y antiheroica puesta de relieve, por ejemplo, por Ricardo Gullón formaría parte de una nueva visión significativa y dialéctica de la historia nacional, en el sentido de que «la Historia es instrumento formativo de la persona y espacio configurante» (1979: 380).

¿Pero es verdaderamente así? Dejemos a un lado la cuestión del estilo a veces discursivo y didáctico conectado con esta gran empresa y tampoco hagamos caso del carácter problemático del yo ficticio autobiográfico que pretende contar su vida a través de la Historia. Dicho sea de paso, que no compartimos de ningún modo la tendencia de la crítica moderna, destacada, entre otros, por la tesis americana de Diane Faye Urey, a revalorizar los *Episodios nacionales* por encima de las *Novelas contemporáneas* del autor y a sostener que los *Episodios* «allow the reader to appreciate Galdós's stylistic virtuosity even more fully than his contemporary novels» (Faye 1989: 12). Lo que nos interesa, al contrario, es la función del héroe. La «debilidad de Gabriel como ser de ficción es obvia», nos hace notar Regalado García (1966: 31); es un héroe cortado a la medida para la clase media que sabía leer, caracterizada por la falta de equilibrio entre su ser personal y los hechos históricos. El yo testigo embarcado de vez en cuando en los grandes acontecimientos históricos no puede ser un héroe dialéctico o típico, ni siquiera un héroe novelesco. «La desproporción entre la insignificancia de su persona y los acontecimientos en que va creciendo y desarrollándose es enorme», escribe Ricardo Gullón (1979: 379). Es decir, que la función del testigo excluye perentoriamente toda suerte de influencia directa sobre la Historia y toda tipicidad. En vez de manifestar el ascenso de la burguesía a una posición política y social, que permitiría al héroe testigo adueñarse de la Historia o tan sólo representar las tendencias profundas de esta última, como pretende la mayoría de la crítica galdosiana, la perspectiva autobiográfica tiende a nuestro parecer a destacar la posición inferior e impotente del yo ante la Historia. No por casualidad, la crítica ha llamado la atención sobre ciertas analogías del héroe burgués galdosiano con el arquetipo picaresco (Regalado García 1966: 28 ss.), 'mozo de muchos amos'. Pero basta con pensar en la posición del muy joven héroe testigo, 'mozo' de su amo venerable en *Trafalgar*. Él presentará su historia con las siguientes observaciones:

> Así se expresó el amigo de mi amo. Sus palabras hicieron en mí gran impresión, pues con ser niño, yo prestaba gran interés a aquellos sucesos, y después. Leyendo en la Historia lo mismo de que fui testigo, he auxiliado mi memoria con datos auténticos, y puedo narrar con bastante exactitud (Pérez Galdós 1983: 139).

Igual que el pícaro, el protagonista narrador escribe desde el punto de vista del hombre maduro reflejando su perspectiva de antaño. Sin embargo, esta perspectiva es siempre la de un yo que se contenta con observar y no puede hacer nada a favor o contra el curso de los acontecimientos históricos.

Y es que la perspectiva de abajo no garantiza lo que Lukács llamaría lo objetivo del movimiento histórico, antes bien implica una perspectivización novelesca y un tono confidencial que impide que el héroe esté a la altura de este último. En la dialéctica de lo propio y de lo ajeno, sugerida por el modelo picaresco, la historia no deja de representar un ajeno inaccesible. Y tampoco es por casualidad que en *Bailén*, el número cuatro de la primera serie, la Historia se presente a menudo bajo el signo de *Don Quijote* (Benito Pérez Galdós 2001a: 43-51). Pero tenemos, en esta misma obra, otro ejemplo particularmente significativo que vamos a citar más detenidamente. El héroe, preocupado por una historia de amor, ha recibido una carta privada, que comienza a leer en plena batalla: «¡Santo Dios! ¿Perderíase la batalla? [...] Esta consideración ponía los pelos de punta» (Pérez Galdós 2001a: 170 s.). El yo está literalmente ensimismado en la lectura de su carta:

> [...] cuando consideré que aquel papel contendría revelaciones importantes [se trata, de hecho, de la historia de amor del héroe], me dominó de tal modo la curiosidad, que por un instante desapareciste de mi espíritu, ¡oh hermoso rincón de tierra destinado más de una vez a ser equilibrio del mundo! [...] Adiós, España; adiós, Napoleón; adiós, guerra; adiós, batalla de Bailén. Como borra la esponja del escolar el problema escrito con tiza en la pizarra, para entregarse al juego, así se borró todo en mí para no ver más que lo siguiente (Pérez Galdós 2001a: 171).

Adiós, Historia, podríamos resumir esta escena sumamente interesante que parece esclarecer la verdadera función de un yo impotente encarnado en un escolar irresponsable. El momento histórico así como el lugar preciso están «borrados» en favor de intereses privados. La terrible alternativa que, unos pocos momentos antes, ponía de punta los pelos al héroe, ya no existe. La situación recuerda de lejos el famoso inicio de la *Chartreuse de Parme* de Stendhal, donde el protagonista Fabrice asiste como mero testigo a la batalla de Waterloo. En vez de denotar un nuevo papel activo de las clases medias, como pretende el autor a menudo y también la crítica, el yo testigo sirve de personaje emblemático de la alteridad fundamental e irremediable de la Historia. Y esta última, en vez de representar el progreso, es —con una frase de *Electra*— «un monstruo terrible, que se alimenta de los hechos humanos» (Pérez Galdós 2001b: 239). El antihéroe de la primera serie está anticipando el «radical apartamiento de la política» que caracterizará a los 'héroes medios' de las otras series, tal como Fernando Calpena, portavoz krausista de la tercera serie (Regalado García 1966: 306), así como la mezcla sistemática de lo histórico y de lo ficticio en los últimos libros de la quinta serie.

Tal vez se pueda dar aún un paso más al interpretar esta escena también como la expresión de lo irreal fundamental de la Historia. El portavoz del gran proyecto ideológico de Galdós está a punto de desmentir este proyecto mismo, como si quisiera llamar la atención sobre el hecho de que la conciencia histórica burguesa que forma la base del proyecto no estuviese aún realizada. Pero por lo que se refiere a un héroe testigo soñador, hay una analogía curiosa entre la concepción galdosiana y la primera novela del joven Unamuno, *Paz en la guerra*, de 1897, un eco irónico de la célebre novela de Tolstoi. En esta novela escrita en tercera persona, pero que vacila entre la autobiografía y la novela histórica, el protagonista Ignacio, hijo de padres pertenecientes a la pequeña burguesía, representa el tipo mismo de la víctima de una Historia sin sentido, mientras su amigo Zubalbide, portavoz del autor mismo, es el soñador ensimismado en sus pensamientos (cf. Colonge 1979). Los dos amigos forman dos reacciones contrarias y complementarias a la vez ante los acontecimientos trágicos y banales de la tercera Guerra Carlista. Es esta incertidumbre de la vida ordinaria tendida entre la banalidad cotidiana y la dimensión heroica de la guerra, la que constituye el tema profundo de esta primera novela existencial de la literatura española: «La sacudida sacó a flote las honduras de la vida ordinaria, y oían todos el lento tejer de la trama infinita del telar de la suerte» (Unamuno 1985: 154).

No parece estar lejos la fatalidad mítica de la literatura romántica y especialmente de la novela ya citada de Larra. «La marcha del telar de la vida ordinaria» (Larra: 155) representa el verdadero ritmo de la vida humana y hasta el de la Historia. En el fondo, la novela ya no es una novela histórica en el sentido tradicional, sino una larga reflexión abarrotada de acontecimientos históricos más o menos insignificantes, sobre la función de los antagonismos y de la guerra en la vida humana. Sabemos que este tema resurgirá en las obras posteriores, sobre todo en el tratado *Del sentimiento trágico de la vida* y en la novela *Abel Sánchez*. «En el seno de la paz verdadera y honda es donde sólo se comprende y justifica la guerra» (Unamuno 1985: 285), concluye la novela unamuniana; es verdad que se trata, no de la guerra civil, sino de la guerra «por la verdad» (285). «No fuera de ésta, sino dentro de ella, en su seno mismo hay que buscar la paz; paz en la guerra misma» (285).

Sin embargo, al convertirse en una novela alegórica y existencial, *Paz en la guerra* reduce una vez más la Historia concreta a un telón de fondo, a un objeto de reflexión y de observación. En esta perspectiva filosófica, calificada por Díaz-Peterson (1978) de «escolástica», «es la guerra a la paz lo que a la eternidad el tiempo: su forma pasajera. Y en la paz parecen identificarse la Muerte y la Vida» (Unamuno 1985: 284). En la «callada sinfonía» de la vida, «la canción silenciosa del alma del mundo» (284), a la que se acerca el héroe en una especie de éxtasis filosófico y existencial, la Historia no es sino una tormenta pasajera, un fenómeno desconcretizado y ejemplar, igual que los lugares no son sino unos epifenómenos del fondo vasco eterno. Más tarde, Unamuno creará para definir este fenómeno el concepto de 'intrahistoria' o de Historia larga que tiende a borrar la Historia concreta y puede ser interpretado como el concepto clave de la irrealidad de la Historia. Como en el caso de la *Ciudad de los prodigios* de Mendoza, la apoteosis final tiende a hacer olvidar los hechos históricos en favor de una significación trascendental que va a enaltecer la dimensión eterna a costa de la realidad histórico-social. No por casualidad recibe el protagonista la revelación simbólica de la verdad desde las cumbres de la montaña, ante la «inmensa sencillez» de la «maravillosa revelación natural [...] que el mundo se ofrece todo entero, y sin reserva, a quien a él sin reserva y todo entero se ofrece» (Unamuno 1985: 283). Los lugares eternos forman el complemento de la Historia eterna al desvalorizar necesariamente el espacio real. Por consiguiente, la Historia es casi un fenómeno de la Naturaleza:

> Muéstrase la Historia lucha perdurable de los pueblos, cuyo fin, tal vez inasequible, es la verdadera unidad del género humano; lucha sin tregua ni descanso (Unamuno 1985: 282).

El yo filósofo acaba de convertir su posición de inferioridad en la de una superioridad intelectual que nada tiene que ver con una actuación práctica. La inanidad de este último tipo de actuación había sido demostrada por el destino trágico del amigo.

Igual que Unamuno, los autores de la generación del 1898, cada uno a su manera, van a extraer la conclusión de la relación problemática del yo y de la Historia al dotar el fondo histórico de sus novelas de una fuerte dosis de irrealidad. Hay un vínculo entre la crisis del proyecto didáctico y optimista galdosiano y la concepción grotesca y pesimista de la novelística histórica de Baroja y Valle-Inclán. Con Ricardo Gullón: «Después de *Cánovas* [...] a la materia histórica del siglo XIX español, cuando volviera a ser novelada, se la designaría en la carnavalesca palabreja de esperpento» (1979: 426). El ciclo inacabado del *Ruedo ibérico*, por ejemplo, con su título irónico, nietzscheano, niega el valor de la Historia; al mismo tiempo, la impotencia del yo galdosiano se convierte en la superioridad fantasmática de los héroes finiseculares (cf. Leda Schiavo 1984). Pero lo que vale para las novelas tardías (1927-1932) sobre la historia de España entre 1868 y 1898, vale también para la trilogía de las *Guerras Carlistas* (1908-1909), por grande que sea la distancia entre el neorromanticismo finisecular y la técnica esperpéntica de los años veinte. En cierto sentido, el gran número de novelas sobre la misma época de la España moderna, o más bien, sobre el fracaso de la modernización, denota la obsesión por un proyecto incoherente e inacabable. Al renunciar deliberadamente a todo análisis histórico-social, a toda causalidad y lógica de la intriga, al diluir los acontecimientos históricos en una serie de impresiones y momentos míticos y al rechazar la función tradicional de un héroe representativo, Valle-Inclán subraya su oposición a la tradición romántica y liberal y destaca lo absurdo de la Historia. Que estas construcciones episódicas sean patéticas o «esperpénticas», no importa: la falta de coherencia es el indicio formal e ideológico más claro de la crisis de la Historia cuya expresión emblemática puede ser vista en el carlismo y la evocación de la España tradicional (cf. Wolfzettel 1999: 339 ss.). Ya no hay filosofía válida de la Historia; no hay sino unos momentos intensos en los que la resistencia de los protagonistas frente a la civilización moderna indica de modo paradigmático una impotencia fundamental ante la alteridad de la Historia. El intento de hacer «renacer el tiempo de los romances viejos» (Valle-Inclán 1980: 114), como leemos en *Gerifaltes de antaño* nos lleva a una Historia negada, una Historia absurda. En el ciclo sobre *La Guerra Carlista*, el marqués de Bradomín, observador decadente, y el cura de Santa-Cruz, luchador fanático por su causa, representan, pues, al igual que los héroes de *Paz en la guerra*, las dos caras de una misma medalla: vida pasiva y vida activa, las dos igualmente ineficaces frente a una Historia incomprendida (cf. Berg 1988). Sólo en un sentido negativo parece posible hablar de una obra que, según Flores Arroyuelo, «está inspirada por la intención de aportar una explicación, su explicación del carácter español» (1972: 289).

Algo parecido se puede decir de Pío Baroja y su creación del hombre superior que, en vez de desempeñar el papel de héroe funcional, destacará la distancia entre su yo y una Historia sin sentido, cuyos acontecimientos se convierten en la perspectiva de las *Memorias de un hombre de acción* en una serie de aventuras privadas. Porque la Historia esperpéntica de tipo aristocrático y la Historia grotesca de tipo burgués coinciden obviamente en enaltecer un yo excepcional, aventurero, para el cual los acontecimientos históricos dejan de representar un rumbo necesario para constituir, por el contrario, el fondo absurdo y existencial de la vida humana. Claro está que, según esta lógica los lugares o escenarios del teatro absurdo de la Historia resultan también indiferentes e intercambiables. A diferencia de la concepción de la novela histórica galdosiana, rechazada por Baroja (Flores Arroyuelo 1972: 355 ss.), lo que cuenta no es el carácter típico, sino el *outsider*, no la normalidad, sino lo excéntrico, lo mítico y lo anormal; y lógicamente la novela histórica barojiana es lo contrario de la concepción didáctica de los *Episodios nacionales*. Quintín, el héroe de *La feria de los discretos* (1905), parte de la trilogía *El pasado*, caracterizada por el autor mismo como una serie de «tragedias grotescas» (se trata también la Revolución de Septiembre), es el arquetipo de un hombre de acción, pero, sobre todo, es la encarnación del héroe observador y testigo que no tiene ningún vínculo con la historia narrada. Como dice él mismo: «En el fondo, yo no soy nada. Soy un hombre de acción que necesita dinero y complicaciones para vivir» (Baroja 1973: 160). El protagonista de *La ciudad de los prodigios* podría decir algo idéntico. Para el antihéroe barojiano de origen francés, la Historia y los recuerdos históricos representan de hecho un obstáculo para la felicidad, porque, como nos advierte otro personaje, los recuerdos históricos «entristecen y marchitan la vida de los hombres y de las multitudes» y «El saber es el enemigo de la felicidad» (Baroja 1973: 185). En *Camino de perfección* se tratará, pues, de liberarse de estos vínculos para poder vivir.

En sus novelas históricas, Pío Baroja evoca la Historia como un fondo grotesco que sirve para la toma de conciencia del hombre superior. La Historia es, además, una corriente sin sentido cuya falta de estructura caracteriza también la novela histórica. En el «Prólogo» de *La nave de los locos*, la novela emblemática de la crisis y del derrumbe de la concepción liberal de la Historia, encontramos la siguiente definición: «La novela, en general, es como la corriente de la Historia: no tiene ni principio ni fin; empieza y acaba donde se quiera» (Baroja 1987: 93). La desvalorización de la Historia y la disolución de la forma novelesca contribuyen aquí a crear un nuevo tipo casi alegre de impotencia cercana a la indiferencia; ya sabemos que este concepto clave de la novela existencialista europea de la primera mitad del siglo XX representa casi un término sinónimo de la alienación, de la pérdida de los valores intrínsecos y de la ambivalencia (cf. Zima 2004, 1988). Para el observador indiferente no hay más que un espectáculo ambiguo: «Yo, a fuerza de mirar continuamente la faz trágica», dice el amigo de Quintín, «comienzo a ver la grotesca» (Baroja 1973: 187).

BIBLIOGRAFÍA

BAROJA, Pío (1987): *La nave de los locos*. Edición de Francisco Flores Arroyuelo. Madrid: Caro Raggio/Cátedra.

— (1973): *La feria de los discretos*. Madrid: Alianza Editorial.

BERG, Walter Bruno (1988): «Die Diskursivität der Geschichte. Valle-Incláns Geschichtsbild in *La corte de los milagros*», en: Harald Wentzlaff-Eggebert (ed.): *Ramón del Valle-Inclán (1866-1936)*. Tübingen: Niemeyer, pp. 243-257.

CARRANZA, Matilde (1942): *El pueblo a través de los Episodios Nacionales*. San José de Costa Rica: Imp. Nacional.

CELA, Camilo José (1982): *Vísperas, festividad y octava de San Camilo del año 1936 en Madrid*. Madrid: Alianza Editorial.

COLONGE, Chantal (1979): «La rêverie unamunienne à travers *Paz en la guerra*», en: *Bulletin hispanique* 81, pp. 113-130.

DÍAZ-PETERSON, R. (1978): «La función de la escolástica en *Paz en la guerra*», en: *Kentucky Romance Quarterly* 25, pp. 339-354.

FAYE UREY, Diane (1989): *The Novel Histories of Galdós*. Princeton/New Jersey: University Press.

FERRERAS, Juan Ignacio (1976): *El triunfo del liberalismo y de la novela histórica 1830-1870*. Madrid: Taurus.

FLORES ARROYUELO, Francisco J. (1972): *Pío Baroja y la Historia*. Madrid: Helios.

GULLÓN, Ricardo (1979): «La Historia como materia novelable», en: Douglas M. Rogers (ed.): *Benito Pérez Galdós. El escritor y la crítica*. Madrid: Taurus, pp. 379-402.

HINTERHÄUSER, Hans (1963): *Los* Episodios nacionales *de Benito Pérez Galdós*. Madrid: Gredos.

KLOSS, Benjamin (2003): *Die Abhängigkeit und Loslösung Larras und Escosuras vom Modell des Historischen Romans Walter Scotts*. Berlin: Erich Schmidt.

LARRA, Mariano José de (1834 /1984): *El doncel de Don Enrique el Doliente*. Edición de José Luis Varela. Madrid: Cátedra.

LLORENS, Vicente (1970-1971): «Historia y novela en Galdós», en: *Cuadernos hispanoamericanos* 250-252, pp. 73-82.

— (1978): «Galdós y la burguesía», en: *Anales galdosianos* 3, pp. 51-59.

LUKÁCS, Georg (1965): *Der historische Roman. Probleme des Realismus III*. Neuwied/Berlin: Luchterhand.

MENDOZA, Eduardo (2000): *La ciudad de los prodigios*. Barcelona: Seix Barral.

MIRET, Enric (1991): «Barcelona, espacio real, espacio simbólico», en: Manuel Vázquez Montalbán/Yvan Lissorgues (eds.): *La rénovation du roman espagnol depuis 1975*. Toulouse: Presses Universitaires du Mirail, pp. 123-130.

ORTEGA Y GASSET (1922): *España invertebrada: bosquejo de algunos pensamientos históricos*. Segunda edición, revisada y aumentada. Madrid: Espasa Calpe.

PÉREZ GALDÓS, Benito (2001a): *Bailén*. Madrid: Alianza Editorial.

— (2001b): *Electra*. Las Palmas de Gran Canaria: Ediciones Canariacard.

— (1983): *Trafalgar*. Edición de Julio Rodríguez Puértolas. Madrid: Cátedra.

REGALADO García, Antonio (1966): *Benito Pérez Galdós y la novela histórica española: 1868-1912*. Madrid: Ínsula.

RODRÍGUEZ, Alfred (1967): *An introduction to the Episodios Nacionales of Galdós*. New York: Las Américas.

RODRÍGUEZ PUÉRTOLAS, Julio (1983): «Introducción», en: Benito Pérez Galdós: *Trafalgar*. Madrid: Cátedra, pp. 11-59.

SCHIAVO, Leda (1984): *Historia y novela en Valle-Inclán. Para leer El ruedo ibérico*. Madrid: Castalia.

SCHMOLLING, R. (1981): «Faschistische Umdeutung und franquistische Rezeption der Staatsphilosophie Ortega y Gassets: *España invertebrada* und *La rebelión de las Masas* zwischen 1932 und 1956», en: *Iberoamericana* 5, pp. 38-57.

SCHWARZBÜRGER, Susanne (1998): *La novela de los prodigios. Die Barcelona-Romane Eduardo Mendozas 1975-1991*. Berlin: Edition Tranvia.

SENDER, Ramón J. (1986): *Carolus Rex*. Barcelona: Ediciones Destino.

STENZEL, Hartmut (1995): «Fracaso de la Historia y destrucción del sentido. Apuntes sobre las novelas 'históricas' de Manuel Vázquez Montalbán», en: Alfonso de Toro/Dieter Ingenschay (eds.): *La novela española actual. Autores y tendencias*. Kassel: Edition Reichenberger, pp. 103-123.

STURM-TRIGONAKIS, Elke (1996): *Barcelona in der Literatur (1944-1988). Eine Studie zum Stadtroman Barcelonas unter besonderer Berücksichtigung urbaner Räume*. Kassel: Edition Reichenberger.

UNAMUNO, Miguel de (1985): *Paz en la guerra*. Barcelona: Plaza y Janés Editores.

VALLE-INCLÁN, Ramón María del (1980): *La Guerra Carlista: Gerifaltes de antaño*. Madrid: Espasa Calpe.

WILTON, Jennifer (2004): «Junge spanische Autoren befragen die alten und kultivieren die Erinnerung», en: *Die Zeit*. Suplemento literario del 25 de marzo, pp. 12-13.

WOLFZETTEL, Friedrich (1999): *Der spanische Roman von der Aufklärung bis zur frühen Moderne. Nation und Identität*. Tübingen/Basel: Francke.

ZIMA, Peter V. (1988): *L'Ambivalence romanesque*. Bern/Paris/Frankfurt/M.: Peter Lang.

— (2004): *Der gleichgültige Held*. Trier: WVT Wissenschaftlicher Verlag Trier.

LA RUPTURA DEL ESPACIO BURGUÉS EN *HALMA* Y *NAZARÍN* DE BENITO PÉREZ GALDÓS

Jesús María Vicente Herrero

En *Nazarín*, y posteriormente en *Halma*, ambas de 1895, Galdós alteró por primera vez (aunque ya hubiera un pequeño desarrollo en *Ángel Guerra*, de 1890-1891) la percepción del espacio urbano madrileño en el período de la Restauración.

La consciencia de una clase media incapaz de regir los designios del país le hizo modelar a Galdós un espacio en íntima unión con su situación interna personal. En otras palabras, pasó de representar la vida colectiva para plasmar la meramente individual. Porque individuos son, ciertamente, ambos protagonistas de las obras señaladas. Nazarín porque no cuadra con el espacio urbano en que Galdós lo inserta al principio de la novela, una corrala infecta donde convive con el lumpen de la sociedad madrileña (gitanos, delincuentes, prostitutas, etc.). E igualmente individuo al no adaptarse a los nuevos tiempos, tal y como lo demuestra, casi al final de la novela, la conversación entre Nazarín y el alcalde de Méntrida, donde se da claramente una descompensación entre la realidad (pues Nazarín es un cura por encima de cualquier otra cosa) y lo que se podía esperar de la realidad de un cura.

Por su parte, el personaje Halma delimita el transcurso desde la ciudad y sus espacios hacia un campo en términos redentores. Belmonte, pequeña población al norte de Madrid, se convierte en el estímulo, en la atalaya desde la que poder controlar los anhelos íntimos y personales, alejando así el fantasma del vicio de una metrópoli donde la burguesía seguía haciendo de su capa un sayo.

En ambas obras, los desplazamientos no sólo cobran sentido por remarcar el vía crucis de los personajes, sino que los propios espacios certifican la trayectoria personal de estos últimos. Así, Halma relata, al principio de la novela, las vicisitudes que sufrió en el espacio oriental y da paso a la casa del Marqués de Feramor, donde se describe la vida de la alta burguesía de la época, lo que da pie, inevitablemente, a los espacios interiores del hospital, la cárcel y la casa del sacerdote Flórez, espacios propicios para las controversias de la actualidad y los problemas de conciencia. Además, este cambio de perspectiva permite conjugar interior y exterior y sirve de encrucijada metafórica para contraponer el campo y la ciudad. Por todo ello, el espacio campesino de Belmonte se convierte en el espacio abierto al ideal espiritual, donde Halma lleva a cabo sus proyectos religiosos.

El doble proceso de ruptura espacial que tanto en *Nazarín* como en *Halma* lleva a sus protagonistas a salir del reducto madrileño para describir los pueblos satélites de la capital y sus andanzas no fue, sin embargo, el intento de Galdós de abandonar el topos característico de sus obras, el Madrid de siempre. Muy al contrario, la remisión a la interioridad del individuo en desacuerdo con la colectividad se amparó en la lógica identificación de un individuo buscando un entorno apropiado para su desarrollo personal, fenómeno comprensible si tenemos en cuenta el alcance espiritual de estas obras.

En ambas novelas sus personajes representan la lucha interna y a su vez el enfrentamiento con la inmovilidad social. Al optar por la individualidad de sus acciones, Galdós esbozaba un intento de experimentación en el que Madrid ya no podía ser el referente contextual, y todo ello a pesar de que será la ciudad a la que vuelva irremediablemente. Rompía, por tanto, los muros invisibles del centro urbano burgués para lanzarse a una extraña aventura en la que intentó justificar (sin conseguirlo del todo, porque el mero hecho de volver a una ciudad inalterada lo impedía) los nuevos y factibles topos para unas vidas ajenas a lo común. La finalidad no parecía apoyarse, sin embargo, en estos supuestos, pues ya en *Nazarín*, por encima de todo, se daba la conexión entre el lugar y la extensión de las penosas condiciones de vida que, supuestamente, sólo tenían lugar en Madrid. De este modo se facilitó un intento de generalización de la miseria urbana a las poblaciones cercanas a Madrid.

La concepción de la citada alteración espacial creó por sí misma la anulación de sus iniciales objetivos. Y era así porque la utopía de la colectividad urbana para llevar adelante un proyecto común acabó contagiando en el individuo la misma utopía. En consecuencia, el intento de experimentación a través del viaje por los espacios diferenciados de la urbe no reflejó sino la poca confianza de Galdós en un contexto rural que repetía fielmente los defectos de la gran ciudad. Todo ello a pesar de que Galdós, con su recurso a una naturaleza bondadosa, quisiera convencernos de lo contrario. Y es que realmente el campo de *Halma* y *Nazarín* no es el escenario con una vinculación real respecto a los conflictos morales de los protagonistas. Es un campo que no refleja la civilización al modo como Galdós pretendía, de manera que la naturaleza no funciona aquí como reflejo de los estados de ánimo (que en todo caso no diferirían demasiado de los que sentía en la ciudad) sino como reflejo de Dios.

El intento de comunicar espacio con individuo no hubiera acarreado tantos problemas si lo hubiera hecho a través del naturalismo, fenómeno más fácilmente extraíble en su obra La desheredada, donde el arrabal definía estados de ánimo y vidas miserables. El problema surgía cuando el lugar y el personaje en él inserto no podían cuadrar, ya que Nazarín no formaba parte del ambiente en que se le retrataba desde el principio. En este sentido, Agnes Gullón, desmitificando aún más la relación de Nazarín con la miseria ambiente, llegó a hablar de una simple identificación de éste con lo inanimado, esto es, con las paredes, las ventanas o el corredor contiguos de la casa de huéspedes de la tía Chanfaina (Gullón 1980: 212).

La inadaptación entre hombre y espacio parecía todavía más compleja si tenemos en cuenta que Galdós, partiendo de la supuesta ruptura de la ciudad burguesa bajo el paraguas de la conciencia personal, estaba por la labor de pergeñar, si no otra ciudad, al menos la posibilidad de un espacio nuevo en el que el individuo llevara adelante sus anhelos íntimos. De nuevo, el problema se daba cuando aquellos anhelos, en vez de erigirse en propuestas cuyo reflejo fuera la construcción de un sólido basamento social, se quedaban en la simple traslación de un estado anímico que no tenía su reflejo directo en un espacio totalmente cambiado.

El reformismo alentado por el planteamiento espiritualista se quedaba, de esta manera, huérfano de los obligados referentes espaciales. Un reformismo ya apuntado por Francisco Caudet, quien lo vinculó al utopismo neocristiano, aspecto que no desterraba la posibilidad del compromiso social, porque el reducto de la individualidad era resultado, precisamente, de una lucha contra el conjunto social (Caudet 2001: 79). En este sentido, ya he adelantado más arriba cómo Galdós no dejó de describir la miseria de una sociedad con los problemas de siempre, así como una radicalización clasista que dio pie a espacios lóbregos y mezquinos como el que se desarrolla en las primeras páginas de *Nazarín*. No podía ser de otra manera si Galdós lo que pretendía era desenmascarar la realidad socio-histórica de la España de aquel período.

Efectivamente, la conciencia literaria de Galdós en este punto no le dejó otra salida que la prescripción de unos espacios alejados del tráfago urbano, entonces espacios habitados y controlados por la burguesía acomodaticia en sus fueros internos. Lo cual le permitió establecer una constante dialéctica entre el centro urbano y el borde de la ciudad burguesa, esto es, respecto a la frontera que separa los arrabales con sus múltiples símbolos de la miseria. Fenómeno que no sólo tuvo presencia directa en *Halma* y *Nazarín*, sino en otras obras como *Misericordia* o *El caballero encantado* (1909).

A través de los recorridos por el significado que el cambio de espacios propició la literatura espiritualista, se pone de manifiesto que Galdós nunca se desprendió de la ciudad burguesa plasmada en sus obras precedentes. La dualidad atracción/rechazo que caracteriza a algunos de sus personajes respecto a la capital, aun sin llegar a tener los visos que cobró en la intelectualidad finisecular (Unamuno, Baroja, Azorín, etc.) se concebía igualmente en estas obras galdosianas, a pesar de que en este último autor pesó más el desengaño de la ineficiente clase media que el choque de expectativas típico de aquellos hombres ante un Madrid sucio, decrépito y vulgar.

La adscripción espiritualista de *Nazarín* y *Halma* requirió un nuevo espacio para el individuo, que se tuvo que alejar de la gran ciudad. Aparecía así la naturaleza enfrentada a la ciudad, algo que Galdós ya había hecho en *Miau* (1888) cuando Ramón Villaamil advertía a los jóvenes campesinos sobre su insensatez de acudir a Madrid. La naturaleza de *Halma* y *Nazarín* funcionaba, además, como ámbito redentor, cargada de un exceso de virtud religiosa que provocaba un constreñimiento excesivo e impedía la ruptura de los límites entre el campo y la ciudad. Así pues, si desde el punto de visto socioeconómico no había una diferenciación entre el medio rural y el urbano, sí lo había a la hora de manifestar el ámbito adecuado para congeniar la vida virtuosa. No hay duda de que en estas novelas Galdós decide que sea el campo quien recoja dicha armonía, aunque posteriormente sabremos que la separación entre ambos lugares es ficticia y el espacio es un *continuum* al recoger variables como la meramente económica.

Tal vez uno de los críticos que más se han acercado al significado del espacio dentro del camino espiritual de *Nazarín* fue John Kronik, quien lo unió al sentimiento de la naturaleza (Kronik 1974: 82). Sin embargo, ha faltado la objetivización del significado real de ese topos como vertebrador de la novela y su alcance, que, a mi modo de ver, no pivotó exclusivamente en lo idílico del nuevo paisaje, sino en su función de contrapunto (es decir el campo y la ciudad como espacios que recogían las contradicciones y los embates de la modernidad) y su función de cohesión (entendida ésta como generalización de un ambiente infestado de mediocridad a todos los niveles).

El tema del enfrentamiento del campo y la ciudad no era nuevo en absoluto. Ya durante todo el siglo XIX las constantes migraciones desde el campo habían dado pie a una dialéctica entre ambos espacios que cobraría visos literarios desde la literatura costumbrista hasta las aportaciones de los escritores más desarraigados. Incluso podría decirse que había algo que acercaba más a estos últimos con Galdós. Nos referimos precisamente al dualismo campo/ciudad concebido como atracción/rechazo, aunque con alcances muy diferentes al partir de clases sociales antagónicas.

En cierta medida, Galdós recogió la alegoría que ya había manifestado Antonio de Guevara respecto al campo y la ciudad con su *Menosprecio de corte y alabanza de aldea*, aunque sin llegar a los extremos sobre los vicios y las virtudes de cada espacio expresados por este último. Aun así, el alcance del medio físico como forma de adquirir la salvación del alma sí se manifestó en Galdós, quien instituye claramente un campo como lugar virtuoso. Pero si hemos apuntado la ruptura de la ciudad burguesa a través del empuje de la conciencia, no podemos dejar de apuntar el resquebrajamiento social a todos los niveles cuando unimos el orden económico con el espacio. Esto se justifica plenamente al acudir a los protagonistas de las novelas, quienes, aun no perteneciendo a clases bajas, actúan como peregrinos y no añoran el ascenso social, sino el ascetismo como medio de alcanzar la gloria. Por este motivo salen de Madrid y encuentran en los pueblos cercanos el ambiente propicio, lo que explica que la alegoría de la historia de España relatada en estos términos encontrara en el espiritualismo un apoyo inmejorable.

Hay otro punto de vista a tener en cuenta al tratar de la huida urbana en las novelas que estamos analizando, y es el siguiente: ¿realmente había otra posibilidad de un espacio apropiado dentro de la ciudad? Sabemos que en el arrabal propiamente dicho no podía producirse, aunque también podemos darle la vuelta a la pregunta: ¿por qué no insertar a Nazarín o a Halma en el arrabal? ¿Por qué no hacer que sus obras caritativas y su trabajo en pro del desvalido se generalizaran en la pobreza más absoluta de los desmontes madrileños? La respuesta ha quedado expresada más arriba: porque el alejamiento del naturalismo y el acercamiento al espiritualismo le habían impedido alcanzar los nexos necesarios para unir al individuo inadaptado con un entorno hostil. Tanto a Nazarín como a Halma le convienen los pueblos cercanos a Madrid porque están lo suficientemente alejados del centro pero a la vez lo suficientemente cerca para no perder la perspectiva de la gran ciudad a la que pueden acudir en cualquier momento. De hecho, Nazarín se ve arrastrado por sus acompañantes sin rumbo fijo, aunque siempre por los mismos derroteros, manteniendo una distancia prudencial con el Madrid al que ha de regresar.

La aparente beatitud rural es sólo un recurso galdosiano para contraponer dos espacios que no podían congeniar los anhelos de Nazarín y de Halma. De igual modo que no creíamos en la naturaleza bondadosa, tampoco los núcleos rurales por los que pasa Nazarín parecen tocados por la beatitud. A este respecto no hay sino recordar las epidemias de Villamanta y Villamantilla, los encarcelamientos, las huidas, los insultos o las vejaciones finales. Galdós deja entrever esta solución al final, cuando naturaleza y sociedad se hacen complementarias. La idea del orden equilibra todo intento de dispersión y confrontación, aspecto que también se da en Halma, cuya ruptura respecto a lo burgués tiene un matiz krausista al buscar en Pedralba la autorrealización personal. En definitiva, serán las instituciones sociales las que reclamen orden a la condesa, haciendo que individuo y sociedad sinteticen sus propuestas.

El mismo Galdós, tras el vía crucis de Nazarín, y una vez aprehendida la nueva moral impuesta por lo individual, niega, con su vuelta a Madrid, el espacio del campo como contexto posible para el nuevo hombre. Precisamente debía ser Madrid donde se hubiera desarrollado esta nueva moral. En la ciudad es donde nacía, o debía nacer, la nueva ciudad soñada por Galdós: un Madrid sin los férreos e invisibles muros impuestos por la burguesía anquilosada, haciendo que el espacio vertebrara, en estrecha unión con el hombre, la solución a los males que la acuciaban.

Pero la utopía volvía a manifestarse en esta afirmación al remitir su solución al discurso espiritualista como única alternativa. Y se ampliaba aún más cuando la recuperación del orden moral y, por tanto, la salvación individual, conectaban con el denostado cuarto estado a la hora de establecer los parámetros de la nueva concienciación.

Esta concienciación, o si se quiere compromiso social, se coartó en cierto modo por el lastre excesivo del comportamiento cristiano. Los apuntes hacia la rebelión individual, además, consiguieron que la historia de España no se acabara de relacionar con un grupo colectivo concreto, sino con los mismos tópicos de siempre. Aunque tampoco parece que en estas novelas espiritualistas Galdós se planteara la revolución social en un sentido demasiado amplio. La lógica explicación a este planteamiento tenía que ver con un discurso religioso que había suplantado otras medidas deseables, fenómeno que aún se veía con más claridad cuando, en 1897, el tema de la caridad fue tratado solamente en la ciudad en su obra *Misericordia*.

Llegados a este punto, parece necesario advertir, al hilo de la temática sobre el compromiso social, cómo durante la década de 1890 la preocupación por delimitar un espacio apropiado para la lucha de los de abajo, un espacio común, en suma, se estaba debatiendo desde distintos frentes. Si la literatura realista había definido plenamente el espacio de la burguesía, la literatura de corte espiritualista en que se insertan *Halma* y *Nazarín*, donde la ciudad, en vez de romperse definitivamente, acaba por reforzarse, tampoco supo dar una respuesta eficiente al quedarse en la pose excesivamente religiosa.

La comparación con Francia parece aquí inevitable, ya que en este país dicho problema se había planteado mucho antes. Cuando algunos escritores apartados de la industria cultural como Champleury o Duranty intentaron dirigirse a las masas a través de la novela naturalista, otros escritores como Flaubert o los hermanos Goncourt recelaron de aquella opción al no ver con buenos ojos la literatura a espaldas del proletariado, aunque en último término la baza que se estaba jugando era la del arte unido a la utilidad.

La literatura espiritualista de Galdós tampoco pareció capaz de crear un espacio común de identidad para todas las clases sociales. Sus tímidas incursiones en los arrabales o en los pueblos limítrofes de Madrid habían abierto un pequeño resquicio (el de la posible participación de las clases más desfavorecidas), pero este empuje se quedó esclerotizado al depender en exceso de una jerarquización social de la que Galdós no estaba dispuesto a desprenderse.

Por todo ello, el reformismo expresado en páginas precedentes se convertía, del mismo modo, en la trabazón a un aperturismo más tendente a lo revolucionario, una revolución que Galdós no veía con buenos ojos al adquirir connotaciones violentas que recordaban a un anarquismo pujante.

Aun así, el Madrid de estos años no fue ajeno a los debates que giraban en torno a una lucha de clases en la que todos sus protagonistas apelaron a la normalización de la misma a través de las artes. La literatura recogió así el malestar del proletariado por un lado y el intento de control por parte de la burguesía por otro. La falta de soluciones viables tuvieron que ver, precisamente, con la imposibilidad de encontrar un término medio que pudiera dejar satisfechos a todos los agentes sociales. Porque si el realismo y el espiritualismo fueron incapaces de ejercer dicha función, tampoco la literatura de corte más transgresora (pienso en este caso en algunas obras de la literatura bohemia más genuina) alcanzó un consenso al respecto. La explicación a este último hecho, en palabras de Walter Benjamin, cobraba sentido al hablar de una utopía literaria como resultado de la exclusión de la moral y la pasión de sus textos (Benjamin 1980: 38).

Ciertamente, el tímido aperturismo galdosiano hacia el protagonismo del cuarto estado habría abierto un camino nuevo si no hubiera hecho regresar a sus protagonistas a la misma ciudad burguesa inmutable. Por ello, Galdós no consiguió que la unión entre literatura y topos urbano ejerciera el benéfico impulso de un reformismo sano y progresista. Si Galdós creaba una moral nueva en una ciudad vieja, la literatura decadente radicalizó sus propuestas alejándose de todo intento de moralidad.

En consecuencia, el encontronazo social tenía su reflejo en una literatura igualmente distante, que acabó amparada en un realismo que supo atraer a todas las facciones literarias y neutralizó, de este modo, cualquier impulso a favor de una ciudad más abierta.

Los debates sobre estas cuestiones no podían pasarse por alto, ya que en el centro de las mismas se situaba una ciudad en proceso de industrialización incapaz de generar espacios de convivencia en libertad.

Por otro lado, tampoco se puede afirmar que en las novelas espiritualistas de Galdós se desterrara completamente el problema de la fusión arte/utilidad. Aunque bien es cierto que lo hizo como asunción de las teorías ya viejas de los folletinistas de mitad de siglo, y no como debate directo. Esto es, cuando los folletinistas de mediados de siglo XIX dieron salida a los incipientes problemas de la lucha de clases, aun recogiendo las teorías políticas de forma mezclada y confusa, abrieron una primera vía (la del socialismo utópico) que incluyó, entre otros, los temas de la prostitución desde criterios económicos y sociales, la vena anticlerical y un cristianismo democrático y progresista.

Asumiendo en parte estos postulados, Galdós se alió a la clase media que ejerció veladamente su compromiso con lo social, aunque lo hiciera más bien como descripción neutral de una situación histórica que como intento de reconciliación entre las facciones sociales y los propios antagonismos de clase, a los que se hubiera llegado desde la inevitable confrontación a la que Galdós no era proclive.

La relevancia de estas discusiones en los años finales de la década de 1890 alcanzó su máximo apogeo con la aparición de la revista socialista *Germinal* en 1897, tan sólo dos años después de que Galdós diera a la imprenta *Halma* y *Nazarín*, y el mismo en que publicó *Misericordia*. A través de *Germinal* se puso en solfa, sobre todo, quiénes debían ser los encargados de equilibrar los desajustes en materia social y artística. Tal vez lo más interesante de esta polémica fue el diagnóstico que haría Rafael Cansinos-Assens sobre la ciudad de Madrid en la literatura, cuando afirmó:

> Falta todavía la novela total en Madrid, la novela a un tiempo analítica y sintética, que responda a la pluralidad y a la unidad de esta ciudad, una en su anhelo más vivo de predominio y belleza, una en su centro luminoso e inquieto y tan varia y distinta a sí misma en cada uno de sus suburbios. Falta la

novela total que corresponde a estas intenciones plurales, que tenga su centro vivo y moderno y claro y sus suburbios acompañados de obscenidad y de miseria y sus arrabales claros, más allá, sobre el campo. Falta la novela completa de la gran ciudad moderna que recoja en un solo haz todo lo que hay en ella de virtud y de mal vicio y de pureza (Cansinos-Assens 1988: 283).

La llamada hacia una totalidad en la representación de la ciudad esgrimida por Cansinos buscaba, en realidad, la homogeneización de un estilo único. Los ejemplos de dispersión que describe en su *Obra crítica* así lo corroboran. Pero curiosamente este crítico pedía que fuera la literatura obrera y decadente la que construyera los nuevos espacios urbanos en literatura, dejando de lado, de esta forma, a una literatura burguesa anclada en sus fueros internos. El arrabal y el centro que Cansinos pretendía unir definían la confluencia de los dos extremos urbanos, aunque ambos como representación de la penuria. Por un lado el extrarradio, la cercanía con el lumpen, y, por otro, el casco antiguo y la lucha de los de abajo por derribar los muros invisibles que la burguesía había construido en torno al mismo.

Las críticas de Cansinos, además de conformar una nueva estética, procuraron despertar la propia conciencia artística. Con un solo registro, y con las perspectivas del desheredado, había soñado otra ciudad posible. Sin embargo, toda esta proyección se resumió en las novelas de autores ajenos a las clases bajas durante los primeros años del siglo XX. Entre otras *La horda* (1905) de Blasco Ibáñez o la trilogía barojiana *La lucha por la vida* (1904). En suma, Cansinos vio frustrada lo que él llamó novela total sobre Madrid a través del empuje de los de abajo.

Por otro lado, el arrabal, tema que Cansinos consideró tema de primer orden en la historia de la literatura al ser el espacio posible de la diferenciación clasista, fue monopolizado por la literatura burguesa. El resultado fue una mezcolanza contextual en las diferentes obras finiseculares. De esta forma Cansinos no sólo objetivizó los espacios degradados en Blasco Ibáñez o en Baroja, sino que su presencia se dio igualmente en el posterior Juan Ramón Jiménez y sus blancos sanatorios, en los gasómetros de Bacarisse o en los paisajes de Patinir.

Sin embargo, al intentar dar forma a la dispersión espacial Cansinos comunicó la realidad y la literatura. Y lo hizo porque no veía la viabilidad de un Madrid descrito por los desheredados en términos románticos o costumbristas. Según este autor la traslación del arrabal al centro urbano debía ser contada por los verdaderos interesados en la misma, pero ello habría implicado la cercanía entre el escritor y las clases obreras concienciadas, fenómeno que no siempre se produjo.

El alcance de las propuestas de Cansinos acabó por dar forma a la historia literaria de un Madrid incapaz de reafirmar su propia idiosincrasia durante todo el siglo XIX. Mientras en París este fenómeno fue alentado por los folletinistas, quienes inmortalizaron una ciudad en la literatura, en Madrid esta expresión siguió estando en manos de la literatura costumbrista y, en las últimas décadas de siglo, en un realismo galdosiano que hizo posible, a través de su novelística, la reforma que Madrid necesitaba para ser aquella ciudad tantas veces soñada por los nostálgicos de una capital a la imagen y semejanza de las grandes ciudades europeas. El problema fue que la burguesía descrita por Galdós seguía anquilosada en el pasado, de modo que la eliminación del carácter tendencioso ejercido por algunas novelas de Galdós —aun siendo muy positivo— no aligeró a la burguesía del lastre de un espacio contaminado.

Ernesto Bark, uno de los fundadores de *Germinal*, también vio como posible artífice de la solución a los trabajadores. Sin embargo, hubo entre ambos autores una diferencia cualitativa. El mismo Bark, igual que Cansinos, pensó que si los obreros conquistaban un espacio propio —o si transformaban el ya existente— se llegaría a la verdadera lucha social en la que todos los estamentos socio-artísticos tendrían cabida. Pero consciente del alejamiento entre el proletariado y unos modernistas ajenos a los problemas reales, Bark acudió a los escritores que menos podían explicar, en términos de lucha social, el panorama del país. En La revolución social Bark trasladó la imagen de la ciudad a la de la patria y habló de una necesaria psicología de las naciones, aspecto bien estudiado en Francia por Balzac, Sand o León Cladel. En España la descripción del pueblo se pervirtió al pasar por el tamiz regionalista y realista. Bark, a través de sus palabras, da la pista sobre quiénes podían colaborar con su literatura, aunque como él mismo matiza que de forma «instintiva», a generar la imagen de un país y una capital ante el resto de naciones europeas:

> [...] la política social basada en un serio estudio de la sociología obligará a los hombres reflexivos de penetrar en el carácter de su nación y en las parti-

> cularidades de cada capa social, cada profesión y hasta cada comarca. Es la misión de la psicología de las naciones que en gran parte explican de una manera instintiva, los grandes novelistas, como por ejemplo en España, la señora Pardo Bazán con respecto a Galicia; Narciso Oller, respecto a Cataluña y Pereda respecto a las montañas de Santander (Bark s. f.: 61).

Una de las conclusiones a que se llegaba con estas afirmaciones (al igual que hicieron otros ideólogos del movimiento obrero) fue que sólo la literatura realista estaba capacitada para dicha labor. Y aún más, en el realismo se pusieron las esperanzas de congeniar las necesidades científicas amparadas por el progreso con la descripción de la realidad.

Hasta aquí, y a pesar del esbozo de la ruptura de la ciudad burguesa en las novelas espiritualistas de Galdós, no queda más remedio que admitir a esta serie de obras como las que inauguran tímidamente un primer intento de experimentar espacios ajenos a la urbe. El recorrido de Nazarín por los pueblos de Madrid dura menos de un mes, tiempo suficiente para extraer del vía crucis del personaje una lectura que, bajo la pretendida dicotomía campo vs. ciudad, esconde, en realidad, la visión socio-histórica de una España atrasada. En definitiva, se percibe la alegoría de un país que se orienta al desenmascaramiento de las taras sociales del momento y a la denuncia del agotamiento de la ideología política hegemónica, es decir a la teoría del progreso, contradictoria con la praxis social. Este último aspecto se extrae claramente de la conversación entre el alcalde de Méntrida y el Nazarín apresado, cuando Galdós ridiculiza la conversión de la doctrina positivista en paradigma cultural moderno, que había alcanzado (al igual que ocurrió en la ciudad) a los sujetos pretendidamente ilustrados del entorno rural.

Al unir el campo y la ciudad a través de las ideas políticas en vigor Galdós crea un espacio único bajo el paraguas de la crítica personal. No hay, por tanto, grandes diferencias entre el pueblo o pequeña ciudad de provincias con la gran urbe. La utilización de la naturaleza bondadosa y virtuosa es, en consecuencia, un mero estímulo para que los protagonistas se revistan de los caracteres propios de los peregrinos que dejan tras de sí la ciudad viciada. La desmitificación del campo obra así como concienciación de un estado miserable general del país. Porque el mundo de ambas obras es en realidad el de los pobres, sean estos urbanos, suburbanos o rurales. Y es por aquí por donde se cuela —a pesar del limitado alcance anteriormente apuntado— el acercamiento al compromiso social como resultado del nuevo compromiso moral.

No creo, por todo ello, en la figura del hombre nuevo en el sujeto Nazarín, sino en la renovación del hombre viejo. La petición galdosiana de un hombre nuevo capaz de regir los designios del país al modo como lo habían pedido los regeneracionistas, es en realidad la metaforización de aquella otra demanda presentada por los ideólogos proletarios a la hora de transmitir una idea del sujeto en el espacio en construcción.

De lo que no queda ninguna duda es de que la renovación aquí pretendida no podía darse sin un espacio de convivencia, lo que significaba la desmembración de la ciudad burguesa que se adivinaba bajo el espectro de dos personajes, Halma y Nazarín, que aun sin pertenecer a los estamentos bajos de la sociedad experimentan en sus recorridos fuera de Madrid el sentimiento de miseria generalizado a toda la colectividad. El individuo dotado de una nueva moral, por tanto, describe la generalización de un entramado social que hereda el germen de la utopía sobre la unión y salvación universal. En el tercer capítulo Nazarín nos dice:

> No me contento con salvarme yo solo; quiero que todos se salven y que desaparezca del mundo el odio, la tiranía, el hambre, la injusticia; que no haya amos ni siervos, que se acaben las disputas, las guerras, la política [...] (Pérez Galdós 2001: 92).

Pero este individuo también delimita el espacio único donde desarrollar las acciones. Ciudad y campo se unen (en realidad su penuria nunca los había separado) y este acto crea la ruptura de la ciudad burguesa, que aún ejercía un obligado control clasista en sus feudos como medio de apropiación económica, política y cultural. En sí misma, esta ruptura no dejaba de engordar los ideales utópicos que habían tomado, o que acabarían tomando, derroteros distintos en otros autores.

A este respecto, la utopía unamuniana daría luz a un punto de vista totalmente nuevo y particular. Karl Mannheim había observado el carácter colectivo de ese estado, así como el consenso o reconocimiento de la correlación utopía-orden aludiendo a la situación histórico-social en que vive el individuo. Pero si ciertamente un individuo no podía desgarrar el contexto que le había tocado vivir, sí se le permitía maquillarlo, ya fuera con sus propias fantasías o con las provenientes del orden establecido.

Una fantasía así manejada podía convertirse en un elemento de control que anularía el pensamiento utópico permitiendo, incluso, una sensación de cambio a nivel individual. De este modo se satisfacían la necesidad y las expectativas de transformación del ente colectivo.

Esta salida individual en Unamuno podría hacernos pensar en cierto arribismo intelectual, pues dejaba en manos de un solo hombre las riendas de toda una sociedad. Pero vista en su conjunto sugirió la idea de progreso personal y evolución ideológica. Se constataba de esta forma el proyecto intelectual nacido de la búsqueda de la sociedad perfecta e idealizada.

El referente a este hecho había surgido tempranamente en el alter ego unamuniano de juventud Eugenio Rodero. En su obra *Nuevo Mundo* Unamuno resaltaba un paisaje convertido en tema y objeto de la obra literaria, fenómeno que se profundizaría en *Paz en la guerra* (1898) cuando Pachico Zabalbide, traspasado de la pureza y la libertad de la montaña, se veía empujado a la lucha social y moral en la ciudad. Aun existiendo otros tipos de utopía en torno a la conciliación del campo y la ciudad, me he detenido en el ejemplo unamuniano porque concilia el sentimiento del paisaje con el empuje colectivo de mejora social. Lo cual me permite comunicar con el tímido aperturismo que Galdós había utilizado en las novelas espiritualistas que estamos analizando y resumir los puntos más interesantes de su propuesta:

1) El individualismo que Galdós impone a los personajes a través de la nueva moral (una moral que choca abiertamente con la moral del *stablishment*) recoge la carga de un espacio propicio para tal experimentación.

2) El cambio de espacio, aun siendo la lógica salida al ideal espiritual, no logró la desvinculación de la ciudad porque económicamente Galdós demostró que tanto la ciudad como el campo desarrollaron la misma pobreza. Por ello, la aparente contraposición entre ambos espacios fue la ficcionalización de un topos necesario para sus propuestas espirituales (y para ello utiliza, como hemos visto, la remisión a una naturaleza bondadosa bastante engañosa). Al final, la sensación que se colige es la de un mero desenmascaramiento de las penosas condiciones de la España de la época. Probablemente el Madrid que describe (los pueblos por los que pasa no dejan de ser reflejos de la capital) es el mismo que había novelado en sus obras anteriores, el típico Madrid de la Restauración.

3) La ruptura de la urbe se produce, por tanto, como génesis de una nueva conciencia personal aunque sin proyección hacia lo colectivo (ya que faltan los espacios necesarios que puedan recoger dichos anhelos). Así, naturaleza y sociedad acaban indiferenciándose e imponen de este modo, subrepticiamente, el equilibrio ideológico de un Galdós poco dado a alterar su concepción de la ciudad jerarquizada.

4) La otra ruptura de la ciudad burguesa surge también como tímido apunte hacia un orden moral en manos del cuarto estado. Pero no tiene que ver con una revolución social en toda regla, sino con un compromiso hacia una temática en boga por aquellos años. La completa realización de la nueva ciudad hubiera tenido sentido de no volver a las mismas calles de siempre. En suma, la sensación que se extrae es que, más que cambiar los espacios, los utilizó para explicar la nueva moral de unos hombres pervertidos por la gran ciudad.

En conclusión, la salida de la ciudad en *Halma* y *Nazarín* rompe el discurso hegemónico que Galdós había utilizado en torno al espacio único madrileño, pero lo hace con una excesiva dependencia del mismo, de manera que la ruptura de la ciudad burguesa es en realidad otro modo de contar la realidad socio-histórica de un espacio nacional decrépito. No se da, así pues, un buscado maniqueísmo entre el campo y la ciudad, sino una imbricación de ambos lugares como medio de desmitificación del medio rural (que incluso, recordemos, ha recogido las nuevas ideas que se barajan en la ciudad en torno a la idea del progreso).

En definitiva, el pobre urbano es el pobre campesino. Este pobre debería, según los ideólogos de la causa obrera, ejercer su derecho real a un nuevo espacio en construcción, única forma de alcanzar un espacio nacional que, por sí mismo, apuntaría a una ruptura de la ciudad burguesa con consecuencias más visibles. El problema radicaba en la elección de los personajes galdosianos. Un cura y una condesa no parecían los más adecuados para encarnar los objetivos de la causa obrera si sus acciones remitían a una simple rebelión interna. Sí podían hacerlo, sin embargo, como protagonistas de la novela espiritualista, pero en este caso el espacio de convivencia no podía ir más allá del aportado por una burguesía poco afecta a los cambios y, por extensión, hacia una radicalización de las posturas por parte de los desheredados, cada vez más convencidos de una ruptura de aquella ciudad por medios violentos.

BIBLIOGRAFÍA

BARK, Ernesto (s. f.): *La revolución social*. Tomo IV. Madrid: Biblioteca Germinal.

BENJAMIN, Walter (1980): *Poesía y capitalismo. Iluminaciones*. Tomo II. Madrid: Taurus.

CANSINOS-ASSENS, Rafael (1988): *Obra crítica*. Tomo I. Sevilla: Diputación de Sevilla.

CAUDET, Francisco (2001): «La falacia mimética en las *Novelas contemporáneas* de Galdós», en: Paul Aubert (ed.): La novela en España (siglos XIX-XX). Madrid: Casa de Velázquez, pp. 73-90.

PÉREZ GALDÓS, Benito (2001): *Nazarín*. Edición de Juan Varias. Madrid: Akal.

GULLÓN, Agnes (1980): «Escenario, personaje y espacio en *Nazarín*», en: *Actas del segundo Congreso Internacional de estudios galdosianos (1978-1980)*. Tomo IV. Las Palmas de Gran Canaria: Excmo. Cabildo Insular de Gran Canaria, pp. 211-222.

KRONIK, John (1974): «Estructuras dinámicas en *Nazarín*», en: *Anales Galdosianos* 10, pp. 81-98.

DEL 'PAISAJE DEL ALMA' AL 'ALMA DEL PAISAJE': PAISAJISMO EN EL DISCURSO LITERARIO DEL 98

Jochen Mecke

1. PAISAJISMO Y DISCURSO LITERARIO DEL 98

«La Generación del 98 ama los viejos pueblos y el paisaje» (Azorín 1947b: 913). Con estas palabras, que concluyen el famoso artículo suyo con el que creó la noción de la citada generación, José Martínez Ruiz, ya convertido en Azorín, hace hincapié —como siempre de manera más bien intuitiva— en la importancia preponderante que tenía la descripción del paisaje para la estética de los autores del 98. Incluso si nos limitamos a pasar revista tan sólo a algunas obras, destaca enseguida el papel importantísimo que desempeña la descripción del paisaje para un Unamuno, un Machado, un Baroja o un Azorín.

De hecho, una breve ojeada a los títulos de algunas obras de los autores en cuestión es suficiente para comprobar la afirmación azoriniana. Libros como *Paisajes* (Unamuno 1902), *Por tierras de Portugal y de España* (Unamuno 1911), *Paisajes del alma* (Unamuno 1892, 1936), *Andanzas y visiones españolas* (Unamuno 1922), *Campos de Castilla* (Antonio Machado 1907-1917), *Los pueblos* (Azorín 1905), *Castilla* (Azorín, 1912), *La ruta del Quijote* (Azorín 1905) o *España* (Azorín 1909) ya indican sólo por su título la importancia que tenía el paisajismo en la estética del 98[1].

[1] Se puede completar esta lista con algunas obras de Ciro Bayo como, por ejemplo, *El peregrino entretenido* (2002 [1910]) o el *Lazarillo español* (1996 [1911]). Otro testi-

Muy tempranamente, esta marcada preocupación por el paisaje constituye un centro de interés importante de la nueva estética, no solamente en la práctica literaria, sino también en la reflexión teórica. Así, desde el principio, este afán por la descripción del paisaje se acompaña de declaraciones programáticas. De esta manera Yuste, el maestro de Antonio Azorín en *La Voluntad*, designa el paisajismo como principal preocupación de los nuevos escritores:

> Lo que da la medida de un artista es su sentimiento de la naturaleza, del paisaje [...]. Un escritor será tanto más artista cuanto mejor sepa interpretar la emoción del paisaje (Azorín 1985: 113).

Este marcado interés por el paisaje se extiende ya desde muy temprano hacia una dimensión histórica, acompañándose de una reflexión sobre la manera española de percibir el paisaje, como testimonia, por ejemplo, un libro como *El paisaje de España visto por los españoles* publicado por Azorín en 1917 (Azorín 1941)[2].

Sin embargo, esta revolución paisajista de la estética noventayochista plantea problemas en cuanto a sus funciones y motivos: ¿Por qué los autores del 98 fueron subyugados por este frenesí de recorrer el país y de llenar páginas, capítulos y libros enteros con descripciones de la meseta castellana? ¿Para qué este afán por la descripción que incluso el Roland Barthes tardío consideró como uno de los elementos más aburridos de la literatura de los que podría perfectamente prescindir cierto tipo de lector? (Barthes 1973: 21) ¿Por qué y para qué esta preponderancia del paisaje? ¿Cuáles son sus formas y funciones? Y, ¿en qué consiste la diferencia específica del paisajismo del 98? Antes de contestar a estas

monio de esta preocupación central del discurso del 98 está presente en la antología de Marina Romero titulada *Paisaje y literatura de España* dedicada —a pesar de su título general, como precisa el subtítulo después— únicamente a los escritores del 98 (Romero 1957).

[2] Dado que los propios autores se preocupaban de la reflexión sobre el papel del paisaje para el ser humano y la estética, no sorprende que la crítica especializada haya empezado muy tempranamente a investigar sobre este tema. Así, no es casual que Pedro Laín Entralgo dedique el primer capítulo de su libro *La Generación del 98* a la descripción del paisaje (Laín Entralgo 1997 [1947]: 27-51). A partir de este libro, la crítica literaria se ha dedicado continuamente a este tema hasta llegar a las monografías de Maria del Carmen Pena (1998 [1982]) y de Eduardo Martínez Pisón (1998).

preguntas, es imprescindible esbozar al menos algunos elementos que puedan servir como base para una definición y teoría del paisaje.

2. ESBOZO DE UNA DEFINICIÓN Y TEORÍA DEL PAISAJE

La palabra de paisaje tiene varios sentidos que reflejan adecuadamente la ambigüedad teórica del concepto correspondiente. Así, el *Diccionario de la Real Academia Española* indica tres significados principales para el término 'paisaje': Mientras que el primero, «extensión de terreno que se ve desde un sitio», ya indica que el paisaje presupone la presencia de un sujeto observador, el segundo, «extensión de terreno considerada en su aspecto artístico», pone de relieve la dimensión estética del paisaje en sí mismo, y la tercera acepción, «pintura o dibujo que representa cierta extensión de terreno», hace hincapié en el paisaje como objeto de una representación artística (Real Academia 1995: Art. 'paisaje'). Esta heterogeneidad aparece asimismo en el primer artículo de la *Convención Europea del paisaje*, según el cual el término «paisaje designa cualquier parte del territorio, tal como es percibida por las poblaciones, cuyo carácter resulta de la acción de factores naturales y/o humanos y de sus interrelaciones» (Convención 2000).

Es evidente, pues, que las nociones utilizadas contienen ya un primer esbozo de una teoría intuitiva, según la cual el paisaje es el resultado de una relación entre sujeto y objeto, y forma parte no sólo de la naturaleza, sino también de la cultura. De ahí que los teóricos del paisaje insistan con razón en que no solamente la percepción, sino también la definición misma de paisaje es característica de una cultura: Así, el teórico francés Augustin Berque constata que

> [...] la notion de paysage, au sens que nous lui donnons habituellement, [est, J. M.] intimement liée à l'identité culturelle. Elle varie selon les cultures [...] chaque culture élabore les formes de sa propre sensibilité, ses propres catégories, ses propres concepts [du paysage, J. M.] (Berque 1994: 16 s.).

La razón teórica de esta especificidad cultural, e incluso del concepto de paisaje, radica en el hecho de que la naturaleza misma de la que el paisaje forma parte depende también de la cultura. Para decirlo de otra manera: cada cultura tiene «su» propia naturaleza y su propio paisaje. Esto no es válido solamente en el sentido de que el paisaje se encuentra en su terreno propio, sino también en la medida en que cada cultura define sus propias fronteras delimitando lo que pertenece a la civilización y lo que forma parte de lo que se encuentra más allá de sus límites, a saber, otras culturas o la naturaleza[3]. Como la naturaleza es «el otro» de la cultura, su espacio semántico está de antemano determinado por la cultura misma. Si comprendemos la cultura —como lo sugiere la teoría de sistemas del sociólogo Niklas Luhmann— como sistema y la naturaleza como su medio ambiente, aparece claramente que la línea de demarcación entre 'sistema' y 'medio ambiente' forma también parte del sistema mismo o que el sistema incluye en sí mismo la diferencia entre él y el medio ambiente (Luhmann 1996: 16 s.). De ahí que la noción de naturaleza esté sujeta a variaciones considerables en épocas y culturas diferentes. Se puede concluir de lo antes dicho que la naturaleza nunca existe en sí y por sí misma, sino que siempre es relativa con respecto a una cultura específica o, más bien, que cada cultura inventa su propia naturaleza.

No obstante, a diferencia de la naturaleza, el paisaje no se refiere al mero espacio natural, sino que es el lugar de intersección por excelencia entre cultura y naturaleza. El paisaje se define como naturaleza ya codificada por la cultura, sea de manera directa, como, por ejemplo, por la agricultura, o de manera indirecta, a través de la percepción estética del espacio natural[4]. En esto el paisaje se distingue también de la noción de territorio, como subraya Eduardo Martínez Pisón. Según el geógrafo español, en Geografía se entiende por territorio «el espacio funcional», mientras que el término de «paisaje» enfoca más bien la «configuración de los espacios y sus imágenes». Este paisaje como configuración del territorio tiene varios aspectos: material, visual, objetivo y subjetivo (Martínez Pisón 1998: 22).

Ahora bien, si cada época y cada cultura tiene su propia visión del paisaje, ¿existe un paisajismo genuino del 98 y, en el caso de una res-

[3] Si por un lado, parece ser obvio que el paisaje forma parte de la naturaleza, consta, sin embargo, por el otro que el paisaje no se puede reducir a ella, sino que contiene otros elementos (véase más abajo).

[4] Así, según el filósofo Edward S. Casey, el paisaje es siempre una representación (Casey 2002).

puesta afirmativa, en qué puede consistir, con respecto al paisajismo decimonónico ya existente, esta contribución genuina del paisajismo noventayochista a la estética del paisaje literario? ¿En qué medida se distingue de las técnicas y principios estéticos anteriores?

3. EL PAISAJE EN EL DISCURSO DEL 98: AFINIDADES Y DIVERSIDADES LITERARIAS

Una aproximación superficial al paisajismo en el 98 provoca, en un primer momento, una decepción, ya que las descripciones del paisaje en los ensayos, poemas y novelas en cuestión, no difieren tanto de las de sus predecesores. Además, el paisajismo del 98 no constituye un fenómeno homogéneo, puesto que existen varias vertientes, opuestas, incluso, las unas a las otras.

Por ejemplo, en los artículos publicados en 1895 y reunidos bajo el título *En torno al casticismo* (1902), Unamuno confiere una función ya conocida a la pintura del paisaje. Después de una larga y detallada descripción de la meseta castellana con su «extremado calor» y su «frío extremado» (Unamuno 1986: 55), con sus «campos ardientes, escuetos y dilatados, sin fronda y sin arroyos» (56) el autor exclama:

> ¡Ancha es Castilla! ¡Y qué hermosa la tristeza reposada de ese mar petrificado y lleno de cielo! Es un paisaje uniforme y monótono en sus contrastes de luz y sombra, en sus tintas disociadas y pobres en matices (Unamuno 1986: 57).

Según Unamuno, este paisaje es el que ha hecho al hombre castellano:

> Allí dentro vive una casta de complexión seca, dura y sarmentosa, tostada por el sol y curtida por el frío, una casta de hombres sobrios, producto de una larga selección por las heladas de crudísimos inviernos y una serie de penurias periódicas, hechos a la inclemencia del cielo y a la pobreza de la vida (Unamuno 1986: 59 s.).

El paisaje determina desde siempre al hombre y configura también a los dos personajes españoles por antonomasia:

> [...] en este clima extremado y sin tibiezas dulces, de paisaje uniforme en sus contrastes, el espíritu también cortante y seco, pobre en nimbos de ideas [...] por fin ha engendrado un realismo vulgar y tosco y un idealismo seco y formulario, que caminan juntos, asociados, como Don Quijote y Sancho, pero que nunca se funden en uno (Unamuno 1986: 66).

Se puede reconocer claramente el modelo literario en que radica el paisajismo unamuniano: aquí, como en las novelas del joven Azorín (*La voluntad*, 1902), de Pío Baroja (*Camino de perfección*, 1902) o en algunos poemas de *Campos de Castilla* (1907-1917), el paisaje constituye —según prescribe el modelo naturalista— el medio ambiente que determina a los seres humanos que viven en él[5].

Sin embargo, casi al mismo tiempo encontramos en los escritos de los mismos autores otro modelo completamente opuesto al primero. El ejemplo más destacado es seguramente el de Antonio Machado en «Campo», uno de los poemas más conocidos de su primera época:

CAMPO

La tarde está muriendo
como un hogar humilde que se apaga
Allá sobre los montes,
quedan algunas brasas.
Y ese árbol roto en el camino
hace llorar de lástima.
Dos ramas en el tronco herido,
y una hoja marchita y negra en cada rama
¿Lloras? [...] Entre los álamos de oro
lejos, la sombra del amor te aguarda.
(Machado 2000: 202)

[5] Así, Pedro Laín Entralgo hace hincapié en la influencia de la tesis positivista del medio sobre los autores del 98 (Laín Entralgo 1997: 389). María del Carmen Pena constata una escisión del concepto de la naturaleza en el siglo XIX, en el que éste se divide en una concepción positivista y otra de origen idealista. En las Humanidades, lo natural se considera como objeto de una proyección sentimental, mientras que las ciencias naturales consideran lo natural como un objeto de rigurosa observación (Pena 1998: 16). Sin embargo, se encuentran huellas del modelo positivista también en la literatura, como muestra el ejemplo del naturalismo, en el que la observación exacta del paisaje es necesaria porque forma parte de los elementos que determinan al ser humano.

Este matiz de origen nítidamente romántico, cuya representación pictórica se puede admirar, por ejemplo, en los cuadros de Caspar David Friedrich, se encuentra también en otros autores del 98, en los que el paisaje constituye una metonimia del estado del alma del yo lírico[6]. En este caso, el árbol roto y aislado en el paisaje refleja claramente la soledad del sujeto que lo contempla. La fractura significa una voluntad quebrada y el tronco herido es símbolo de una esperanza abortada. El paisaje se ha convertido en un verdadero paisaje del alma.

No es mera casualidad, sino que está conforme con la heterogeneidad y el carácter contradictorio de la estética noventayochista, que el mismo autor que formula el principio de esta poesía neo-romántica sea justamente el mismo que en *En torno al casticismo* se había servido del modelo opuesto. En un artículo titulado *La reforma del castellano* Miguel de Unamuno escribe lo siguiente:

> Hay dos maneras de traducir artísticamente el paisaje en literatura. Es la una describirlo objetivamente, a la manera de Pereda o Zola, con sus pelos y señales todas: y es la otra, manera más virgiliana, dar cuenta de la emoción que ante él sentimos. Estoy más por la segunda. [...] El paisaje sólo en el hombre, por el hombre y para el hombre, existe en el arte (Unamuno 1966e: 298).

Encontramos, pues, en el discurso del 98, dos vertientes opuestas del paisajismo; la primera, la realista o naturalista, concibe el paisaje como medio ambiente que determina al hombre que vive en él, mientras que la segunda, que es romántica, se basa en un paisaje que funciona como reflejo del alma[7]. Incluso si se piensa que el paisaje del alma desempeña

[6] Esta nueva concepción del paisaje como expresión de la interioridad del sujeto tiene su origen en los escritos del Seudo-Ossian (i.e. Macpherson). En su obra *Fingal* (1761), presentada como traducción de una epopeya gaélica, ya se encuentran paisajes que traducen la interioridad de sus héroes (Piepmeier 1980: 19 s.).

[7] Esta contradicción no se encuentra solamente en Unamuno, sino también en Azorín o Antonio Machado. Junto al paisaje como reflejo del estado de ánimo desarrollado sobre todo en *Soledades* y *Galerías* (1899-1907), existe en la poesía de Antonio Machado también otra vertiente del paisajismo en la que el paisaje determina al hombre, como se puede ver, por ejemplo, en el poema «La tierra de Alvargonzález», poema contenido en *Campos de Castilla* (1907-1917), incluso si esta influencia es también mítica (véase Cassirer 1977).

un papel subalterno en el romanticismo español y que el realismo y el naturalismo no insisten con la misma intensidad en la determinación del individuo por el medio ambiente natural, como es éste el caso en la novela naturalista francesa, cabe concluir de lo antes dicho que la contribución genuina del 98 al paisajismo literario no puede consistir ni en el paisaje del alma ni en el influjo del paisaje sobre el individuo[8]. Pero, si esto es así, se plantea aún de manera más aguda el problema de determinar en qué puede consistir la aportación original del 98 al desarrollo del paisajismo. En primer lugar es preciso constatar que, en parte, la originalidad del paisajismo noventayochista reside en el hecho de que no se limita a repetir los paisajismos desarrollados por el romanticismo y el naturalismo, sino que intensifica los antagonismos en los que radican. De hecho, contrariamente al paisajismo de las literaturas clásicas griegas y romanas, el paisajismo moderno radica en algunas oposiciones imprescindibles que se deben a la evolución de la modernidad en el transcurso del siglo XIX.

4. EL A PRIORI HISTÓRICO DEL PAISAJISMO MODERNO Y EL PAISAJISMO NOVENTAYOCHISTA

Si, a la luz de la teoría esbozada, el paisaje aparece como un invento específico de cada época y cada cultura, se puede suponer que también en la literatura ni el tema ni el sentimiento del paisaje son creaciones recientes. De hecho, como es sabido, desde los principios de la literatura, el paisaje siempre ha despertado el interés de los escritores. Ya muy tempranamente, la descripción del paisaje se transforma en un tópico de la literatura y aparece en forma de lugar ameno, del *locus amoenus* (Curtius 1978: 202 s.). Desde luego, lo nuevo no puede encontrarse aquí, es decir en la forma retórica y consagrada por toda una tradición de describir o,

[8] La heterogeneidad del paisajismo noventayochista forma parte del consenso de la crítica, empezando por Laín Entralgo (1997: 35, 389, 397). En su libro consagrado al paisajismo noventayochista, María del Carmen Pena constata también esta diversidad del paisaje en el 98: «Toda esta corriente estética pasó por el realismo, tocó pocas veces al naturalismo y acabó evadiéndose hacia un idealismo de base romántica, según el cual el paisaje era expresión de nuestra alma, individual y colectiva, según el pensamiento krausista [...]» (Pena 1998: 55).

más bien, de crear el paisaje. En realidad, la historia del paisajismo moderno empieza probablemente con una carta célebre de Petrarca relatando su *Ascensión al Mont Ventoux* en el año 1336, en la que el poeta evoca sus sentimientos hacia la naturaleza. La carta es el testimonio de una nueva experiencia estética del medio ambiente, en la que el sentimiento del paisaje desempeña por primera vez un papel importante (Petrarca 1995: 48). La visión petrarquista del paisaje puede considerarse como un hito importante en la historia del paisajismo, porque en ella el paisaje deja de ser el objeto del conocimiento o de la intervención humanos para convertirse en objeto de mera contemplación por su belleza, desprovisto de todo pecado o demonio (Burckhardt 1988: 213 ss.). En la famosa carta de Petrarca se manifiesta el sentimiento estético sin referencia alguna a una utilidad cualquiera (Ritter 1974: 174, n. 23).

Sin embargo, según el análisis del filósofo Joachim Ritter, Petrarca, a pesar de experimentar una nueva sensación del paisaje, no logra interpretarlo de manera moderna, puesto que tiene solamente las categorías tradicionales de San Agustín a su disposición (Ritter 1974: 142 s.; 146). Así, comprende su propia experiencia en términos del 'olvido del yo', o bien de la preocupación por la salud del alma propuestos por San Agustín (Petrarca 1995: 25). Debido a este contexto teológico, Petrarca se ve forzado a concebir lo que fue una auténtica experiencia estética como comparación alegórica entre la falsa grandeza de la montaña y la verdadera grandeza del alma (1995: 26).

Pese a esta recuperación de la experiencia estética a través de la orientación trascendente medieval, la carta que relata la célebre ascensión contiene ya algunos elementos imprescindibles del paisajismo moderno, a saber, el desprendimiento de la contemplación del paisaje de todo interés práctico y el alejamiento de toda determinación ideológica que, en el caso de Petrarca, es teológica[9]. Aun cuando la experiencia petrarquista esté todavía determinada por una interpretación teológica, es necesario constatar que constituye el punto de partida de un proceso histórico, en el que el paisaje adquiere con cada etapa más autonomía. De hecho, las condiciones de posibilidad del paisajismo moderno, ya conte-

[9] Algo parecido ocurre todavía en la poesía de Garcilaso de la Vega, que —según el análisis de Francisco Abad— ya contiene elementos semejantes al paisajismo moderno, sin por lo tanto realizarlo completamente (Abad 1996: 114).

nidas en la experiencia de Petrarca, aparecen más claramente, cuando surgen en el contexto moderno.

Así, la percepción del paisaje presupone una distancia infranqueable respecto de la naturaleza. Lo que para Petrarca fue una experiencia excepcional y subordinada que no pudo expresarse en toda su amplitud, se transforma en una posibilidad dominante gracias a la emancipación y, en definitiva, al dominio sobre la naturaleza obtenido después de la Edad Media. Para que el paisaje pueda apreciarse como espectáculo y objeto estético, es necesario cierto grado de liberación de las necesidades de la subsistencia, de cierto «distanciamiento sólo permitido por un cierto grado de liberación del homo sapiens frente a la naturaleza» (Ayala 1996: 24), como lo ha sentido también muy bien Unamuno:

> Hasta que el hombre no se emancipe de su madre material, la tierra, [...] hasta que no se sacuda de las cadenas con que la Historia le ha adscrito a la gleba; hasta que no movilice la propiedad territorial y haga de la agricultura una libre industria, hasta tanto no llegará a ver por completo el campo con ojos de alma que bebe su reposo y en su sosiego se mete no llegará a ver como madre [...] Pero tampoco llegaría a sentir la hermosura del campo si no hubiese tenido antes que luchar con él para arrancarle el pan de que se nutre regándole con el sudor de su frente. La belleza es ahorro de utilidad, y el deleite con que la campiña nos regala no es debido [...] a otra cosa más que a la oscura reminiscencia subconsciente del alivio que en sus necesidades le debieron nuestros remotos padres [...] (Unamuno 1966a: 58).

Sin embargo, este distanciamiento de las necesidades de la vida cotidiana es solamente una de las condiciones básicas para el nacimiento del paisaje estético moderno. Además de la distancia entre el hombre y su cultura, por un lado, y de la naturaleza por el otro, el paisaje presupone una distancia del hombre respecto del paisaje como medio ambiente. De hecho, el paisaje puede transformarse en un objeto estético sólo cuando el campo deja de ser el medio ambiente habitual del hombre. Sólo cuando el hombre percibe el paisaje como diferencia del entorno usual, es decir de las grandes aglomeraciones urbanas, puede transformarse éste en un objeto de la percepción estética. Claudio Guillén concibe esta condición del paisajismo moderno como paradoja:

> Salta a la vista lo paradójico del empeño: no tendríamos paisaje si el hombre no se retirase decisivamente de él, si su protagonismo no cesara de ser viable, si no se privilegiase esa clase tan radical de otredad que en ciertas épocas se ha llamado, con mayúscula, la Naturaleza. Pero por otra parte es precisamente la mirada humana, lo que convierte cierto espacio en paisaje (Guillén 1996: 67).

Lo mismo vale para el paisaje de predilección del paisajismo del 98: de hecho, el campo saca el atractivo de su diferencia respecto del espacio industrializado, con sus estaciones de trenes, fábricas y chimeneas. Así, el descubrimiento del paisaje representa en la dimensión espacial lo que la actitud sentimental hacia el pasado representa en la dimensión temporal: ambos son efectos de una ruptura de la continuidad debida a cambios profundos de la sociedad y la cultura, como, por ejemplo, la industrialización, la urbanización, y los nuevos sistemas de transporte (Litvak 1998a: 6). Esta lógica de la diferencia estética se manifiesta también en los medios de transporte: En la medida en la que el tren posibilita una manera rápida de desplazarse, la excursión pedestre adquiere un placer estético particular. No es casual que la intensificación y el aumento del excursionismo sea contemporáneo de los nuevos medios de transporte, lo que no impide que el viaje en el tren permita crear una estética del paisaje genuina (Litvak 1991).

Estos cambios afectan también profundamente al sistema literario, ya que aquí el paisaje deja de ser mero tópico de la retórica, simple decorado o tela de fondo, para el desarrollo de la acción. El paisaje adquiere un sentido y un significado propios. Y esta emancipación estética del paisaje puede considerarse como la base común de corrientes tan antagonistas como, por ejemplo, el romanticismo y el realismo. De hecho, a pesar de oponerse diametralmente al subjetivismo romántico, la novela realista, no obstante, comparte con su corriente predecesora esta tendencia a conferir una autonomía cada vez más grande al paisaje. Ahora bien, si es obvio, por un lado, que el discurso literario del 98 adopta los modelos heredados de la historia literaria, se libera, sin embargo, por otro, de su funcionamiento tradicional. Esta emancipación constituye quizás la contribución genuina más importante de los autores del 98 a la creación del paisajismo moderno.

5. La condición moderna: hacia la autonomía del paisaje literario

Así, en las primeras páginas de la primera parte de su novela *La voluntad*, Azorín, en vez de presentar a los personajes principales, sus orígenes y su medio ambiente, como se solía hacer en la novela naturalista, confronta al lector con una larga descripción del paisaje y del pueblo de Yecla:

> A lo lejos, una campana toca lenta, pausada, *melancólica*. El cielo comienza a clarear indeciso. La niebla se extiende en larga *pincelada* blanca sobre el campo. Y en clamoroso *concierto* de voces agudas, graves, chirriantes, metálicas, confusas, imperceptibles, sonorosas, todos los gallos de la ciudad dormida cantan. En lo hondo el poblado se esfuma al pie del cerro en mancha incierta. *Dos, cuatro, seis* blancos vellones que brotan de la negrura, *crecen, se ensanchan, se desparraman* en cendales tenues (Azorín 1985: 61)[10].

En esta descripción, el paisaje no se contenta con su papel habitual de decorado de la acción, sino que pasa al primer plano para transformarse en una verdadera sinfonía de sonidos, colores y formas. Lo que llama la atención del lector es que Azorín, en lugar de describir el conjunto del paisaje, se limita a dar algunos elementos aislados y elige el presente como tiempo de la narración, sugiriendo de esta manera una verdadera simultaneidad entre descripción y objeto descrito. Debido a esta simultaneidad, la perspectiva temporal de la narración carece de una visión del conjunto y el conocimiento que recibe el lector queda reducido a la percepción del momento presente. En vez de relatar lo acontecido en una síntesis *post factum*, como sería, por ejemplo, el caso en una frase como: «De las chimeneas de la ciudad subieron nubes de humo blanco al cielo», el texto descompone el resumen en una sucesión de percepciones que nacen en el momento mismo de la descripción: «*Dos, cuatro, seis* blancos vellones que *brotan* de la negrura, *crecen, se ensanchan, se desparraman* en cendales tenues».

Gracias a esta simultaneidad entre objeto y observación, Azorín puede dedicarse a la descripción de un paisaje desnudo que carece de todo

[10] La cursiva es mía (J. M.).

significado humano preestablecido, efecto que se ve reforzado por la sustitución de un narrador humano por una focalización neutra. De esta manera Azorín libera el paisaje de su función de medio ambiente y reflejo del alma, efectuando incluso una inversión radical de la relación entre observador y objeto. El autor crea la impresión de que es el paisaje el que actúa y desfila delante del observador y no este último quien estuviera dando un paseo por el campo. Fórmulas reflexivas como «El campo [...] *se aleja* en amplia sábana verde...» (62) sustentan este efecto.

Además, Azorín disuelve la continuidad temporal en una sucesión discontinua de varios estados. El tiempo se reduce a una sucesión de momentos diferentes que desfilan delante de un sujeto que se encuentra reducido él mismo a un papel de mero observador de los acontecimientos. La novela plasma un tiempo en el que el sujeto ya no está inmerso, sino del que está excluido, un tiempo que no se puede transformar en una historia individual gracias a la acción, sino que se ofrece solamente como una sucesión de imágenes o cuadros que desfilan delante del personaje y en las que éste ya no puede influir. No es un tiempo propicio a la acción, sino a la contemplación. Por esta razón, las novelas de Azorín —y de Unamuno también, si tomamos *Niebla,* por ejemplo— se despiden de la Historia y se tornan hacia el paisaje[11]. Sin embargo, lo mismo que acabamos de constatar para la historia, es válido también para el paisaje: el espacio no constituye para los héroes de novelas un espacio de acción, sino un campo de mera observación. Nunca la descripción del paisaje en Azorín enmarca el cuadro de acciones futuras para los (anti-)héroes de sus novelas, sino todo lo contrario: es el paisaje —a falta de un personaje activo— el que pasa al primer plano.

Como consecuencia de estas técnicas, el paisaje adquiere una importancia pocas veces lograda antes en la historia de la novela, quitando a la acción su habitual posición dominante. Incluso podría decirse que el paisaje sustituye al sujeto humano como agente principal de la acción. Así, *La voluntad* es una novela sintomática que contiene en sí ya todo un programa estético del 98: abolición del argumento, disolución de la continuidad temporal y sustitución de la narración de la historia por una sucesión de descripciones, del tiempo por el espacio, de la historia y del

[11] Para un análisis detallado de la concepción de la historia y del tiempo en el discurso del 98, véase Mecke 1996.

personaje por el paisaje y de la acción comprometida por la contemplación estética. En Azorín y los autores del 98 el paisaje adquiere una máxima autonomía e independencia. Refiriéndose a sus compañeros literarios, Azorín escribe en su autobiografía *Madrid*:

> Nos [los autores del 98; J. M.] atraía el paisaje. [...] No es cosa nueva, propia de estos tiempos, el paisaje literario. Lo que sí es una innovación es el paisaje por el paisaje, el paisaje en sí, como único protagonista de la novela, el cuento o el poema (Azorín 1952: 39).

A fin de cuentas Azorín deshace el vínculo entre paisaje y significado humano. El resultado es —utilizando aquí una categoría con la que Ortega y Gasset describe la modernidad (Ortega y Gasset 2003)— una verdadera «deshumanización» del paisaje:

> Y para los antiguos, el hombre y no la naturaleza, el hombre y no la tierra, el hombre y no el color y la línea, eran lo esencial. Hoy, en cambio, tratándose de pintura, consideramos superflua la Magdalena penitente, en el soberbio paisaje de Claudio Lorena —un valle al amanecer— [...] (Azorín 1952: 39).

A guisa de conclusión, se puede decir que Azorín y los autores de su generación revolucionan la novela tradicional, invirtiendo la jerarquía habitual entre personaje y paisaje, entre argumento y medio ambiente, con el resultado de que el paisaje se desprende de todo significado preexistente y se convierte en mero significante de un sentido que se sustrae al lector sin volverse por ello una cifra de lo absurdo, ya que la nueva autonomía del paisaje en el marco del discurso literario sirve para modelar una nueva sensibilidad con respecto al paisaje. Lo mismo es válido incluso para Pío Baroja, un autor que parece mucho más comprometido con el argumento y la acción de la novela. En sus novelas tempranas, como *Camino de perfección*, el paisaje desempeña un papel importantísimo, si bien no adquiere la misma importancia que en Azorín (Baroja 1974 [1902]).

Hasta aquí la respuesta a las preguntas esbozadas inicialmente consistiría en decir que la originalidad de la contribución noventayochista al paisajismo moderno reside, por un lado, en una combinación heterogénea y agónica —en el sentido unamuniano de la palabra[12]— de las con-

[12] Véase *La agonía del cristianismo* (Unamuno 1984).

cepciones contrarias del romanticismo y del realismo y su intensificación mediante la reinserción del paisajismo en un nuevo contexto marcado por la industrialización y, por otro lado, en la autonomización de un paisaje que se convierte en puro significante. Sin embargo, estas dos aportaciones magistrales sientan las bases para la creación de una nueva estética del paisaje.

6. TRANSFORMACIONES DEL PAISAJISMO ROMÁNTICO Y POSITIVISTA: DEL PAISAJE COMO MEDIO AMBIENTE Y DEL PAISAJE DEL ALMA AL ALMA DEL PAISAJE

La poesía de Antonio Machado también está impregnada por la tendencia hacia la autonomización del paisaje. Ya títulos como «La tierra de Alvargonzález», «Por tierras de España», «A orillas del Duero», «Campos de Soria», etc. (Machado 1989) atestiguan el nuevo papel del paisaje como principal elemento de la estética noventayochista que se percibe ya en las novelas de Azorín. El proceso de desprendimiento de modelos paisajistas tradicionales que ha llevado a este cambio se puede observar en el poema «A orillas del Duero», recogido en *Campos de Castilla* (Machado 1989: 101-103). De hecho, en los primeros versos del poema Machado parece esbozar el cuadro típico de un paisaje del alma en la tradición romántica: El «yo» lírico escala una montaña para disfrutar la vista sobre el valle del Duero. La situación del excursionista aislado que se encuentra ante el paisaje hace esperar una proyección de los sentimientos subjetivos sobre ese paisaje:

> Mediaba el mes de julio. Era un hermoso día.
> Yo, solo, por las quiebras del pedregal subía [...]

A continuación se crea una analogía entre el caminante y un buitre que observa el paisaje en el mismo aislamiento que el contemplador humano:

> Un buitre de anchas alas con majestuoso vuelo
> cruzaba solitario el puro azul del cielo. [...]

Pero, cuando el «yo lírico» distingue en el paisaje de Soria un monte, el poema se desvía del camino neorromántico sugerido para tomar un rumbo completamente diferente:

> Yo divisaba, lejos, un monte alto y agudo,
> y una redonda loma *cual recamado escudo*,
> y cárdenos alcores sobre la parda tierra
> —harapos esparcidos de un viejo arnés de guerra—,
> las serrezuelas calvas por donde tuerce el Duero
> para formar la corva ballesta de un arquero
> en torno a Soria. —Soria es *una barbacana*,
> hacia Aragón, que tiene la torre castellana— [...][13].

Lo que sorprende en estos versos es que la descripción, en lugar de adoptar la forma romántica de un paisaje del alma, constituye un paisaje casi objetivo, cuya desnudez descubre las huellas de la historia[14]. La pobreza del paisaje presente evoca, mediante negaciones reiteradas, un pasado más glorioso:

> ¡Oh, tierra triste y noble,
> la de los altos llanos y yermos y roquedas,
> de campos sin arados, regatos ni arboledas;
> decrépitas ciudades, caminos sin mesones,
> y atónitos palurdos sin danzas ni canciones
> que aún van, abandonando el mortecino hogar,
> como tus largos ríos, Castilla, hacia la mar! [...]
> Castilla miserable, ayer dominadora,
> envuelta en sus andrajos desprecia cuanto ignora.
> [...]
> ¿Pasó? Sobre sus campos aún el *fantasma yerta*
> de un pueblo que ponía a Dios sobre la guerra.
> La madre en otro tiempo fecunda en capitanes,
> madrastra es hoy apenas de humildes ganapanes.
> Castilla no es aquella tan generosa un día,
> cuando Myo Cid Rodrigo el de Vivar volvía [...].

[13] La cursiva es mía (J. M.).

[14] Ya Pedro Laín Entralgo había destacado este rasgo del paisajismo noventayochista: «La historia, una personal visión de la historia y de la vida de España, se interpone entre el ojo y la superficie del paisaje» (Laín Entralgo 1997: 36).

Lo nuevo en los últimos versos no es tanto la descripción del paisaje como representación de un pasado glorioso, lo que no sería más —hay que reconocerlo— que otra vertiente del romanticismo, incluso teniendo en cuenta el hecho de que en España esta vertiente sentimentalista del romanticismo —con la excepción, evidentemente, de las *Leyendas* de Bécquer— no fue realizada con mucha intensidad. Machado no modela una mera representación sentimentalista de un pasado glorioso definitivamente irrecuperable, sino algo más complejo: a diferencia del romanticismo, el poema combina la descripción sentimental de los tiempos lejanos con una crítica del presente que impide justamente eso: la sencilla identificación nostálgica con el pasado. Paradójicamente, no es el pasado glorioso, no es la plenitud de un significante saturado de sentido lo que produce la identificación, sino la ausencia, la vacuidad, y hasta la decadencia actual de España, mediante la transformación de lugares concretos en tópicos de la historia de España.

Como Machado, Unamuno también descubre un paisaje en el que el pasado de España ha dejado huellas profundas. Si, efectivamente, se puede hablar de la existencia de *Paisajes del alma*, como lo sugiere por ejemplo el título de una colección de textos suyos (Unamuno 1944), cabe sin embargo señalar que Unamuno intenta más bien captar el genio del lugar o el *alma del paisaje* mismo y no el mero reflejo de los estados de ánimo del sujeto que lo contempla. De hecho, además de poner en práctica el principio romántico de una descripción subjetivista del espacio natural y de descubrir en el paisaje un alma hermana o de revelar la emoción que despierta el paisaje en él, Unamuno se complace en resucitar el pasado histórico evocado por el campo. Así, también Unamuno descubre un paisaje en el que el pasado de España ha dejado huellas profundas. El mejor ejemplo de esta modificación del paisaje del alma es, quizás, el artículo «Por las tierras del Cid», cuyo título es más que una simple metonimia, ya que sintetiza el programa estético del paisajismo unamuniano:

> Desde aquella cumbre de páramo que es Medinaceli en ruinas, barbacana sobre Aragón y tierra castellana, veía subir al cielo de Dios a nuestra España y soñaba que el Dios del Cristo la soñaba como Él sueña: una y trina (Unamuno 1966b: 644).

El procedimiento de Unamuno, que respecto a la interpretación de la estructura geográfica del paisaje recuerda la técnica de la interpretación mítica del paisaje empleada por Antonio Machado y empleada, por ejemplo, en «A orillas del Duero», consiste principalmente en asociaciones sugeridas por la significación simbólica e histórica del paisaje. En vez de interpretar el paisaje como una proyección de sus propios sentimientos, éste sirve más bien como texto o, mejor dicho, «pretexto» histórico. Mientras que el paisaje del alma romántico despierta en el contemplador emociones que, por mera analogía, dejan impresiones en su alma, aquí el paisaje no 'presenta' impresiones sino que 'representa' todo un pasado del país. No influye tanto en los sentidos, no provoca sensaciones, sino que afecta la memoria. Queda, pues, perfectamente claro que Unamuno ve a las tierras de Castilla siempre impregnadas por el pasado lejano: «Esta tierra pobre, con pobreza divina, fue la de Laínez, la de Sanz del Río, la de Ruiz Zorrilla» (1966b: 644). Para Unamuno, en este caso, el paisaje del alma no consiste en el descubrimiento de una analogía entre el estado del alma humano y la estructura geográfica y geológica del paisaje, sino en el hecho de que el paisaje tiene un pasado que corresponde a su alma propia. Citando a Antonio Machado, Unamuno afirma que «aquellas tierras [son] tan tristes que tienen alma [...]. ¡Y tanta alma como tienen!» (1966b: 643). El paisaje es tanto más evocador de historia cuanto más desnudo está. Concretamente, el paisaje ascético de Castilla se presta más a la imaginación o la proyección del pasado sobre el presente. La idea de Unamuno es que los hechos históricos y las acciones pasadas de los hombres han transformado los elementos del paisaje en los vocablos de una lengua que el observador situado en el presente puede descifrar gracias a su imaginación: «¡La Reconquista! ¡Cosas tuvieron nuestros Cides que han hecho hablar a las piedras! ¡Y cómo hablan las piedras sagradas de estos páramos!» (1966b: 644). En otra descripción resucita, mediante sus juegos de palabras habituales, la episteme de la similitud, al evocar la analogía entre naturaleza e historia, paisaje y lenguaje:

> [Dios] nos enseña [...] el contemplar la Naturaleza como Historia y la Historia como Naturaleza, el paisaje como lenguaje y el lenguaje como paisaje [...] (Unamuno 1944: 164).

Lo que podría ser una deconstrucción de la oposición entre naturaleza y cultura describe, de hecho, muy adecuadamente la estética de

Unamuno, basada en una conversión permanente del paisaje en un tópico de la historia, del espacio presente en el tiempo pasado. Si la estética del paisaje presupone una separación entre el hombre y el paisaje que le rodea y que le permite descubrir en este último un alma hermana, en Unamuno resalta otra actitud, a saber, la resucitación sentimental y melancólica de un pasado remoto que nunca podría volver. En este marco el paisaje se transforma en el significante de un significado histórico. Y Unamuno deja muy en claro que cuanto más desnudo es el paisaje tanto más siente el observador el deseo de darle un sentido. Después de una descripción mítica de la geografía de España, en la que ve a la península como una mano tendida al mar con los ríos como rayos y dedos (Unamuno 1966c: 705), hace hincapié en la estructura simbólica del paisaje español como significante que en sí mismo y al principio carece de significado y apela por eso al hombre a conferirle un significado: «En esta mano, entre sus dedos, entre las rayas de su palma, vive una humanidad; este paisaje le llena y le da sentido y sentimiento humanos un paisanaje» (1966c: 706).

Lo que destaca en estas palabras es una particularidad del paisajismo de Unamuno y de algunos de sus coetáneos, y que consiste en la creación de un paisaje del alma que difiere tanto del modelo romántico como del realismo. La diferencia con respecto al romanticismo consiste en el hecho que se trata obviamente de un alma del paisaje, cuyo sujeto ya no es un observador individual, sino colectivo. En muchas de sus descripciones, Unamuno establece una comunicación intensa no tanto entre paisaje e individuo, sino entre campo y pueblo, una comunicación que incluso es más íntima que la que une al contemplador romántico con el paisaje que se encuentra delante de él: «El espíritu, el *pneuma*, el alma histórica no se hace sino sobre el ánima, la psique, el alma natural, geográfica y geológica si se quiere» (1966c: 706). Sin embargo, Unamuno tampoco comparte el principio realista y naturalista. Para él no se trata de una relación causal entre medio ambiente (*milieu*), por un lado, y el carácter del individuo, por otro, sino que establece una relación más bien espiritual entre el paisaje y el pueblo. Como el paisaje es un lugar que conserva el pasado del país, sirve también de mediador entre ese pasado y el individuo. Así, contrariamente al positivismo, no es el momento presente, sino el momento pasado evocado por el paisaje lo que influye en el carácter del pueblo, que, a su vez, determina al individuo. En resumidas cuentas, Unamuno transforma la concepción realista del paisaje en una concepción idealista. Su concepción preconiza la influencia del alma del paisaje sobre el ser humano.

7. LAS FUNCIONES DEL PAISAJE: LA INVENCIÓN DE ESPAÑA

Además de ejercer una influencia sobre el pueblo, el paisaje le hace también a este último un llamamiento a darle un sentido, ya que el paisaje se concibe como significante al que el paisanaje, el pueblo, —en todo caso un sujeto colectivo—, tiene que dar un sentido. Así, el paisaje, más que constituir una pantalla romántica para la proyección de los sentimientos del individuo, está compuesto por lugares de la memoria en el doble sentido de la palabra: en primer lugar, se trata de lugares concretos y presentes del paisaje castellano, que, en segundo lugar, representan al mismo tiempo todo un pasado que corresponde a un tópico de la imagen de España o, para decirlo de manera más precisa, del discurso sobre España. En este sentido la concepción no sólo unamuniana sino también noventayochista en general coincide con la definición de los lugares de la memoria propuesta por Pierre Nora. Según el historiador francés, los lugares de la memoria son

> [des] objets, instruments ou institutions de la mémoire. Ces lieux, il fallait les entendre à tous les sens du mot, du plus matériel et concret, comme les monuments aux morts et les Archives nationales, au plus abstrait et intellectuellement construit, comme la notion de lignage, de génération, ou même de région et d'homme-mémoire (Nora 1997a: 15).

Las descripciones del paisaje en los textos del 98 resultan tan sugestivas porque combinan ambos aspectos mencionados por Pierre Nora, es decir, los lugares concretos y los tópicos de la historia. Esto es posible porque el paisaje ya en sí es concebido como lugar de la memoria que conserva un pasado que existe, en contraste con las zonas modernas de la industrialización urbana.

En efecto, el motivo para un paisajismo tan destacado es el proceso de modernización mismo con su aceleración del tiempo que amenaza la identidad cultural. Son, así, la industrialización, la urbanización y los nuevos medios de transporte y de comunicación los que despiertan el deseo de un contrapeso que garantice cierta permanencia[15]. Recordemos que el lugar de la memoria, como lo ha definido Pierre Nora, brota de una fractura con la continuidad histórica. Su nacimiento se debe a una

> Accélération de l'histoire. [...] un basculement de plus en plus rapide dans un passé définitivement mort [...]. L'arrachement de ce qui restait encore de vécu dans la chaleur de la tradition, dans le mutisme de la coutume, dans la répétition de l'ancestral, sous la poussée d'un sentiment historique de fond [...] qui assuraient le passage régulier du passé à l'avenir ou indiquaient, du passé, ce qu'il fallait retenir pour préparer l'avenir; qu'il s'agisse de la réaction du progrès ou même de la révolution (Nora 1997b: 23).

El lugar de la memoria es, por consiguiente, una isla que queda cuando el mar continuo de la tradición y de la memoria vivas ya se han retirado. De esta manera, el paisaje funciona como lugar de la memoria propicio para construir una nueva identidad cultural.

Ya esta perspectiva en sí modifica un poco la imagen de una generación del 98 que, después de una juventud revolucionaria y una desilusión política, se habría convertido en un grupo de autores que se complacerían en una actitud pasiva y quietista de mera contemplación del paisaje, así como en la interpretación de los clásicos. En efecto, muchos críticos no lograban ver en el paisajismo del 98 y en los estudios de las costumbres del pueblo más que una «forma de huida» ante los verdaderos problemas del país[16]. Desde este punto de vista, la preocupación del discurso noventayochista por los asuntos de la literatura y del paisaje debía aparecer como una evasión de intelectuales comprometidos que antes estaban preocupados por los problemas políticos del país, problemas que podían analizar muy bien, pero para los que no encontraban solución alguna. Esta vena de la interpretación de la obra del 98 fue abierta ya por Manuel Azaña en sus artículos sobre el 98, reprochando en ellos a los escritores haberse conformado con la literatura en lugar de intentar cambiar las condiciones sociales y el retraso de España, lo

[15] A este respecto, la situación de España no difiere tanto de la del resto de Europa. En Francia también la industrialización forzada crea el anhelo de una continuidad (véase Cacho Viu 1997).

[16] Así se titula el tercer capítulo de su libro *La juventud del 98*, en el que Blanco Aguinaga trata el paisajismo del 98 (1998: 279-302).

que había provocado su indignación (Azaña 1997: 42). Otros autores siguieron esa vía, como por ejemplo Vicens Vives, que interpreta el paisajismo del 98 como una reacción nacionalista ante el fracaso de España en la guerra con los Estados Unidos. Las descripciones del paisaje de Castilla son para él una tentativa de recuperación a través de una supervalorización de lo castellano dentro de un nacionalismo telúrico (Vicens Vives 1957).

Sin embargo, incluso aquellos autores que se oponen a una interpretación tan estricta del paisajismo noventayochista como escapismo estético comparten con sus oponentes una presuposición fundamental: la separación nítida de las posiciones políticas del 98, por un lado, y sus obras estéticas, por otro. Así, Eduardo Martínez Pisón rechaza claramente la tesis escapista de Vicens Vives que ubica a la generación del 98 únicamente en el campo de la estética (Martínez Pisón 1998: 41). Para él «es inadecuada la expresión de 'escapismo estético', con la que algunos autores de los años sesenta dieron por zanjada la contribución de la generación del 98. Al contrario, el geógrafo opta claramente por considerar la obra del 98 como únicamente «literaria y artística y no otra cosa» (1988: 42)[17].

Sin embargo, tanto la ubicación esteticista del paisajismo noventayochista como perteneciente solamente a la historia de la literatura como su interpretación psico-sociológica como huida ante los problemas insolubles del país, intenta simplificar la relación compleja existente entre paisajismo y compromiso intelectual. La perspectiva histórica de hoy permite disponer del distanciamiento suficiente respecto del discurso del 98 para destacar con más facilidad los lazos que las diferentes prácticas del 98 mantienen entre ellos, sea como vasos comunicantes en la profundidad o incluso como lazos aparentes en la superficie. No es solamente la distancia histórica lo que nos permite acercarnos quizás con más perspicacia a las prácticas literarias que —al menos para los propios autores— formaban parte de todo un conjunto, sino también el desarrollo de nuevos instrumentos y categorías de análisis. Visto desde una dis-

[17] Como es sabido, uno de los precursores tempranos de esta posición es Pedro Laín Entralgo. En su libro sobre la generación del 98, reeditado en el año del centenario, pasa en silencio todas las actividades de la llamada juventud del 98 con el fin de concentrar su análisis en la obra de los autores como mera y únicamente estética (Laín Entralgo 1997). Las huellas de esta interpretación se encuentran todavía en los trabajos de Dolores Franco, quien limita la descripción del paisaje al dolorido sentir de España ya vigente en el análisis de Laín Entralgo (Franco 1960).

tancia histórica de más de cien años, el discurso paisajista del 98, lejos de ser una mera fuga de los problemas concretos del país hacia una supuesta torre de marfil, desempeña un compromiso ético que tiene también una dimensión política. Así, Inman Fox subraya el hecho de que Miguel de Unamuno, contrariamente a lo que se solía afirmar antes, escribe sus reflexiones ya noventayochistas de *En torno al casticismo* (1895) en plena época de la llamada «juventud del 98» (Blanco Aguinaga 1998), es decir, en una época en la que estaba preocupado por la cuestión social. Al mismo tiempo que está en busca de la verdadera y profunda España que encontrará en la intrahistoria, Miguel de Unamuno —al tiempo que ve en la descripción de la meseta castellana y en el mito de Caín y Abel una posibilidad para comprender los problemas de España— publica ensayos en *La lucha de clases* y escribe artículos que dan muestra de un análisis rigurosamente económico del problema agrario. Según Inman Fox, no se debe, por consiguiente, «separar el pensamiento y protagonismo políticos de Unamuno de sus preocupaciones espirituales» (Fox 1997: 115). Y podemos añadir que tampoco se puede separar de sus preocupaciones estéticas[18].

Ahora bien, el propio proceso de modernización propiamente dicho, con su aceleración del tiempo que amenazaba la identidad nacional, no es únicamente el motivo para el paisajismo noventayochista, sino también su objetivo. Esta problemática está lejos de concernir solamente a España, puesto que en otros países la industrialización, la urbanización y los nuevos medios de comunicación despertaron también el deseo de un contrapeso que garantizara cierta permanencia. En este sentido la situación de España no difiere mucho de la del resto de Europa. También en Francia la industrialización forzada crea el anhelo de una continuidad:

> Tout se passe comme si le paysage le plus représentatif était le décor garant d'une durée, d'un enracinement chronologique sur les lieux mêmes du foyer central de histoire nationale, ou se mêlent la nature et les marques du temps (Cachin 1997: 961).

[18] Sin embargo, consta que Inman Fox, en su intento de no separar estética y política, concibe ambos campos del discurso del 98 como homogéneos y monolíticos. En esta perspectiva unificadora, la descripción del paisaje y la concepción de la intrahistoria aparecen como dos manifestaciones de una sola ideología política que está al servicio del nacionalismo político (Fox 1997: 111; véase más abajo).

Y también en Francia una derrota militar sirvió como señal para la necesidad de reformar profundamente el país. Así, en un ensayo famoso, el historiador Vicente Cacho Viu estableció los paralelos entre la derrota de Francia en 1870 y la de España en 1898. Pero si bien en Francia, después de la derrota, el II Imperio cedió la plaza a la III República instaurando instituciones estables, en España los intelectuales tuvieron que asistir impotentes al estancamiento político del país e incluso a la restauración del *status quo* (Cacho Viu 1997: 78)[19].

En la España de 1900, el lugar de la memoria sirve igualmente para construir una nueva identidad cultural muy diferente del concepto de nación que se había vuelto obsoleto en la época del desastre nacional, del caciquismo y del turno de los partidos: Así, Unamuno, en un artículo famoso, en el que aparece probablemente por primera vez el sustantivo «intelectual», distingue entre la patria del español por un lado y la nación por el otro, con el fin de negar rotundamente que el español tenga una nación:

> Tiene [el español], aquí abajo, una patria de paso, y otra, arriba, de estancia. Pero lo que tiene no es nación; es patria, tierra difusa y tangible, dorada por el sol, la tierra en que sazona y grana su sustento, los campos conocidos, el valle y la loma de niñez, el canto de la campana que tocó a muerte por sus padres, realidades todas que salen de la historias (Unamuno 1966d: 941).

Aquí se ve claramente que el paisaje sirve para desarrollar una posibilidad de identificación e identidad cultural diferente de aquella basada en la idea de una nación considerada como problemática. El paisaje se concibe como posibilidad de desarrollar una base para construir una nueva identidad cultural no tachada por el problemático presente histórico de España, una base para una identificación posible con otra España más allá de las glorias pasadas de la nación oficial. Así pues, si por un lado la urbanización —y con este fenómeno la distancia respecto del paisaje— es una condición para que el paisaje adquiera tanta importancia en la estética del 98, por otro cabe constatar que responde al mismo tiempo a la problemática de la identidad conllevada por este mismo proceso de mo-

[19] Para citar solamente un ejemplo: las peripecias políticas de los intelectuales de l'Action Française serían impensables sin el sentimiento de una amenaza de la identidad nacional.

dernización. No cabe duda que para la generación del 98 el paisaje sirve no solamente como lugar de la memoria, sino también para constituir un tópico, es decir un lugar «común», en el que puedan encontrarse los españoles y con el que puedan identificarse[20].

La construcción de la intrahistoria sirve para el mismo propósito, siendo el paisaje justamente esa patria que sustituye a la nación. Esto es posible porque el paisaje deja sus huellas en la gente que lo habita. Al mismo tiempo que echa las bases de una nueva identidad cultural, el paisaje influye en la personalidad de sus habitantes: «¿No se refleja acaso en el paisanaje el paisaje? Como en su retina, vive en el alma del hombre el paisaje que le rodea» (Unamuno 1966a: 998). Así, la construcción de una nueva identidad cultural se puede efectuar mediante una toma de conciencia del paisaje que rodea al individuo. De esta manera, la estética se revela como política, ya que la descripción del paisaje permite destacar una identidad cultural estable fuera de la nación, que se puede destilar también a partir de una toma de conciencia de la forma especial en la que los españoles perciben el paisaje:

> La primera lección de patriotismo se recibe cuando se logra cobrar conciencia clara y arraigada del paisaje de la patria, después de haberlo hecho estado de conciencia, reflexionar sobre éste y elevarlo a idea (Unamuno 1975: 140).

Aquí se ve claramente que el paisaje sirve para desarrollar una posibilidad de identificación e identidad cultural diferente de la que está basada en la idea de una nación considerada como problemática. Como la intrahistoria unamuniana y la interpretación de los clásicos, el paisajismo es más que una fuga de los problemas del país: es una respuesta al problema de identidad planteado por las necesidades de cambio, de modernización y de la famosa «europeización de España», ya que crea otra «comunidad imaginada» (Anderson 1991) que sustituye a la comunidad nacional obsoleta. Como venimos viendo, esta nueva identidad se constituye más allá de una nación considerada como problemática. Por esta razón, no se puede reducir a una contribución al nacionalismo político[21].

[20] También para la identidad de Francia y su nacionalidad el paisaje es un instrumento de importancia primordial: «Le lien est essentiel, structurel, entre l'identité nationale et l'art du paysage [...]» (Cachin 1997: 962).

[21] Ésta es la tesis de Inman Fox (1997: 111).

Paradójicamente, su efecto no es en realidad conservador, o bien este último —si es que hay conservadurismo— no amenaza, sino que constituye la base o, mejor dicho, la condición de posibilidad mental para una transformación profunda del país sin correr el riesgo de perder su propia identidad[22]. Así, la busca de una nueva identidad nacional y cultural en la estética del paisaje no está en contradicción con los proyectos de la famosa «europeización de España», sino que constituye su base cultural y su condición de posibilidad, ya que la garantía de una identidad al abrigo del cambio radical previsto por todas las reformas, en vez de amenazar la transformación profunda de la sociedad, crea las condiciones mentales propicias para hacerla posible.

BIBLIOGRAFÍA

ABAD, Francisco (1996): «Función estética e ideología del paisaje en la literatura», en: Darío Villanueva/Fernando Cabo Aseguinolaza (eds.): *Paisaje, juego y multilingüismo. Actas del X Simposio de la Sociedad Española de Literatura General y Comparada*. Tomo I. Santiago de Compostela: Universidad de Santiago de Compostela, pp. 105-116.

ANDERSON, Benedict (1991): *Imagined Communities: Reflections on the Origin and Spread of Nationalism*. London: Verso.

AYALA, Francisco (1996): «El paisaje y la invención de la realidad», en: Darío Villanueva/Fernando Cabo Aseguinolaza: *Paisaje, juego y multilingüismo. Actas del X Simposio de la Sociedad Española de Literatura General y Comparada*. Tomo I. Santiago de Compostela: Universidad de Santiago de Compostela, pp. 23-30.

AZAÑA, Manuel (1997): «Todavía el 98», en: Manuel Azaña: *Todavía el 98. El Idearium de Ganivet. Tres generaciones del Ateneo*. Madrid: Biblioteca Nueva, pp. 39-59.

AZORÍN (pseudónimo de Martínez Ruiz, José) (1985): *La voluntad*. Madrid: Castalia.

— (1952): *Madrid*. Buenos Aires: Losada.

— (1947a): *Obras Completas*. Madrid: Aguilar.

— (1947b): «La generación del 98», en: *Obras Completas*. Tomo II. Madrid: Aguilar, pp. 896-913.

[22] Para este aspecto de la relación entre crisis de identidad y modernidad véase Mecke (1998a, 1998b).

— (1941): *El paisaje de España visto por los españoles*. Madrid: Espasa-Calpe.

BAROJA Y NESSI, Pío (1974): *Camino de perfección: pasión mística*. Madrid: Caro Raggio.

BARTHES, Roland (1973): *Le plaisir du texte*. Paris: Seuil.

BAYO, Ciro (2002): *El peregrino entretenido*. Sevilla: Renacimiento.

— (1996): El *Lazarillo español*. Madrid: Cátedra.

BERQUE, Augustin (1994): «Paysage, milieu, histoire», en: Augustin Berque: *Cinq propositions pour une théorie du paysage*. Seyssel: Champ Vallon, pp. 11-30.

BLANCO AGUINAGA, Carlos (1998): *La juventud del 98*. Madrid: Taurus.

BURCKHARDT, Jacob (1988): *Die Kultur der Renaissance in Italien*. Stuttgart: Kröner.

CACHIN, Françoise (1997): «Le paysage du peintre», en: Pierre Nora (ed.): *Les lieux de mémoire*. Paris: Gallimard, pp. 957-998.

CACHO VIU, Vicente (1997): *Repensar el 98*. Madrid: Biblioteca Nueva.

CASEY, Edward S. (2002): *Representing Place. Landscape Painting & Maps*. Minneapolis/London: University of Minnesota Press.

CASSIRER, Ernst (1977): *Philosophie der symbolischen Formen*.Tomo II: *Das mythische Denken*. Darmstadt: Wissenschaftliche Buchgemeinschaft.

CONVENCIÓN EUROPEA DEL PAISAJE, Florencia 20.X.2000, en: <http://www.us.es/giest/art_conven.htm>, (01-08-2005).

CURTIUS, Ernst Robert (1978): *Europäische Literatur und lateinisches Mittelalter*. Bern: Francke.

FITTER, Chris (1995): *Poetry, space, landscape: toward a new theory*. Cambridge: Cambridge University Press.

FOX, Inman (1997): *La invención de España: nacionalismo liberal e identidad nacional*. Madrid: Cátedra.

FRANCO, Dolores (1960): *España como preocupación*. Segunda edición corregida y aumentada. Madrid: Guadarrama.

GUILLÉN, Claudio (1996): «El hombre invisible. Paisaje y literatura en el siglo XIX», en: Darío Villanueva/Fernando Cabo Aseguinolaza (eds.): *Paisaje, juego y multilingüismo. Actas del X Simposio de la sociedad española de literatura general y comparada*. Tomo I. Santiago de Compostela: Universidad de Santiago de Compostela, pp. 67-83.

LAIN ENTRALGO, Pedro (1997): *La Generación del 98*. Madrid: Espasa Calpe.

LITVAK, Lily (1998a): «Prólogo», en: Lily Litvak: *Imágenes y textos. Estudios sobre literatura y pintura 1849-1936*. Amsterdam/Atlanta: Rodopi, pp. 5-8.

— (1998b): «Después del arco iris: espacio y tiempo en el paisaje español de finales del siglo XIX», en: Lily Litvak: *Imágenes y textos. Estudios sobre literatura y pintura 1849-1936*. Amsterdam/Atlanta: Rodopi, pp. 9-32.

— (1991): *El tiempo de los trenes. El paisaje español en el arte y la literatura del realismo* (1849-1918). Barcelona: Editorial del Serbal.

LUHMANN, Niklas (1996): *Die Realität der Massenmedien*. Opladen: Westdeutscher Verlag.

MACHADO, Antonio (1989): *Campos de Castilla*. Madrid: Cátedra.

— (2000): *Soledades, Galerías y otros poemas*. Edición de Geoffrey Ribbans. Madrid: Cátedra.

MARTÍNEZ PISÓN, Eduardo (1998): *Imagen del paisaje. La generación del 98 y Ortega y Gasset*. Madrid: Caja Madrid.

MECKE, Jochen (1998a): «Una estética de la diferencia: el discurso literario del 98», en: Jochen Mecke (ed.): *La crisis del 98 en España y América Latina*. Número especial de *Iberoamericana*. Frankfurt/Madrid: Vervuert, pp. 109-143.

— (1998b): «Literatura española y literatura europea. Aspectos historiográficos y estéticos de una relación problemática», en: Harald Wentzlaff-Eggebert (ed.): *Nuevos caminos en la investigación de los años 20 en España*. Tübingen: Niemeyer (Beihefte zur Iberoromania 14), pp. 1-17.

— (1996): «Die Entmenschlichung der Zeit: Geschichtskritik, Kontingenz und Echt-Zeit im Roman der spanischen Generation von 1898», en: Michael Titzmann (ed.): *Zeiterfahrung und Lebenslaufmodelle in Literatur und Medien. Kodikas/ Code. Ars Semeiotika* 19 (July/Sept.), pp. 195-212.

NORA, Pierre (1997a): «Présentation», en: Pierre Nora (ed.): *Les lieux de mémoire*. Paris: Gallimard, pp. 15-21.

— (1997b): «Entre Mémoire et Histoire: la problématique des lieux», en: Pierre Nora (ed.): *Les lieux de mémoire*. Paris: Gallimard, pp. 23-42.

ORTEGA Y GASSET, José (2003): *La deshumanización del arte y otros ensayos*. Madrid: Espasa Calpe.

PENA, María del Carmen (1998): *Pintura de paisaje e ideología. La generación del 98*. Madrid: Taurus.

PETRARCA, Francesco (1995): *Familiarium rerum libri IV. 1. Die Besteigung des Mont Ventoux. Ad Dyonisium de Burgo Sancti Sepulcri*. Edición de Kurt Steinmann. Stuttgart: Reclam.

PIEPMEIER, Reiner (1980): «Landschaft», en: Joachim Ritter (ed.): *Historisches Wörterbuch der Philosophie*. Tomo V. Darmstadt: Wissenschaftliche Buchgesellschaft.

REAL ACADEMIA ESPAÑOLA (1995): *Diccionario de la lengua española*. Edición electrónica. Versión 21.1.0. Madrid: Espasa-Calpe.

RITTER, Joachim (1974): «Landschaft. Zur Funktion des Ästhetischen in der modernen Gesellschaft», en: *Subjektivität*. Frankfurt/M.: Suhrkamp, pp. 141-163.

ROMERO, Marina (ed.) (1957): *Paisaje y literatura de España: Antología de los escritores del 98*. Madrid: Tecnos.

STEINMANN, Kurt (1995): «Grenzscheide zweier Welten: Petrarcas Besteigung des Mont Ventoux», en: Francesco Petrarca: *Familiarium rerum libri IV. 1.*

Die Besteigung des Mont Ventoux. Ad Dyonisium de Burgo Sancti Sepulcri. Edición de Kurt Steinmann. Stuttgart: Reclam, pp. 39-49.

UNAMUNO, Miguel de (1986): *En torno al casticismo*. Madrid: Alianza.

— (1984): *La agonía del cristianismo*. Madrid: Austral.

— (1975): *Andanzas y visiones españolas*. Madrid: Espasa-Calpe.

— (1966a): «Paisajes», en: *Obras Completas*. Tomo I. Madrid: Escelicer, pp. 52-82.

— (1966b): «Por las tierras del Cid», en: *Obras Completas*. Tomo I. Madrid: Escelicer, pp. 643-644.

— (1966c): «País, paisaje y paisanaje», en: *Obras Completas*. Tomo I. Madrid: Escelicer, pp. 705-707.

— (1966d): «La vida es sueño», en: *Obras Completas*. Tomo I. Madrid: Escelicer, pp. 940-946.

— (1966e): «La reforma del castellano»: en: *Obras Completas*. Tomo I. Madrid: Escelicer, pp. 998-1003.

— (1944): *Paisajes del alma*. Madrid: Revista de Occidente.

VICENS VIVES, Jaime (1957): *Historia social y económica de España*. Tomo V. Barcelona: Teide.

LA CIUDAD DE PROVINCIAS EN LA NOVELA ESPAÑOLA DEL REALISMO A LA ACTUALIDAD: CONTINUIDAD Y TRANSFORMACIÓN

Wolfgang Matzat

1. Introducción

M. Bajtín, en su libro *El tiempo en la novela*[1], constata que la ciudad de provincias es un cronotopo importante en la novela realista. Con esta afirmación, Bajtín ilustra su tesis sobre la evolución de la representación del tiempo y del espacio en el transcurso de la historia de la novela. Según Bajtín, la modelación literaria del tiempo histórico y de los lugares geográficos concretos es un fenómeno que tardó mucho tiempo en producirse. En la novela griega, que Bajtín toma como ejemplo de novela en la Antigüedad, tiempo y espacio tienen un carácter abstracto sin un valor semántico específico. La evolución ulterior del género, respecto a la representación de los cronotopos, es un proceso muy lento, y sólo en la novela realista nos encontramos con imágenes de la realidad espacio-temporal que sirven de vehículo a significaciones sociales concretas. Es así que la importancia de la ciudad de provincias como cronotopo novelesco radica para Bajtín en el hecho de presentar la vida cotidiana en el marco histórico y cultural del siglo xix. El teórico cita *Madame Bovary* de Flaubert, novela en la que la historia de Emma se desarrolla en el con-

[1] Se cita la traducción alemana con el título *Die Zeit im Roman* (Bachtin 1989).

texto de las pequeñas ciudades de Tostes y de Yonville l'Abbaye. Otros ejemplos conocidos que atestiguan la importancia de este cronotopo en la novela realista francesa son Verrières en *Le Rouge et le Noir* de Stendhal, Saumur en *Eugénie Grandet* de Balzac o Plassans en *Les Rougon-Macquart* de Zola.

Si dirigimos, a continuación, nuestra mirada a España, coincidiremos en que el cronotopo provincial ocupa en la novela española una posición aún más importante que en el realismo francés. Mientras que la mayor parte de los textos realistas y naturalistas franceses está ligada al escenario de París, en España Pérez Galdós es el único entre los grandes autores realistas que ha creado una verdadera novela urbana, aunque haya contribuido también —con el ejemplo notable de Orbajosa— a la formación de la imagen de la ciudad de provincias. Esta imagen nace con la novela costumbrista —piénsese en los pueblos andaluces, en las novelas de Fernán Caballero (*La gaviota*) y Juan Valera (*Pepita Jiménez*)—, se solidifica en el realismo-naturalismo —con Pereda (Santander en *Sotileza*), Leopoldo Alas (Vetusta), Pardo Bazán (Marinera en *La tribuna*)— y continúa en el siglo XX en novelas de Pío Baroja, Miguel de Unamuno, Ramón Pérez de Ayala, Carmen Martín Gaite, Miguel Delibes, Juan Benet, Antonio Muñoz Molina, etc.

Los ejemplos mencionados —tanto franceses como españoles— presentan una serie de características fundamentales que delinean el perfil semántico del cronotopo en la novela realista y moderna en su conjunto. Estas características tienen su base en la relación opositora de la ciudad de provincias con la capital que, por supuesto, da lugar al mismo término de provincia y que se presta a diversas elaboraciones según los contextos discursivos en que esta oposición se emplee. Es así que la primera característica que hay que nombrar —y que se manifiesta frecuentemente por esa vida cotidiana trivial y monótona, que Bajtín considera como un rasgo típico del cronotopo (1989: 197)—, se constituye por el atraso cultural frente a la capital. Esta noción de atraso que, como tal, presupone un horizonte discursivo que concibe la historia como progreso, puede también vincularse a connotaciones positivas, como, por ejemplo, en el discurso romántico y costumbrista, donde la provincia es tratada como un lugar en el que se guardan elementos de una cultura regional o nacional genuina. Igual ambivalencia marca la segunda característica fundamental del cronotopo, la proximidad de la ciudad de provincia a la naturaleza, que puede vincularse con valores positivos, siguiendo la visión romántica, pero también negativos, como en el discurso naturalista. Un rasgo particularmente interesante reside, a mi parecer, en el hecho de que la ciudad de provincias se puede considerar como un espejo deformador de la situación social y cultural del país en su conjunto. Piénsese, por ejemplo, en el Verrières de *Le Rouge et le Noir* de Stendhal, donde los conflictos sociales de la Restauración francesa se plasman de una manera particularmente cruda. Diversas novelas españolas presentan, de manera parecida, el sistema político de la Restauración de fin de siglo en el espejo cóncavo —como diría Valle-Inclán— de la pequeña ciudad.

Los rasgos de la imagen de la ciudad de provincias en la novela española, que a continuación describiré, son, por un lado, inherentes al cronotopo como parte de la evolución de la novela realista y moderna en su conjunto. Por otro, señalan particularidades de la novela y de la situación discursivo-cultural de España. Me limito, por el momento, a mencionar una tendencia que quizá sea la más característica en la novela española. Ésta consiste en presentar la ciudad de provincias como ejemplo, no sólo del atraso cultural en las regiones lejanas de la capital, sino también del atraso de toda España con respecto a los centros europeos del progreso como Francia e Inglaterra. La ciudad de provincias sería así paradigmática para un provincianismo específicamente español dentro del marco europeo. Para ilustrar estos asertos trataré, a continuación, la Orbajosa galdosiana y la Vetusta de Clarín, como ejemplos de la novela realista, Alcolea del Campo en *El árbol de la ciencia* de Baroja, para apuntar características de principios del siglo xx y, finalmente, Mágina en *El jinete polaco* de Muñoz Molina, como ejemplo de la novela contemporánea.

2. Orbajosa en *Doña Perfecta*: la condenación de la ciudad de provincias en el discurso liberal

Doña Perfecta puede leerse como una lección galdosiana sobre la relación entre espacio y discurso. El conflicto central de la novela entre Pepe Rey y su tía orbajense se desarrolla, durante la mayor parte de la novela, como un diálogo entre los representantes de la provincia y el representante de la capital en relación a los méritos respectivos de estos dos espacios. Visto el escenario de la novela, el espacio provincial ocupa, naturalmente, el primer plano en este debate. Las posiciones discursivas son muy claras desde el principio. Pepe Rey es caracterizado como «hombre de elevadas ideas y de inmenso amor a la ciencia». Su interés se centra en los adelantos que opera «el genio del siglo» en cuanto a «la cultura y bienestar físico y perfeccionamiento moral del hombre» (Galdós 1984: 87). Pepe representa así una mentalidad liberal de tipo krauso-positivista, ya que combina los conocimientos científicos de ingeniero con «el profundo sentido moral» (90), que define a los adeptos españoles de la filosofía de Krause. Su mayor antagonista, el canónigo don Inocencio, «santo varón piadoso» y «maestro de retórica y latinidad en el Instituto» (92), representa la posición conservadora de la Iglesia Católica y de un saber tradicional, así como don Cayetano, el especialista en la historia de Orbajosa. Además, el punto de vista conservador puede valerse de toda la tradición literaria que celebra la vida sencilla cerca de la naturaleza. La imagen de la ciudad de provincias, que resulta de esta constelación discursiva, es doble. Mientras que el discurso conservador conlleva una valorización positiva del espacio provincial, el discurso liberal implica una condenación inapelable.

Con respecto al repertorio discursivo que permite una valorización positiva, el procedimiento predilecto de Galdós consiste en la parodia y la ironía. Esto vale ya para la presentación inicial del espacio provincial a través de los argumentos consagrados de la «alabanza de la aldea», típicos del discurso humanista del Renacimiento. Surge una ironía adicional, ya que es el padre de Pepe Rey, un representante de la capital, quien se apropia de este discurso cuando propone a su hijo el casamiento orbajense: «¡Qué patriarcales costumbres! ¡Qué nobleza en aquella sencillez! ¡Qué rústica paz virgiliana! [...] ¡Qué admirable lugar para dedicarse a la contemplación de nuestra propia alma y prepararse a la buenas obras!» (89). Se corresponden con esta cita irónica de los tópicos humanistas los nombres poéticos atribuidos a las localidades que atraviesa Pepe Rey para llegar a Orbajosa desde la estación de trenes de Villahorrenda: «Cerrillo de los lirios», «Valleameno», «Valdeflores». Esta «horrible ironía de los nombres» (73), como Galdós hace observar al mismo Pepe Rey, se dirige no sólo a las nociones renacentistas del *locus amoenus*, sino también a la imagen de una naturaleza idílica propia del discurso romántico y costumbrista que —como muestra el ejemplo de *Pepita*

Jiménez— puede valerse, a su vez, de los *topoi* clásicos del humanismo. Una componente central del discurso conservador se ironiza a través del personaje de don Cayetano y su visión ingenua de la historia española, al celebrar la ciudad de provincias como lugar en el que se conservan las viejas virtudes españolas: «la hidalguía, la generosidad, el valor, la nobleza» (141). La dimensión irónica de esta cita está acentuada por el hecho de que en este contexto don Cayetano se refiere a hechos históricos que —en la visión liberal del pasado español— pertenecen más bien al ámbito de la leyenda negra como «la conquista de México» o las guerras «de Felipe contra los herejes» (141). Junto con estas virtudes feudales, es, sobre todo, la fidelidad a la fe que se ensalza en el discurso conservador, también en este caso representado por don Cayetano: «la humildad cristiana» y la «caridad» que «se practica aquí como en los tiempos evangélicos» (179). Frente a esto, la capital es considerada en palabras de doña Perfecta como «centro de corrupción, de escándalo, de irreligiosidad y descreimiento» (231), lo que traduce su actitud implacable hacia Pepe Rey como representante de la sociedad de Madrid.

El texto contrapone la visión crítica de Pepe Rey, respaldada por el mismo narrador, a dicha visión halagüeña de la *urbs augusta*. Para Pepe, el paisaje de los alrededores «se distingue por su árido aspecto» y difunde una «desolada tristeza» (73), así que la proximidad a la naturaleza adquiere aquí un rasgo negativo. El aspecto de Orbajosa es «más bien de ruina y muerte que de prosperidad y vida» (82) y la ciudad se parece «a una momia que tiene todavía un alma» (83). A las calles angostas del centro no se atribuye ningún carácter pintoresco. Por ejemplo, la calle en la que viven las hermanas Troya se caracteriza por su atmósfera lúgubre: es «sombreada toda por la pavorosa catedral» y reina en ella un «plácido silencio de sepulcro» (154). La crítica a la catedral como símbolo de la vigencia de la fe en el ámbito provincial no se limita a su aspecto exterior. Pepe Rey tacha el mal gusto de la decoración —«las innumerables monstruosidades artísticas» (129)— en el interior como fruto de una «piedad mal entendida» (130). No menos duras son las observaciones acerca de la mentalidad de los habitantes. Los miembros del casino, como la catedral un elemento recurrente de la geografía de la ciudad de provincias, que el narrador designa una vez más con acerba ironía como «varones insignes» y como «lo más granado de la ilustre ciudad», están todos «libres de altas aspiraciones» y se distinguen por «un sentimiento de viva hostilidad hacia todo lo que de fuera viniese» (142 ss.). El texto despliega así una serie de tópicos que añaden al argumento del atraso cultural, que es el argumento clásico de la crítica a la provincia, unos rasgos específicos que se refieren tanto a la decadencia española como a una mentalidad cerrada que rechaza todo lo que no corresponda a la noción tradicional de los valores nacionales. Esta presentación crítica de Orbajosa se debe a la perspectiva inherente al discurso liberal español que, en parte, ya se forma en el siglo XVIII y que en la segunda mitad del siglo XIX combina los ideales de la Ilustración con el discurso krauso-positivista y su visión de la historia como un progreso a la vez material y moral. Con la creación de Orbajosa, Galdós nos muestra la imagen de una vieja España que hay que superar para llevar a cabo la reforma necesaria del país.

3. VETUSTA EN *LA REGENTA*: PARODIA DE UNA CULTURA HÍBRIDA

Como se sabe, Leopoldo Alas sale del mismo ámbito krauso-positivista que proporciona las coordenadas discursivas que rigen la representación de Orbajosa. Vetusta en *La Regenta* parece así, a primera vista, una nueva versión de la Orbajosa galdosiana. Ya el nombre de Vetusta recuerda tanto con su aspecto fonético como con el semántico la *urbs augusta* de *Doña Perfecta*. El comienzo de la novela confirma esta impresión con la evocación irónica de la decadencia española: «la heroica ciudad dormía la siesta» (Leopoldo Alas 1987: 93). Pero esta cita del modelo galdosiano y el empleo del argumento tópico del atraso cultural están vinculados a una transformación radical del espacio provincial.

En primer lugar salta a la vista —y esto se debe por supuesto a la extensión de la novela de Alas— la ampliación y diferenciación de la geografía social y cultural de la ciudad de provincia. Alas describe con esmero los ambientes de los diversos sectores sociales: el ambiente clerical que tiene su centro en la catedral, el ambiente liberal aristocrático y burgués del casino, el palacio de los marqueses de Vegallana donde se reúne la aristocracia conservadora, la colonia de los repatriados americanos y el arrabal de los trabajadores. Sin embargo, esta diferenciación va unida al desvanecimiento de los límites que separan estos espacios sociales, por lo menos con respecto a los tres primeros: el espacio clerical, el espacio liberal y el espacio conservador. Así, por ejemplo, en las tertulias del palacio de los Vegallana o en las fiestas estivales que se celebran en su casa de campo, el Vivero, participan no sólo el grupo aristocrático y los seguidores del partido conservador, sino también los representantes del partido liberal, entre ellos, por supuesto, Álvaro Mesía, el seductor de Ana, y —a pesar del carácter frívolo de estas reuniones— su adversario, el clérigo Fermín de Paz. Esto significa que los conflictos ideológicos entre conservadores y liberales, que en *Doña Perfecta* adquieren un carácter extremadamente dramático, aparecen aquí de una forma muy atenuada. Por una parte el liberalismo, cuyo único representante en *Doña Perfecta* es el madrileño Pepe Rey, ha entrado —obviamente en forma muy degradada — en el mismo espacio provincial, por otra este conflicto se vuelve un pseudo-conflicto debido al sistema del turno pacífico típico de la Restauración, que en Vetusta es organizado por el marqués de Vegallana y Álvaro Mesía.

Por lo tanto, en Vetusta el atraso cultural señalado por la imagen inicial de la siesta de la heroica ciudad no excluye la evolución social. Esta evolución se nota, sobre todo, en esos corolarios del liberalismo vetustense que son la crítica al romanticismo y la adhesión al pensamiento positivista que están de moda en el círculo de Álvaro y sus amigos. Sin embargo —y esto constituye el centro de la visión crítica de Vetusta expuesta en la novela— se trata de una evolución superficial y postiza. La modernización del espacio provincial se presenta así como un proceso de hibridación cultural que sustituye al conflicto ideológico que se desarrolla en el escenario de Orbajosa. Mientras que Orbajosa encarna las fuerzas conservadoras que se oponen a la modernización promulgada por la élite social de la capital, Vetusta está marcada por la asimilación de una cultura moderna europea notable en todo el país. Lo específico del espacio provincial reside, en este caso, en el carácter degradado de este proceso de asimilación e hibridación. Dirijamos nuestra atención, por ejemplo, a la descripción del salón amarillo del palacio de los Vegallana, lugar en el que Ana es seducida. Este salón debe su aspecto híbrido al hecho de que la Marquesa —«muy devota, pero muy liberal, porque lo uno no quita lo otro» (Alas 1987: I, 305)— después de haber expresado su admiración por la cultura francesa convirtiendo su salón en una copia de una sala de Versalles amueblada al estilo Luis XV, introduce varios cambios que desembocan en «la mezcla más escandalosa». A los críticos que tachan el mal gusto de la decoración del salón, la marquesa replica: «la moda moderna es lo *confortable* y la libertad». Al mismo afán de modernización se debe la sustitución de «los antiguos cuadros [...] venerables como recuerdos de familia» por «alegres acuarelas, mucho torero y mucha manola y algún fraile pícaro» así como algunos «cromos un poco verdes y nada artísticos» (I, 306). Esa destrucción de los valores auténticos del pasado en favor de una modernidad chabacana puede asumir el carácter de una verdadera profanación. Esto se puede ver, sobre todo, en una serie de escenas que tienen lugar en la catedral y que muestran, cómo el liberalismo moderno, que para los vetustenses es sobre todo un sinónimo de licencia sexual, invade el mismo espacio sagrado. Esta serie culmina con la última escena en la que Ana, buscando auxilio en la catedral, tiene que sufrir el beso de Celedonio «creyendo sentir sobre la boca el vientre viscoso y frío de un sapo» (II, 537)[2].

La cultura híbrida de Vetusta implica así, tanto la profanación de valores antiguos como la degradación de los logros del progreso. Corresponde a este hecho una universalización de la parodia que concierne al tiempo a discursos y a textos antiguos como modernos, tanto al drama de honor calderoniano —modelo del grotesco duelo en el que muere don Víctor— y al *Don Juan* romántico de Zorrilla —modelo de la pasión de Ana— como al discurso positivista del círculo de Álvaro. Lo más desconsolador de esta parodia reside en el hecho de que el texto no presenta ninguna alternativa a la cultura degradada de Vetusta, ni en cuanto a los espacios, ni en cuanto a los discursos. Pepe Rey, como representante positivo de un espacio y un discurso modernos —del espacio madrileño y del discurso krauso-positivista—, no halla ningún equivalente en *La Regenta*. Tampoco la proximidad a la naturaleza del espacio provincial es un rasgo positivo, ya que también el espacio natural está contaminado por el hedonismo vetustense, como se ve en la descripción de las fiestas en la casa de campo de los Vegallana. Vetusta constituye así la imagen de una periferia sin centro, marcada por la deconstrucción de todas las oposiciones que hacen posible una ubicación de la cultura[3]. La naturaleza y la sociedad, lo propio y lo ajeno, lo anti-

[2] Este tema de la profanación ha sido estudiado frecuentemente por la crítica. Véase, por ejemplo, Labanyi (1986), Nimetz (1971), Weber (1966).

[3] En el sentido de Homi Bhabha (1994).

guo y lo moderno están aquí barajados y se presentan en «la mezcla más escandalosa», como la decoración del salón amarillo. Corresponde a esta indeterminación del espacio una situación discursiva en la que el discurso krauso-positivista ha perdido gran parte de su crédito, sobre todo en cuanto a su componente idealista, y se ha mudado en una versión escéptica del positivismo que critica el vacío espiritual de éste sin ser capaz de proponer una alternativa.

4. ALCOLEA DEL CAMPO EN *EL ÁRBOL DE LA CIENCIA*: LA PERSPECTIVA VITALISTA

La descripción de Alcolea del Campo, pueblo manchego bastante grande que vive del cultivo de las viñas, ocupa la quinta parte de *El árbol de la ciencia* de Pío Baroja. El título que Baroja da a esta parte de su novela, «La experiencia en el pueblo», acentúa el carácter paradigmático de este cuadro de la vida provincial que se relaciona de diversa manera con los dos ejemplos que hemos tratado. Con razón a su ubicación castellana, Alcolea del Campo recuerda sobre todo la Orbajosa galdosiana, aunque esta vez se trate de una Castilla estival y calurosa. Las semejanzas se refieren en primer lugar a la perspectiva narrativa. Como en *Doña Perfecta*, la ciudad de la provincia es presentada por Baroja a través de la visión de un madrileño que, gracias a su profesión y a sus intereses intelectuales, pertenece a los grupos sociales abonados al progreso. Asimismo, el médico Andrés Hurtado sufre un destino parecido al del ingeniero Pepe Rey, si bien con consecuencias menos desastrosas. Como Pepe Rey, el personaje barojiano se ve confrontado con la desconfianza y la hostilidad de los lugareños que va en aumento proporcional al tiempo de su estancia, lo que tiene como consecuencia —como decía menos desastrosa que en la novela de Galdós— que Hurtado prefiera abandonar su puesto y regresar a la capital. Con respecto a la Vetusta de Leopoldo Alas, las semejanzas se refieren, sobre todo, al contexto histórico de la Restauración, ya que también se hace mención de la práctica del turno pacífico, aunque la historia que cuenta Baroja tenga lugar 15 años más tarde. Por lo demás, se encuentra de nuevo en Alcolea del Campo la relación paródica con el imaginario literario del pasado, esta vez representado no por el drama calderoniano, sino, en correspondencia con el ambiente manchego, con el *Quijote*[4]. En cuanto al imaginario moderno hay que constatar una misma obsesión por la sexualidad como muestra el interés que hay en Alcolea por la literatura pornográfica.

Lo específico de la representación del espacio provincial en la novela de Baroja, por lo que ésta se aleja de los modelos citados, se debe a un dispositivo discursivo que combina presupuestos del discurso vitalista con tópicos del discurso noventayochista acerca de España. Con respecto al discurso noventayochista hay que señalar, por una parte, los argumentos positivistas que se refieren a la influencia nociva del medio ambiente —desde el principio Hurtado sufre del «calor exasperante» y del «aire inflamado» (Baroja 1990: 198) que le causan un «malestar físico» (202) permanente— y, por otra, la crítica a la mentalidad española que se centra en la falta de «sentido social» y «de instinto colectivo» (211). Es este individualismo español, criticado por Ángel Ganivet y Miguel de Unamuno en sus ensayos fundamentales para el discurso de la generación[5] el que, combinado con un estoicismo igualmente tachado de defecto típicamente español, ha causado la ruina del pueblo, incapaz de reaccionar a los cambios de la situación económica. El componente vitalista de la base discursiva del *Árbol de la ciencia* ya tiene sus antecedentes en el naturalismo y, en el ámbito español sobre todo, en la variante que representan las novelas de Emilia Pardo Bazán. El axioma básico de este naturalismo consiste en una visión negativa de la naturaleza, que no es una madre benévola como sugiere el tópico citado por Pardo Bazán —me refiero al título de la novela *La madre naturaleza*—, sino una madrastra mala y cruel que devora a sus criaturas. Piénsese sobre todo en el ejemplo de *Los pazos de Ulloa*, donde Pardo Bazán nos hace ver de manera evidente cómo las fuerzas primitivas de la naturaleza destruyen los valores intelectuales y morales[6]. En la novela de Baroja esa visión pesimista de la naturaleza se acentúa por la recepción de la filosofía de Schopenhauer comentada varias veces en el mismo texto. La mentalidad que reina en el pueblo manchego —«la expansión del egoísmo, de la envidia, de la crueldad, del orgullo» (213)— se considera la expresión de la índole negativa y

[4] La relación intertextual se establece a través de un hidalgo del lugar con el nombre de Don Blas Carreño (219 ss.).

[5] Véase Ganivet (1940: 133-134); Unamuno (1986: 90 ss., 127 ss.).

[6] Sobre este aspecto del naturalismo véase Baguley (1990).

destructora de la vida —en el sentido del *Willen*, la voluntad schopenhaueriana, que fomenta una cruenta lucha por la existencia a costa de los seres dotados de una sensibilidad y una inteligencia superiores—. Por lo tanto el atraso cultural de la ciudad de la provincia se manifiesta aquí en características contradictorias: el letargo de la vida provinciana que motiva la comparación del pueblo con un «inmenso sepulcro» (199) está vinculado con el espectáculo de las «formas violentas de la vida» (213). En conclusión, el pueblo manchego es para Baroja tanto un ejemplo del carácter egoísta de la vida, entendiendo ésta en un sentido vitalista, como de los defectos en la mentalidad española. Partiendo de estos presupuestos la ciudad de provincias barojiana simboliza, como Vetusta en *La Regenta*, el estado lamentable de toda la nación: «Las costumbres de Alcolea eran españolas puras; es decir, de un absurdo completo» (211).

5. Mágina en *El jinete polaco*: lugar de la memoria

El ambiente de la ciudad de provincias reaparece con frecuencia en la novela de las épocas franquista y posfranquista y presenta tanto los tópicos consagrados por la novela realista como una serie de nuevos aspectos. El rasgo más sobresaliente sigue siendo el atraso cultural que ahora se vincula con las condiciones socio-culturales de la España de posguerra. El clima claustrofóbico y la mentalidad conservadora de la provincia se presentan así como rasgos típicos de la era franquista, como podemos observar, por ejemplo, en la ciudad sin nombre descrita por Carmen Martín Gaite en *Entre visillos*, identificada con Salamanca en la crítica biográfica. También se da de nuevo la posibilidad de presentar la ciudad de provincias como escenario de la lucha entre los defensores de la «España eterna» y los partidarios del liberalismo, o más bien del socialismo, que ahora figuran como vencedores y vencidos de la Guerra Civil. Tal es el caso en *Cinco horas con Mario*, donde la historia del matrimonio contada por Miguel Delibes está marcada por los conflictos ideológicos contemporáneos reflejados de manera satírica por el ambiente de la pequeña ciudad y la mentalidad provinciana de la protagonista Carmen. Lo nuevo en la visión del cronotopo, que se aprecia también en cierta manera en la novela de Delibes, pero que encuentra sus manifestaciones paradigmáticas en novelas de Juan Benet como *Volverás a región*, consiste en presentar el espacio provincial como lugar de memoria, es decir, como testigo material que recuerda una historia más o menos oculta o reprimida.

Esta renovación del cronotopo se debe a factores diversos que sólo puedo esbozar en el marco limitado de este artículo. Un primer factor es la transformación de las estructuras de la memoria, descrita por Pierre Nora (1986) o Richard Terdiman (1993). En la medida en que se pierde la inmersión del individuo en una memoria cultural y colectiva representada por el ambiente, el *milieu de mémoire* para Pierre Nora, se hacen notar una serie de procesos compensatorios: entre ellos la individualización de la memoria, que ahora adquiere la función de constituir la base de la identidad personal, pero también la institución de lugares de memoria (*lieux de mémoire*) que reflejan el intento de salvar elementos de la memoria colectiva por la creación de espacios evidentemente simbólicos. En el contexto de la evolución de las estructuras de la novela —esto constituye un segundo factor— estas transformaciones dan lugar a obras seminales como las de Proust o de Faulkner (sobre todo *Absalom! Absalom!*) que son también para los autores españoles puntos de referencia fundamentales. En las novelas de Proust y Faulkner se lleva a cabo el nexo de las dos tendencias mencionadas, vinculando el discurso biográfico y autobiográfico que intenta formar la identidad individual a través de los recuerdos personales con la representación de lugares —entre ellos, ciudades de provincia como Combray o el pequeño pueblo en el sur de los Estados Unidos de donde viene Quentin Thompson— que establecen una relación entre la memoria individual y un pasado colectivo familiar o histórico.

La creación de Mágina por Muñoz Molina en *Beatus ille* y su elaboración posterior en *El jinete polaco* constituyen tanto una continuación como una réplica al discurso de la memoria predominante en la novela española de las últimas décadas. En *El jinete polaco*, el texto en el que quiero centrarme, Mágina tiene la función de un lugar de memoria en un doble sentido: por una parte es el lugar donde el protagonista Manuel ha pasado su niñez, en el seno de su familia, y el que recuerda desde la perspectiva de hombre maduro, intentando una suerte de 'búsqueda del tiempo perdido' después de haber pasado muchos años lejos de su patria; por otra parte Mágina es un lugar de memoria —con rasgos de un *milieu de mémoire* en el sentido de Nora—, ya que el pueblo natal no sólo es recordado como el marco de la vida del joven Manuel, sino también como escenario en el que se desarrolla la historia de la familia y de los antepasados, que Manuel ha aprendido a través de los relatos de sus parientes. De esta manera, Muñoz Molina crea una crónica de la vida provincial que transporta al lector desde los tiempos de la Gloriosa —en el invierno de 1871, después del asesinato del general Prim, un presunto antepasado de la familia por parte materna se establece en Mágina— hasta el año 1991 que se deja identificar por la referencia a la Guerra del Golfo. Según el discurso de la memoria vigente en la novela contemporánea española, la Guerra Civil y el franquismo constituyen hitos centrales de la historia de la familia, ya que varios parientes participan en la contienda y la juventud de Manuel está marcada por las privaciones materiales y por la estrechez mental de la era franquista. La imagen de Mágina que se crea a través de estos recuerdos es ambigua, ya que Manuel oscila entre la evocación nostálgica del pasado y el distanciamiento de un origen con el que no puede identificarse. Por una parte se da una valoración afectiva de la ciudad de provincias como el mundo de la niñez y de la juventud —mundo caracterizado tanto por el sentimiento de protección en el seno de la familia como por la intensidad de las impresiones sensuales— así como el lugar donde los padres y los abuelos pasaron toda su vida y que, por consiguiente, facilita la identificación con las generaciones anteriores. Por otra parte, esa valoración de Mágina como lugar de la memoria colisiona con una serie de rasgos negativos que continúan y renuevan la crítica al espacio provinciano que marca la tradición discursiva que estoy trazando y en los que, por esta razón, me centraré a continuación.

Es así que la imagen de la ciudad de provincia presentada por Muñoz Molina incluye muchas de las características típicas del paradigma realista que hemos conocido en los ejemplos de Orbajosa y de Vetusta. También en el caso de Mágina se acentúa el atraso cultural que aquí se manifiesta en las condiciones durísimas de vida y trabajo de una gente que vive de los productos de la tierra, sobre todo, del cultivo de la oliva. Este aspecto se subraya, como ya hemos visto, por el ambiente histórico de la dictadura franquista. Hay que señalar en este contexto que, a pesar de la ubicación andaluza, Mágina y sus contornos no tienen ningún rasgo idílico. Predominan los cuadros de una ciudad oscura e invernal donde se sufre el frío como en la meseta castellana. Corresponde a este atraso la introducción muy tardía de los enseres de la vida cotidiana moderna como el teléfono, la radio, el horno de gas, el frigorífico y, más tarde, el televisor. El resultado es, al igual que en Vetusta, una cultura híbrida en la que las tradiciones antiguas ceden a la imitación ingenua de las modas de una modernidad internacional. Manuel comenta de forma amarga su predilección y la de sus amigos por canciones de intérpretes como Jim Morrison u Otis Redding, muertos varios años atrás, así como su fascinación por la cultura *hippie* de los años sesenta: «Íbamos a llegar tarde al mundo, pero no lo sabíamos, nos preparábamos avariciosamente a asistir a una fiesta que ya había terminado» (Muñoz Molina 1991: 346). Esta hibridación adquiere rasgos incluso funestos cuando se describe al final de la novela el estado actual de la ciudad —es decir el de 1991— con ocasión del regreso de Manuel. El aspecto degradado de Mágina llama la atención de Manuel, «tiendas de lujo y jardines devastados, garabatos de spray en las fachadas de casas en ruina, letreros de tenebrosos videoclubs en callejones desiertos» (545), y esto se asocia a una mirada casi nostálgica hacia los años postreros del franquismo en los que la ciudad vivió un cierto auge.

Los obstáculos más graves que ponen en duda la función de Mágina como lugar de memoria radican en una actitud escéptica acerca del significado del pasado. Este escepticismo se refiere tanto al pasado colectivo de la historia del país como al pasado personal y familiar. En cuanto a la representación de la historia española hay que constatar, en primer lugar, que el texto parece adherirse una vez más —como ya *Doña Perfecta*— al tópico de las dos Españas y el sistema discursivo correspondiente. La historia de la familia arranca, como hemos visto, con el asesinato del general Prim y la persecución consiguiente de los liberales y, después una alusión fugitiva al desastre del 98, muestra una familia que durante y tras la Guerra Civil, tanto por su situación social como por la afiliación republicana de Mágina, pertenece al lado de los vencidos. Sin embargo, ni el abuelo y los tíos, que participaron en la guerra, ni los padres, que pasan la mayor parte de sus vidas bajo el franquismo, tienen una conciencia política marcada. Esto vale tanto más para Manuel que, si bien toma parte en la admiración de su generación por los héroes del socialismo internacional como Che Guevara (257), al mismo tiempo se burla con sus camaradas de clase de su profesor que es un miembro militante de la izquierda española. Finalmente tampoco el encuentro con la hija de un oficial exiliado que disfrutaba en Mágina del prestigio de un héroe republicano logra despertar una memoria histórica que traspase la historia personal. El texto presenta así elementos de una historia de la España heterodoxa que se inscribe en la tradición discursiva del liberalismo del siglo XIX, de la generación del 98 y de las corrientes republicanas y socialistas de la Guerra Civil y del franquismo, pero sólo para quitarles la importancia en la construcción de una identidad actual.

La historia del propio Manuel y de su familia da lugar a una crítica aún más radical de la función de la memoria. Ya en cuanto a sus recuerdos personales Manuel se da cuenta del carácter inseguro de la memoria que no retiene más que un pasado fragmentado y lo hace, además, de manera totalmente arbitraria[7]. El carácter imaginario que Manuel atribuye a la memoria concierne tanto más a la historia familiar. El abuelo Manuel, por ejemplo, que por sus dones de narrador es una fuente importante para esta historia, siempre mezcla de manera insoluble lo vivido y lo inventado (p. 109 ss.). Por lo tanto, la búsqueda del origen que Manuel intenta con su amada Nadia, la «necesidad de encontrarse en los hechos que los precedieron y los originaron» (32), está destinada al fracaso. Tiene que darse cuenta de que el principio de la historia familiar se pierde con motivo del origen dudoso del bisabuelo Pedro Expósito que parece ser el hijo ilegítimo de una joven aristócrata. Las diferentes versiones que se cuentan en el texto sobre «la mujer emparedada», es decir, la madre del niño ilegítimo que fue encontrada en un estado momificado en los sótanos de una vieja torre cincuenta años después de su muerte, son calificadas en el mismo texto como fabulaciones con rasgos de folletín. La reacción de Manuel después de haberse enterado de la última versión de esta historia pone en duda todos los esfuerzos anteriores de recuperar el pasado. Ahora advierte el «peligro de aventurarse demasiado en la memoria o en las mentiras de otros, incluso en las de uno mismo» y de nuevo reniega del ideal de la patria para fundar su identidad exclusivamente en la relación amorosa: «[...] no quiero escuchar otra voz que la tuya y no tener más patria que tú ni más pasado que los últimos meses» (572).

Por supuesto, ese escepticismo puede considerarse como la expresión de una mentalidad posmoderna que ha perdido la relación orgánica

[7] Véase p. 193: «[...] empiezo a entender que en casi todos los recuerdos comunes hay escondida una estrategia de mentira, que no serán más que arbitrarios despojos lo que yo tomé por trofeos o reliquias [...]».

con el pasado. Pero también es posible interpretarlo como el indicio de una crisis de la memoria, que marca de manera específica la cultura española, y no sólo en la edad moderna, ya que radica en la manera española de concebir la propia historia desde la Ilustración o incluso el Siglo de Oro. Ya en el Siglo de Oro nace el tópico de la decadencia que marca la conciencia histórica del país hasta el siglo XX y que genera un «complejo de inferioridad español» mencionado en el mismo texto de Muñoz Molina (460). También la tendencia a atribuir al pasado un carácter irreal, ilusorio y fantástico, ya contenida en el *Don Quijote*, se puede explicar —por lo menos en cierta medida— gracias a esta peculiaridad de la conciencia histórica española. Esta conclusión es sugerida por Muñoz Molina, ya que retoma con el motivo de un posible origen aristocrático de la familia de Manuel, no sólo el tema central de *La desheredada* de Pérez Galdós, sino también la crítica a una visión quijotesca del pasado contenida en este tema. Manuel, al contrario de la protagonista galdosiana Isidora, no quiere dejarse seducir por esta historia folletinesca, siguiendo así el ejemplo de su bisabuelo, que no quería conocer a sus verdaderos padres. Pero esa renuncia a una versión quijotesca de la historia equivale para Manuel, como hemos visto, a un rechazo total de una identidad histórica.

La visión escéptica del pasado[8] acarrea como consecuencia que la valoración positiva del espacio provincial en *El jinete polaco* como lugar de la memoria no pueda equilibrar sus consabidas desventajas. Esto corrobora en cierta medida el resultado de nuestros análisis anteriores. Llegamos a la conclusión de que en la representación del espacio provincial domina frecuentemente una visión crítica. Por supuesto esto no puede considerarse una característica exclusiva de la novela española, sino más bien un rasgo inherente al cronotopo desde el realismo a nivel internacional. También hay que señalar que todos los ejemplos tratados pertenecen al ámbito del discurso liberal, por lo general, más crítico respecto al espacio provincial que el discurso conservador. Con todo, estos ejemplos sustentan la tesis de que en la novela española se acentúa la imagen negativa del cronotopo debido a las peculiaridades del contexto cultural. En todos los casos, la característica central, el atraso frente a la capital, se vincula al tópico del atraso español, o sea, de la decadencia

[8] Que subraya también Friedrich Wolfzettel en su contribución a este tomo.

que aqueja el país desde el Siglo de Oro. Por lo tanto, la ciudad de provincias o encarna las fuerzas conservadoras que impiden la renovación de país o está marcada por una hibridación malsana. Por la misma razón, las características del cronotopo que podrían hacer posible una valoración positiva, el arraigo en la tradición y la cercanía a la naturaleza, no logran equilibrar el balance crítico.

Bibliografía

Alas «Clarín», Leopoldo (1987): *La Regenta*. Edición de Gonzalo Sobejano. 2 Vols. Madrid: Castalia.

Bachtin, Michail (1989): *Die Zeit im Roman. Untersuchungen zur historischen Poetik*. E. Kowalski y M. Wegener (eds.). Frankfurt/M.: Fischer.

Baguley, David (1990): *Naturalist Fiction. The Entropic Vision*. Cambridge: Cambridge University Press.

Baroja, Pío (1990): *El árbol de la ciencia*. Edición de Pío Caro Baroja. Madrid: Cátedra/Caro Raggio.

Bhabha, Homi K. (1994): *The Location of Culture*. London/New York: Routledge.

Ganivet, Ángel (1940): *Idearium español y El porvenir de España*. Buenos Aires: Espasa Calpe.

Labanyi, Jo (1986): «City, Country, and Adultery in *La Regenta*», en: *Bulletin of Hispanic Studies* 63, pp. 53-66.

Muñoz Molina, Antonio (1991): *El jinete polaco*. Barcelona: Planeta.

Nora, Pierre (1984): «Entre Mémoire et Histoire. La problématique des lieux», en: Pierre Nora (ed.) (1984-1992): *Les lieux de mémoire*. Tomo 1. Paris: Gallimard, pp. 17-42.

Nimetz, Michael (1971): «Eros and Ecclesia in Clarín's Vetusta», en: *Modern Language Notes* 86, pp. 242-253.

Terdiman, Richard (1993): *Present Past. Modernity and the Memory Crisis*. Ithaca/London: Cornell University Press.

Unamuno, Miguel (1986): *En torno al casticismo*. Madrid: Alianza.

Pérez Galdós, Benito (1984): *Doña Perfecta*. Edición de Rodolfo Cardona. Madrid: Cátedra.

Weber, Frances W. (1966): «Ideology and Religious Parody in the Novels of Leopoldo Alas», en: *Bulletin of Hispanic Studies* 43, pp. 197-208.

LUGARES DE LA MEMORIA, ESPACIOS DE LA IMAGINACIÓN Y DISCURSOS DE LA IDENTIDAD: EL SIGLO DE ORO EN LA NOVELA CONTEMPORÁNEA

Stefan Schreckenberg

1. Introducción

Dentro del panorama de este volumen, mi contribución será una de las que tratan de relacionar el tema del espacio con el de la memoria. Para la combinación de ambos utilizo el concepto del «lugar de la memoria» en un sentido ciertamente amplio establecido por Pierre Nora en la obra *Les lieux de mémoire* (Nora 1984-1992). Allí, «lugar» se corresponde aproximadamente al fenómeno del *topos* en el campo de la retórica. Lugar o *topos*, en este sentido, se puede calificar a todo lo que encuentra su sitio en la memoria cultural: lugares geográficos, pero también acontecimientos y personajes históricos, monumentos, celebraciones, obras de arte, textos, símbolos, etc.[1]. Como memoria cultural entiendo, de acuerdo con Jan Assmann, los conocimientos comunes y las representaciones culturales en los cuales una sociedad se apoya para crear una identidad colectiva. Se

[1] El diccionario francés *Le Grand Robert de la langue française* en su edición de 1993 considera el concepto de Nora como una locución que ya forma parte del lenguaje general. Bajo el lema *mémoire* encontramos la definición siguiente: «*Lieux de mémoire* — unité significative, d'ordre matériel ou idéel, dont la volonté des hommes ou le travail du temps a fait un élément symbolique d'une quelconque communauté».

distingue, por un lado, de la memoria privada que se crea y establece en la comunicación cotidiana y, por otro, de la historiografía científica (cf. Assmann 1988 y 1992).

La literatura desempeña un papel múltiple en la memoria cultural: los textos literarios son testimonios, huellas y almacenes —a veces críticos o dialógicos— de los discursos reinantes o vedados de la época en la que se escriben. Además de ser material histórico, la literatura puede ser un medio de discusión sobre la historia. Los textos literarios que hablan de tiempos históricos crean un espacio imaginario donde se pueden negociar, afirmar o poner en tela de juicio nuestras ideas sobre el pasado. Finalmente, los textos y sus autores mismos pueden llegar a ser lugares de la memoria cultural, por ejemplo, cuando se les canoniza como *clásicos*.

A continuación voy a tratar dos novelas del final del siglo XX, cuya acción ficcional se desarrolla en el espacio histórico que suele llamarse el o los Siglo(s) de Oro[2]. El Siglo de Oro es un «súper-» o «metalugar» de la memoria cultural de España, un concepto muy complejo que abraza un gran número de sucesos, personajes, obras de arte y discursos. Se interpreta de maneras distintas, pero siempre constituye un punto de referencia esencial para la identidad española. Yo entiendo la representación de este espacio histórico en la literatura contemporánea como contribución a una discusión actual en España. Las novelas históricas sobre el Siglo de Oro forman un discurso complementario a la revisión del pasado reciente en los textos que hoy en día recuerdan la Guerra Civil y la dictadura franquista. Evidentemente, el debate sobre la identidad española en los nuevos contextos de la democracia y la unificación europea se acompaña siempre de miradas hacia el pasado. Las interpretaciones de la época clásica parecen estar estrechamente relacionadas con la manera de interpretar el siglo XX y la actualidad. El problema aquí y allí si-

[2] La novela histórica, por lo menos cuando habla de épocas lejanas y no del pasado reciente, se ha considerado, a veces, como un género más bien trivial. Correspondería a un deseo de evasión o de exotismo, comparable a lo que buscan los lectores de novelas de ciencia ficción. Sin embargo, desde los años ochenta se puede observar una cierta rehabilitación del género. Se habla —por ejemplo en Francia, pero también en otros países— de una «nueva novela histórica», que está relacionada con una vuelta de la narración tradicional después del auge de la novela experimental en los años sesenta y setenta. Compárese, por ejemplo, con Darío Villanueva *et al*. (1992).

gue siendo el mismo, surge siempre la pregunta: «España, sí, ¿pero cuál de las Españas?»

Pasemos a las novelas: ¿cuáles son los lugares de la memoria que se evocan y cómo se interpretan? ¿A qué discursos sobre el pasado se refieren?

2. LA HISTORIA COMO COMEDIA FANTÁSTICA: GONZALO TORRENTE BALLESTER, *CRÓNICA DEL REY PASMADO. SCHERZO EN RE(Y) MAYOR, ALEGRE, MAS NO DEMASIADO*[3]

En la *Crónica del rey pasmado* hay pocas referencias explícitas al contexto histórico. La mayoría de los personajes no ficticios no tiene nombres propios, ni el rey ni la reina, ni el Valido ni el Gran Inquisidor. Sin embargo, los indicios y alusiones quedan bastante claros: estamos en la corte del joven rey Felipe IV, durante los primeros años de su reinado. Éste es el lugar de memoria general de la narración. Es probable que provoque en los lectores españoles toda una serie de asociaciones: la imagen estereotípica de Felipe IV como rey holgazán y mujeriego, gran mecenas de las artes y aficionado al teatro; pero también como rey que tratará en vano de restablecer la hegemonía de España en Europa y que arruinará su país en guerras innumerables (cf. Bernecker *et al*. 1997).

La acción: un domingo por la mañana corren rumores por Madrid de que el joven monarca ha pasado la noche con una prostituta de lujo. Impresionado por esta experiencia, el rey quiere ver desnuda a su propia esposa. Su deseo escandaloso amenaza con desencadenar una crisis de Estado. La Santa Inquisición y el Valido (en la realidad histórica el conde-duque de Olivares) intentan averiguar si Dios podría castigar al pueblo entero por los pecados personales del rey. Y eso, porque el reino está en una situación delicadísima: se esperan noticias sobre una gran batalla en los Países Bajos y sobre la llegada de una flota de las Indias, llena de oro, pero perseguida por corsarios ingleses. En este momento de crisis se originan dos intrigas paralelas: el fanático fraile capuchino Germán de Villaescusa convence al Valido de que la salvación del reino entero de-

[3] Primera edición Barcelona: Editorial Planeta 1989. Todas las citas de esa novela están tomadas, sin embargo, de la edición especial para Ediciones de Bolsillo (1997).

pende de que se impida un encuentro íntimo entre los reyes. Además, para pedir clemencia a Dios, propone un gran auto de fe. Al mismo tiempo, el conde de la Peña Andrada, que había facilitado al rey la cita con la prostituta, y su amigo, el padre jesuita Almeida, desarrollan un plan para que los reyes puedan encontrarse a pesar del boicoteo erótico oficial. En la celda humilde de un convento, transformada durante una hora en un nido de amor, su plan se realiza por fin. Cuando la pareja real sale del convento para presentarse de muy buen humor al pueblo de Madrid, llegan dos mensajeros: «Hemos triunfado en Flandes y la flota de las Indias ha arribado felizmente a Cádiz» (213). El rey ordena la celebración de grandes fiestas para el pueblo y suprime al mismo tiempo la idea de un auto de fe.

La trama de esta historia romanesca es obviamente invención del autor que, sin embargo, se apoya en algunos hechos históricos o, por lo menos, legendarios[4]. Pero lo que interesa en este punto no es tanto el trasfondo histórico, sino, sobre todo, la estructura discursiva de la novela. Torrente Ballester cuenta una lucha entre dos grupos opuestos: por un lado, los progresistas con sus ideas modernas y tolerantes (a veces más propias del siglo XX que del siglo XVII), por el otro, los ultra conservadores, fanáticos e hipócritas. El antagonismo ideológico se manifiesta y se refleja en la semántica de los espacios. La liberalidad, el gusto refinado y la afición a los placeres sensuales de los progresistas tienen sus raíces en una experiencia cosmopolita. En cambio, los conservadores parecen mojigatos, mezquinos y de mal gusto, en una palabra: provincianos. Por supuesto, la interpretación semántica de los espacios depende de la perspectiva. Para los conservadores, España, o mejor Castilla, representa el centro, única patria de la verdadera fe y baluarte contra todas las amenazas que vienen desde fuera. Los progresistas ven en el casticismo un provincianismo al que son preferibles todas las alternativas periféricas. Para ellos no existe ningún centro absoluto, sino sólo una variación de «contra-espacios».

[4] El monasterio de San Plácido, donde el Rey puede por fin cumplir sus deseos, existió realmente. Corrían rumores de que se practicaban dentro de sus muros ritos dudosos y que su priora Teresa Valle de la Cerda —que aparece como personaje en la novela— recibía visitas del diablo. En 1628 la Inquisición encarcela a la priora; compárese con Omeñaca/Lacuey (1993); Monco (1989).

Miremos algunos ejemplos. El conde de la Peña Andrada es gallego y, por consiguiente, sospechoso para el padre Villaescusa que afirma:

> La presencia del Apóstol en aquellas tierras no parece favorecer la causa del Señor. Sé de muy buena tinta que más del noventa por ciento de los gallegos, clérigos incluidos, se condenan. [...] Las mujeres, las que no son brujas, son putas. Los informes del Santo Oficio lo aseguran (Torrente Ballester 1997: 20).

Para el archivero mayor, otro representante del casticismo conservador, sólo una mudanza al centro puede salvar a los habitantes de los espacios periféricos: «[Galicia es] tierra de brujas, donde nada está claro. La gente buena de por allá, o se viene a Madrid [...] o se queda en Salamanca» (18).

El compañero del conde de la Peña Andrada, el jesuita Almeida, pertenece a varios contra-espacios a la vez. Es portugués de nacimiento, pero ha vivido mucho tiempo en el Nuevo Mundo. Las colonias le parecen una nueva tierra prometida, sin excesos de intolerancia: «Allí no quemábamos a nadie, ni a nadie se le ocurría que se pudiera quemar a un semejante». Y le contesta el Gran Inquisidor: «Son tierras nuevas aquéllas, padre; allí está naciendo otro mundo, que, a lo mejor, llega a valer más que éste» (204).

Una de las características del espacio gallego-portugués es el temperamento sensual de sus habitantes. El gallego de la Peña Andrada se atreve a bailar con una señorita portuguesa una danza con figuras «hasta entonces nunca vistas en la corte» (143). Gana no sólo la admiración y envidia de los otros cortesanos, sino también una cita nocturna en el lecho de la hermosísima portuguesa. A ese contra-espacio que forman Galicia y Portugal se le une otro más, también relacionado con el erotismo: Francia, de donde proviene la joven esposa del rey, Isabel de Borbón. Cuando la gente discute en las calles de Madrid la cuestión de si el rey debería ver a su esposa desnuda o no, explica un representante de los conservadores, el «caballero bien portado»:

> No es lo mismo [...] mirar a una prostituta, que para esto está, que a la esposa, recibida en santo sacramento, por muy francesa que sea, porque, aunque las francesas son livianas por naturaleza, al atravesar los Pirineos se contaminan de nuestras virtudes y aceptan nuestras costumbres y protocolos (54).

Como en el caso de los buenos gallegos que se van a Madrid (véase más arriba), también para los franceses la única manera de librarse de su mala naturaleza parece ser la de cruzar la frontera entre el contra-espacio y el espacio central.

Portugal y Galicia, el Nuevo Mundo, Francia; sólo falta Italia para completar el panorama de los contra-espacios. La influencia de la corte de Roma se ve, sobre todo, en el personaje simpático del Gran Inquisidor. Echemos un vistazo, en la próxima cita, al mobiliario de su celda en la casa del Santo Oficio:

> Detrás de la gran mesa guarnecida de terciopelo colgaba un cuadro en que se figuraba a María Magdalena penitente en una cueva; la gran cabellera increíble dejaba ver los resquicios de un cuerpo dorado; en las otras paredes, dispuestos según el principio de simetría más absoluto, dos series de cuadros con la vida y las tentaciones de san Antonio, equilibrando el conjunto: la una, a la derecha, de mano flamenca, donde las mujeres desnudas eran feas, y la otra, de mano italiana, donde las mujeres desnudas eran bellas. El tintero, de doce plumas, ocupaba una esquina de la mesa, y el brasero, de bronce y cuero, había sido repujado por artífices cordobeses, probablemente moriscos, pero estos orígenes dudosos no inquietaban la conciencia del Gran Inquisidor, templada en la tolerancia de la corte romana (55-56).

La alusión a los artífices moriscos nos lleva a la observación de que además de los contra-espacios geográficos existen en la novela también contra-culturas que proceden del espacio central mismo, los moriscos y los judíos. Lo prueban las siguientes reflexiones del Gran Inquisidor durante una sesión de la Suprema:

> Miraba, desde su altura, a sus colegas y salvo [...] el padre Almeida, evidentemente distinguido, consideraba a los demás como patanes atiborrados de textos en latín, malolientes algunos, toscos de modales los demás, venidos de la gleba, fugitivos del arado. [...] Cualquier cosa menos recibirlos en audiencia un mes y otro, a aquellos frailes, a plantearles cuestiones de herejías rurales, listas de sospechosos judaizantes y moriscos, o de gentes ignaras de extrañas prácticas sexuales. «¿Quién no será judío en este país?» Y recordó a su tatarabuela, conversa de Zaragoza que en tiempo del rey Fernando había apuntalado con sus doblones una antiquísima casa de godos que se venía abajo (72).

Se invierten irónicamente los valores tradicionales: el único remedio para salvarse del provincianismo castellano parece el hecho de tener antecedentes judíos; la limpieza de sangre aparece como un concepto puramente ilusorio, ya que incluso las «antiquísima[s] casa[s] de godos» están pobladas de conversos.

Torrente Ballester lleva su juego deconstructivo hasta la oposición más fundamental del mundo cristiano, la de Dios y el diablo. El conflicto entre los dos campos se describe muchas veces como una lucha entre fuerzas celestes y diabólicas. Sin embargo, incluso al final de la novela, no queda claro si los poderes sobrenaturales de algunos personajes de los dos extremos se deben al apoyo divino o a un pacto con el demonio, o si eso, al fin y al cabo, no tiene importancia. El diablo mismo aparece en una escena para discutir con un fraile sobre temas filosóficos y sostiene argumentos no sólo inteligentes, sino muy razonables y modernos.

En suma, el autor dibuja una imagen serena, alegre y simpática de España a principios del reinado de Felipe IV; una España donde la austeridad tiene que rendirse ante el deseo de gozar los placeres de la vida, donde las influencias múltiples de contra-culturas internas y externas superan al casticismo riguroso, y donde un cristianismo ilustrado se impone al fanatismo oscuro. Pero se trata, por supuesto, de una visión fantástica e imaginaria; en la novela misma se dice claramente. Poco tiempo después de lo acontecido, una niebla se extiende sobre la ciudad: «Duró bastantes horas y como vino se fue, aunque llevándose consigo muchos recuerdos. Cuando el viento volvió, halló a la villa como si nada hubiera pasado» (223). Los personajes misteriosos del conde de la Peña Andrada y del padre Almeida desaparecen sin dejar rastro y nadie se acuerda de ellos.

La *Crónica del rey pasmado* se puede considerar como una «visión lúdica de una época» (Becerra Suárez 1995: 226), pero me parece que su significado no se agota en el juego posmoderno. Participa de un discurso crítico que pone en duda un concepto homogéneo de la cultura española —sobre todo en cuanto a su época clásica— y propone una reinterpretación de la identidad española. Como representante de este discurso destaca Juan Goytisolo, por ejemplo en su libro *España y los españoles* (Goytisolo 1979), publicado pocos años después del final del franquismo y una década antes del *Rey pasmado*. Apoyándose en personajes históricos, como Américo Castro, Goytisolo critica el mito de la España eterna proclamado durante siglos. Afirma que la decadencia española y la separación fatal en dos Españas tiene su origen ya al final de la Reconquista, cuando la victoria del imperio cristiano unificado bajo el mando de Castilla pone fin a la convivencia pluricultural: «Las bases de la discordia secular entre españoles aparecen netamente desde entonces [desde la expulsión de los judíos] y la herida abierta por el edicto real de marzo de 1492 no cicatrizará nunca» (Goytisolo 1979: 29). Según Goytisolo, el representante ideal de la España ortodoxa y de sangre limpia es el «caballero cristiano». Una obra de arte que inmortalizaría este prototipo sería el cuadro *El caballero de la mano en el pecho* de El Greco. Torrente Ballester convierte este cuadro en un personaje novelesco, por supuesto pertenece al bando de los conservadores: cuando en el mentidero de Madrid, el pueblo se regocija con imaginar

> al Rey contemplando a la Reina en pelota [...] hasta que un caballero estirado, de ascético semblante y mirada dogmática hizo callar las risas con un imperioso «Caballeros, repórtense», dicho en tono dramático, que, de repente, fue como si se pusiera el sol. El corro se calló y todo el mundo miró a aquel severo enlutado en cuya mano, extendida hacia el centro del cotarro, puesto sobre el pecho luego, parecía haber recaído el honor de la Reina (52).

El caballero explica a los presentes por qué el Rey nunca debe ver desnuda a su esposa (54, véase más arriba). Cuando se va el caballero, la alegría de la gente ha desaparecido y el corro se deshace. Un poeta llamado Don Luis, «un cura narigudo y entrado en años» (50), que no puede ser otro que Don Luis de Góngora se queja: «Me arrebató la inspiración ese imbécil de la mano al pecho» (54). Evidentemente, el casticismo ultra-conservador impide, a la vez, la alegría popular y la poesía de vanguardia.

El Siglo de Oro imaginario que nos presenta Torrente Ballester —«alegre, mas no demasiado», como dice el subtítulo de la novela— encuentra sus puntos de referencia para crear una identidad española alternativa en los espacios periféricos y en las contra-culturas. Por supuesto, también podemos leer la novela como alegoría satírica de la España «provinciana» de Franco.

3. LA HISTORIA COMO DRAMA REALISTA: MIGUEL DELIBES, *EL HEREJE*[5]

Casi diez años después del *Rey pasmado* de Torrente Ballester se publica en 1998 un texto de Miguel Delibes que, en cierto modo, también representa una contra-historia del Siglo de Oro, pero no en el género de la comedia satírica, sino con toda la gravedad de una novela realista.

El hereje cuenta la vida de Cipriano Salcedo, un comerciante de lana. En la primera mitad del siglo XVI llega a ser, gracias a su espíritu emprendedor, uno de los empresarios más ricos y estimados de su ciudad natal, Valladolid. Salcedo es un hombre muy religioso, pero desde su infancia le preocupan dudas existenciales y problemas metafísicos. En la biblioteca de su tío Ignacio, el joven Cipriano descubre a los autores humanistas. Años más tarde conoce a la familia del predicador Agustín Cazalla que forma el núcleo de una clandestina comunidad luterana. En este entorno Cipriano encuentra respuestas a sus preguntas y un poco de paz espiritual. Se convierte en uno de los miembros más activos del grupo. Incluso se le confía la misión peligrosa de viajar a Alemania, el país padre de la Reforma. Pocos meses después de su regreso a Valladolid, la Inquisición detiene a todos los adeptos a la comunidad luterana. Después de un año de prisión con interrogatorios y torturas, Cipriano es condenado a muerte en la hoguera por herejía y ejecutado en el auto de fe de mayo de 1559.

El autor elige como epígrafe de su novela una cita del papa Juan Pablo II: «[...] Es preciso que la Iglesia revise por propia iniciativa los aspectos oscuros de su historia» (s. p.). La idea de «revisar la historia» —no sólo la de la Iglesia, sino la de España en general— constituye uno de los objetivos principales de este libro. Se trata de recuperar del olvido algunas de las corrientes suprimidas del pensamiento español. *El hereje* señala, al mismo tiempo, una historia de ocasiones perdidas y de esperanzas enterradas.

Como los autores realistas-naturalistas del siglo XIX, Delibes dibuja una imagen bien documentada de la realidad donde vive el protagonista ficticio[6].

[5] Barcelona: Ediciones Destino 1998. Las citas de la novela se refieren a la edición en la Colección Destinolibro (Barcelona 2004).

[6] En una nota al final de la obra Delibes enumera a una docena de historiadores «que con sus obras me han ayudado a reconstruir y conformar una época [el siglo XVI]».

Relaciona su biografía de manera ejemplar y, a veces, explícitamente simbólica, con acontecimientos y personajes históricos. Cipriano Salcedo nace el 31 de octubre 1517, el mismo día que Martín Lutero fija sus noventa y cinco tesis en la puerta de la iglesia de Wittenberg. La madre de Cipriano muere en el sobreparto, cosa que el padre nunca perdonará a su único hijo. Medio huérfano desde su nacimiento y rechazado por su padre por parricida, sin descendencia propia (el matrimonio de Cipriano quedará sin frutos) y ejecutado a los 42 años, la triste vida de nuestro protagonista parece una alegoría del destino de la Reforma en España, rechazada ésta también, estéril y extinguida al cabo de pocas décadas.

El auge corto y el fracaso del pensamiento reformista en España se reflejan en la novela, además, por la aparición de dos acontecimientos históricos, convertidos así en dos lugares de memoria. Uno de ellos, la Conferencia Teológica de 1527, invita a una identificación positiva; el otro, el auto de fe de 1559. Ambos tienen lugar en Valladolid. En 1527 el Gran Inquisidor Alfonso Manrique reúne a los teólogos más prestigiosos de toda España para decidir sobre las tesis reformistas de Erasmo. Según nos cuenta la novela, la Conferencia anima violentas discusiones en la ciudad entera:

> Y en el centro de tanta polémica y discusión [...] estaba la controvertida figura de Erasmo de Rotterdam, un ángel para algunos, un demonio para los demás. La pluma de Erasmo había dividido al mundo cristiano (Delibes 2004: 184).

Esta lucha entre ángeles y demonios, un motivo que ya hemos visto en la novela de Torrente Ballester, no sólo divide el mundo cristiano, sino también el colegio donde el joven Cipriano recibe su educación, convirtiéndolo, casi, en un campo de batalla:

> Los dos bandos, entre los alumnos del colegio, llegaron a las manos una mañana en el recreo, en que unos y otros daban vivas y mueras y exigían la hoguera para la posición contraria. La pelea fue muy violenta (187).

Cipriano «con una instintiva simpatía hacia Erasmo, intervino activamente en su defensa» (187). Se podría ver en esta lucha un modelo en miniatura de las dos Españas. Visto desde una perspectiva progresista, la Conferencia es, sobre todo, un símbolo de la libertad del debate intelectual. Después de varios meses de lucha retórica los erasmistas parecen finalmente imponerse. Pero en este momento estalla la peste en Valladolid y la Conferencia se interrumpe sin dar resultado y sin reanudarse jamás. Años más tarde el luterano Cazalla comenta en una conversación con Cipriano:

> Aquéllos fueron días de esperanza. [...] El Emperador estaba junto a Erasmo, lo apoyaba, y el inquisidor Manrique también [...]. Se cambiaron las tornas. Fue un hecho fatal. El inquisidor dejó de apoyar a Erasmo y el Rey se olvidó de él en Italia. Los frailes aprovecharon la circunstancia para atacarle desde el púlpito. [...] La situación había dado un giro completo. A partir de ese momento, para la Inquisición, Erasmo y Lutero fueron ramas de un mismo tronco (264 s.).

Antes de que la situación descrita por Cazalla llegue a ser catastrófica para los luteranos de Valladolid, Cipriano vive una corta fase de esperanza ilusoria en la comunidad secreta. Compara su situación con la de los cristianos primitivos en las catacumbas y se siente «al comienzo de algo» (334), habla (en alusión anacrónica al discurso marxista) de «una fraternidad sin clases» (334), y «[piensa] que no se [halla] lejos del mundo fraternal en que desde niño había soñado» (334). El auto de fe en Valladolid del 21 de mayo 1559 pone fin a todos los sueños. Fue uno de los autos más importantes celebrados en España durante el siglo XVI. Delibes lo describe en su último capítulo apoyándose fielmente en los detalles históricos, poniendo de relieve los sufrimientos de las víctimas y la actitud del pueblo que celebra el espectáculo como una gran fiesta. La ejecución de los «herejes» tiene valor simbólico porque se presenta en la novela como punto final de una exacerbación del clima político y social durante los años de transición entre el reinado de Carlos I y el de Felipe II[7]. De modo significativo, la vida de Cipriano coincide casi exactamente con la carrera política de Carlos I. El día de su nacimiento, a finales de 1517, se celebra en las calles de Valladolid la bienvenida al nuevo rey que acaba de llegar de Borgoña y la instalación de la Corte en la ciudad. Esto me parece ser un indicio de que en *El hereje* Delibes no trata solamente de revisar la historia de la Reforma en España, sino que quiere relacionarla con la his-

[7] Uno de los condenados está convencido «de que antes de 1558 los castigos hubieran sido más leves» (417).

toria política y socioeconómica del país en general. Tres años después de la revolución espiritual de Lutero en Alemania, se produce la llamada «Revolución de las Comunidades de Castilla», en la que Valladolid desempeña un papel importante. Empieza en 1520 como motín de la Junta de las Cortes contra la política fiscal del rey Carlos I y se convierte en una verdadera guerra civil. Las fuerzas reales apoyadas por la alta nobleza derrotan definitivamente al ejercito de las Comunidades en la batalla de Villalar un año más tarde. En la historiografía moderna, las Comunidades se consideran como un movimiento liberal que luchaba para conseguir la participación política de las ciudades. Su derrota marcaría el comienzo del absolutismo, pero al mismo tiempo, teniendo en cuenta que esto significa el fracaso de una burguesía económicamente activa, se ve allí el principio de la decadencia de Castilla (cf. Bernecker/Pietschmann 1993: 90-91).

El comentario de Bernardo Salcedo, el padre de Cipriano, sobre las discordias entre las Comunidades, que fueron una de las razones de su fracaso, tiene carácter casi profético (y quizá haga pensar en otra guerra civil): «hoy, como siempre, ha faltado organización; los ideales están mezclados y mal definidos» (134). Sin embargo, las consecuencias negativas no se manifiestan a plazo corto: durante largos años, Cipriano, representante ejemplar de la burguesía intelectual y moderna, tiene mucho éxito económico. No se limita a llevar adelante el comercio de su padre, sino que se lanza a la fabricación de productos innovadores que se venderán hasta en el extranjero. Cipriano sueña con convertir Valladolid, que como Corte de España es, sobre todo, una villa que ofrece servicios y «una ciudad dormida [donde] nadie se [mueve]» (207) en un centro industrial como Burgos o Segovia. El protagonista lucha por el progreso económico con el mismo entusiasmo con el que cree en la victoria de sus ideales religiosos. Y finalmente, el desarrollo general de su ciudad parece confirmar sus esperanzas:

> Cipriano Salcedo fue uno de los muchos vallisoletanos que, mediado el siglo XVI, creyeron que la instalación de la Corte en la villa podía tener carácter definitivo. [...] Una vez llegado el medio siglo, el progreso de la ciudad se manifestaba en todos los órdenes. [...] El frenético ritmo de edificación hizo surgir en todas partes nuevas manzanas de casas [...]. Para Cipriano Salcedo y sus convecinos constituyó un motivo de orgullo (296).

Con su tío Ignacio, especializado en temas jurídicos y económicos, busca una manera de organizar sus empresas incluyendo la participación de los empleados. Ignacio propone el nuevo modelo de sociedad comanditaria, que en España todavía se desconoce, pero que en Alemania y Francia ya reemplaza los viejos gremios medievales. Para el tío Ignacio, «incorporar Valladolid a la modernidad era una de sus aspiraciones íntimas» (377). La muerte de Cipriano en la hoguera pone bruscamente fin a ese proyecto económico avanzado. Otra vez el destino personal del protagonista hace referencia a un proceso histórico más amplio: la decadencia económica de España en general y, en particular, la pérdida de importancia de Castilla la Vieja en la segunda mitad del siglo XVI. En 1561 el rey traslada la Corte a Madrid y centraliza definitivamente el poder. Durante la década de 1580, la economía sufre una larga y profunda crisis que afecta, ante todo, al comercio de lana y a la industria textil de Castilla. Al mismo tiempo una parte considerable de la población se muda del norte de España, a Andalucía o a las Indias (cf. Bernecker/ Pietschmann 1993).

Delibes nos presenta en *El hereje* la época de Carlos I como tiempo de esperanzas y comienzos posibles. Los acontecimientos que recuerda son «contra-» o incluso «no-lugares» de la memoria cultural española: una conferencia interrumpida sobre una doctrina más tarde perseguida y una revolución liberal fracasada. A esos dos acontecimientos se une como contra-lugar geográfico la ciudad de Valladolid, durante algunos años capital y símbolo de un ideal económico que no tendrá éxito en España. Delibes nos muestra un potencial de ideas y de desarrollo que latía en España y que no llegó a dar frutos en aquel entonces porque fue suprimido enseguida. Y nos permite identificarnos con un protagonista que aún siendo de carácter protestante —diligente, de ideas innovadoras, pero también marcado por un profundo desasosiego espiritual— no deja de ser un castellano viejo muy aficionado a su ciudad y a su tierra castellana. Obviamente el autor Delibes, vallisoletano como su protagonista, comparte esta afición. La novela es un homenaje «A Valladolid, mi ciudad», como se puede leer en la dedicatoria.

Pero no sólo la ciudad, sino también el campo, desempeña un cierto papel como lugar o, mejor dicho, como paisaje de la memoria. En una escena importante, cuando Cipriano encuentra por primera vez a Pedro Cazalla, que más tarde contribuirá a su conversión al luteranismo, el lamento sobre el fracaso del erasmismo (264 s., véase una cita anterior) se enlaza con una descripción del paisaje:

> El sol se ensanchaba y enrojecía al desplomarse tras las colinas grises de poniente. Pedro Cazalla se detuvo y dijo:
> —¿Ha reparado vuesa merced en los crepúsculos de Castilla?
> —Los saboreo con frecuencia —dijo Salcedo—. Las puestas de sol en la meseta resultan a veces sobrecogedoras.
> Habían dado la vuelta y la tarde empezaba a refrescar. A lo lejos se divisaban las casitas de barro señoreadas por la iglesia. Las cigüeñas habían sacado pollos y se erguían en la espadaña como dibujos esquemáticos. Pedro Cazalla miró de nuevo al sol declinante. Los entreluces del lubricán le fascinaban. Sonó en el aire quedo el tañido de una campana. Cazalla apresuró el paso. Volvió hacia Salcedo sus ojos profundos:
> —Ayer Erasmo era una esperanza y hoy sus libros están prohibidos. Nada de esto es obstáculo para que algunos sigamos creyendo en la Reforma que proponía. Quizá sea la única posible. Trento no aportará nada sustancial (265).

La reacción de los personajes frente a la puesta del sol oscila entre la fascinación estética, la melancolía y un anhelo de paz al considerar los elementos idílicos del ambiente («las casitas de barro», «la cigüeñas habían sacado pollos», «el tañido de una campana»). Las implicaciones del «sol declinante» como metáfora de la decadencia y de una ocasión histórica perdida son evidentes. Para un lector algo experimentado en la literatura y en la memoria cultural de España, este párrafo podría suscitar, además, un recuerdo intertextual. La evocación de «los crepúsculos de Castilla» me parece ser una alusión a una obra que ya casi 100 años antes a Delibes relacionó la contemplación del paisaje castellano con reflexiones críticas sobre la historia: los *Campos de Castilla* de Antonio Machado. Miremos, por ejemplo, un fragmento del célebre poema «A orillas del Duero»:

> [...]
> Castilla, ayer dominadora,
> envuelta en su harapos desprecia cuanto ignora.
> El sol va declinando. De la ciudad lejana
> me llega un armonioso tañido de campana
> —ya irán a su rosario las enlutadas viejas—
> [...]. (Machado 1997: 103, vv. 67-71)

Si Delibes cita este discurso de principios del siglo XX en su novela sobre el siglo XVI, coloca su revisión crítica de la historia en una larga tradición española y muestra, al mismo tiempo, que cada mirada hacia un pasado lejano está necesariamente influenciada por otras miradas que ya antes han interpretado este pasado. Los lugares de la memoria no sólo recuerdan acontecimientos, sino también otras memorias.

4. En vez de una conclusión

El hereje se contrapone a la *Crónica del rey pasmado* en cuanto a que el modelo para una identidad alternativa viene dado por espacios periféricos, mientras que en la obra de Delibes sale del viejo corazón de España. En ambos casos, sin embargo, aunque en estilos literarios muy distintos, el mensaje ideológico me parece ser el mismo: revisar la historia del Siglo de Oro desde una posición liberal para poner en duda la visión homogénea de la cultura de la España clásica (y, por analogía, también de la moderna).

Por supuesto no es posible sacar del análisis de sólo dos textos conclusiones generales sobre la imagen del Siglo de Oro en la novela histórica actual, a lo sumo se puede decir que representan una tendencia importante. Para completar el panorama y profundizar en la discusión sería necesario tener en cuenta también los textos que prosiguen con un discurso más tradicional y conservador acerca del Siglo de Oro, como es el ejemplo de *Las aventuras del capitán Alatriste* de Arturo Pérez-Reverte. En todo caso, el Siglo de Oro en España sigue siendo un lugar de la memoria controvertido y literariamente muy productivo.

Bibliografía

ASSMANN, Jan (1992): *Das kulturelle Gedächtnis: Schrift, Erinnerung und politische Identität in frühen Hochkulturen*. München: Beck.

— (1988): «Kollektives Gedächtnis und kulturelle Identität», en: Jan Assmann/Tonio Hölscher (eds.): *Kultur und Gedächtnis*. Frankfurt/M.: Suhrkamp, pp. 9-19.

BERNECKER, Walther L./COLLADO SEIDEL, Carlos/HOSER, Paul (eds.) (1997): *Die spanischen Könige. 18 historische Porträts vom Mittelalter bis zur Gegenwart*. München: Beck.

BERNECKER, Walther L./PIETSCHMANN, Horst (1993): *Geschichte Spaniens: von der frühen Neuzeit bis zur Gegenwart*. Stuttgart: Kohlhammer.

BECERRA SUÁREZ, Carmen (1995): «Historia y parodia en *Crónica del rey pasmado* de G. Torrente Ballester», en: *Hispanística* 20, 13 [= *Notre fín de siècle. Culture Hispanique*], pp. 219-226.

DELIBES, Miguel (2004 [1998]): *El hereje*. Barcelona: Ediciones Destino.

GOYTISOLO, Juan (1979): *España y los españoles*. Barcelona: Lumen.

MONCO, Beatriz (1989): *Mujer y demonio, una pareja barroca (treinta monjas endemoniadas en un convento)*. Madrid: Instituto de Sociología Aplicada.

MACHADO, Antonio (1997): *Campos de Castilla (1907-1917)*. Edición de Geoffrey Ribbans. Madrid: Cátedra.

NORA, Pierre (ed.) (1984-1992): *Les lieux de mémoire*. 7 tomos. Paris: Gallimard.

OMEÑACA, Reyes/LACUEY, María Luisa (1993): «San Plácido: una clave de lectura», en: Gonzalo Torrente Ballester *et al.* (eds.): *En torno a* El rey pasmado *de Gonzalo Torrente Ballester*. Zaragoza: Ibercaja, pp.13-34.

TORRENTE BALLESTER, Gonzalo (1997 [1989]): *Crónica del rey pasmado*. Barcelona: Editorial Planeta/Ediciones de Bolsillo.

VILLANUEVA, Darío *et al.* (1992): «La nueva narrativa española», en: Villanueva, Dario et al. (eds.): *Los nuevos nombres. 1975-1990*. (*Historia y Crítica de la Literatura Española*, Vol. IX). Barcelona: Crítica, pp. 285-305.

ESPACIOS URBANOS EN LA TRANSICIÓN ESPAÑOLA: EL CASO DE LUIS ANTONIO DE VILLENA

Paul Julian Smith

1. Geografías temporales

Existe cierto consenso sobre la transición democrática española, por lo menos en cuanto se refiere a los universitarios que estudian este período desde los EE UU. Según ellos, los horrores del pasado fueron silenciados después de la muerte de Franco; esta represión causó un trauma que regresó posteriormente en forma de mono, melancolía, o herida; y este regreso de lo reprimido da muestras de una incapacidad de exorcizar el pasado que sigue lastrando la democracia española hasta hoy en día (Vilarós 1998; Moreiras Menor 2002; Medina Domínguez 2001).

En esta ponencia quisiera proponer una actitud más positiva hacia la producción cultural de la transición, y más concretamente de la movida madrileña. El enfoque cambiará desde el énfasis sobre el duelo y la melancolía hacia unos temas menos explorados: la vida, la libertad y la búsqueda del placer, si no de la felicidad. La primera forma de conseguir este objetivo sería ampliar el objeto de estudio para abarcar fuentes primarias de la época, tales como la prensa, contrastándolas con novelas que examinan retrospectivamente el mismo material[1]. La segunda forma

[1] En una versión más amplia de este trabajo estudio la revista emblemática de la movida, *La Luna de Madrid*, y la también minuciosa historia oral *Sólo se vive una vez* (Gallero 1991).

de conseguir este objetivo sería cambiar la metodología dejando de lado el proceso parlamentario (las deficiencias de los gobiernos de Adolfo Suárez y Felipe González) para enfocar las prácticas de la vida cotidiana, más frágiles y flexibles. Puede ser que éstas sean más importantes para la realización de la ciudadanía democrática que las instituciones formales. Por consiguiente propongo un cambio teórico desde el psicoanálisis hacia la geografía cultural y, más concretamente, hacia el concepto tan debatido del espacio-tiempo.

Voy a bosquejar brevemente unos debates elaborados entre geógrafos británicos (el más conocido se llama Nigel Thrift), ante un esperado renacimiento democrático en las ciudades de Inglaterra después de la victoria electoral de los laboristas en 1997. Por casualidad estos urbanistas proponen unos argumentos bastante relevantes para el caso tan distinto de la movida madrileña. Declaran por ejemplo que el «hedonism without consumerism» (Amin/Massey/Thrift 2000: 37) puede ser «the driving force of a new politics of transformation» (Amin/Massey/Thrift 2000: 37). Es más, «interest in pleasure is not gratuitous [and] not a prioritisation of individual rights over social obligations [but rather a way to] inculcate civic values « (Amin/Massey/Thrift 2000: 37).

En otro lugar escriben:

> We need to recognise the role of cities as places of socialisation and sociability [...] [to] acknowledge and encourage the vast network of everyday associations of sociability which already exists [...] beyond the life of firms and work, melancholy and alienation, state and other institutions of governance [...] We need to recognise spaces of democracy that lie beyond democratic state and representative politics (Amin/Massey/Thrift 2000: 42).

En un ámbito más teórico, los «ritmos de la ciudad» («rhythms of the city») son ejemplos de espacios temporalizados; no se trata solamente de «rutas, rutinas, y caminos» («routes, routines and paths», Crang 2001: 192) sino de «velocidades, direcciones, vueltas, desvíos, salidas, y entradas» («velocities, directions, turnings, detours, exits and entries», Crang 2001: 206). En la ciudad «policrónica» («polychronic city») tendrán lugar forzosamente la formación de grupos colectivos y su «disolución, fragmentación, y reformación» («dissolution, fragmentation and reformation»). La vida urbana es tanto «una composición rítmica» («rhythmic composition») como «un reino de tiempos fracturados y fragmentados» («a realm of shattered and fragmented times», Crang 2001: 191).

2. *MADRID HA MUERTO*: TRIBUS PASAJERAS

Madrid ha muerto: esplendor y caos de una ciudad feliz de los ochenta, novela del prolífico Luis Antonio de Villena, fue editada por primera vez en 1999. Empapada de duelo, melancolía y nostalgia masoquista, este libro evoca los placeres de los ochenta desde la perspectiva de los supuestos horrores de la década siguiente, en que la tristeza y el vacío habían sustituido a la alegría y plenitud de una edad de oro. La fatalidad del título (un dicho atribuido al modisto Manuel Piña) se contrasta con el alegre urbanismo del subtítulo, en el cual, al reescribir las crónicas de la vida parisina de Balzac, el esplendor no se vincula con la miseria, sino con el caos creativo.

El narrador de Villena, Rafa Antúnez, ha «naufragado» en los 90. Rendido a los alicientes del capitalismo, trabaja como guionista comercial mientras que de joven su gran ambición fue ser Escritor, con mayúscula, cronista de una vida urbana de potencial ilimitado. El agotado Rafa da muestras de esa falta de interés por el mundo externo y esa inhibición del yo descritas por Freud en su estudio sobre el duelo y la melancolía (Freud 1991). Sin embargo, el objeto perdido en este caso no es Francisco Franco, la fuente del mono para muchos críticos culturales, sino la movida misma, identificada inequívocamente como una época de vida, libertad y placer. Si, como ya hemos visto, el urbanismo se caracteriza por las temporalidades conflictivas, esta perspectiva retrospectiva, tan insistente en la novela, superimpone otro nivel de espacio-tiempo sobre la imagen y la experiencia de Madrid.

A pesar de su fascinación por los autodenominados «modernos», Villena se permite repetidas alusiones a la tradición literaria de la picaresca. Los largos títulos que presta a cada capítulo imitan las «sentencias» o «escarmientos» de *Guzmán de Alfarache*; y mientras que fue un arcipreste el que le pidió «el relato» a Lázaro, es el mismísimo Pedro Almodóvar quien invita a Rafa a contar su historia. Por consiguiente hay una promiscua mezcolanza de personajes ficticios y reales en la novela. El autor maldito Eduardo Haro Ibars regala a Rafa, que afirma ser colaborador intermitente de *La Luna*, un ejemplar de *The Wild Boys* de William Burroughs (Villena 1999: 80) y el conocido fotógrafo Pablo Pérez Mínguez saca un retrato a la seductiva Lía, oscuro y esquivo objeto del deseo de Rafa, en un taller decorado por el pintor Guillermo Pérez Villalta (Villena 1999: 56), otro famoso de la época. Mientras que algunos de los «modernos» originales optaron por ficcionalizar su apariencia y experiencia, bautizándose con extravagantes apodos (Ouka Lele, Fanny McNamara) para demostrar que se habían convertido en personas nuevas en la ciudad, los personajes de Villena se sumergen en una ficcionalidad generalizada: incluso el veterano más memorioso de la movida tendría dificultades en distinguir entre las figuras históricas y las imaginarias, tantos y tan varios son los personajes de *Madrid ha muerto*.

Villena recurre a otra técnica literaria conocida de la picaresca: el narrador poco fiable. A diferencia del periodista y el historiador, el novelista y su portavoz ficticio no se sienten inhibidos por las limitaciones de la precisión. Por ejemplo, cuando «Kostus» se escribe mal (con K, no con C como se debe), ¿quién es el responsable? Y la cronología de Rafa es tan borrosa como su ortografía. Aunque coincide con *La Luna* y *Solo se vive una vez* al invocar a dos valiosos pioneros de la movida (el poeta Leopoldo Panero y el novelista Haro Ibars [Villena 1999: 19]), Rafa proporciona múltiples versiones de su propia introducción a este movimiento cultural. En el primer capítulo el héroe de Villena afirma que su iniciación fue motivada por una invitación a la casa de los Costus (la conocida pareja de pintores pop), que seguía a la flamante fiesta en honor de Andy Warhol (33, 36). Pero el segundo capítulo empieza con la siguiente afirmación descarada: «He mentido» (53). Su primera noche en el seno de la movida fue, de hecho, otro mítico evento, en el que Almodóvar y McNamara tocaron en el local nocturno Rockola. En tales casos es imposible distinguir entre la memoria falible y la narración poco fiable. Pero no se trata de la amnesia histórica supuestamente típica de la transición. Es más bien un lapsus consistente con la geografía cultural, según la cual las historias de una vida se construyen dinámica e inestablemente a base de la intersección del tiempo vivido, el tiempo representado, y el espacio urbano.

Se habrá notado que *Madrid ha muerto* coincide plenamente con los ya clásicos tópicos de la movida: la gente, los sitios, y las fiestas son los mismos promocionados en los ochenta por los colaboradores de *La Luna* y recordados en los noventa por los entrevistados para *Sólo se vive una vez*. Volviendo a confirmar la intensa sociabilidad de ese período, la novela, tal como sus modelos picarescos, es altamente episódica, un desfile de sexo, drogas, y vida nocturna. De modo que existe un conflicto estructural en la novela entre el tiempo lineal y el circular. De un lado, Villena documenta eventos precisos más o menos según su secuencia real (desde la temprana fiesta en honor de Warhol hasta la tardía presentación del libro de Almodóvar basado en los artículos de Patti Diphusa, originados en *La Luna*). De otro lado, el sin fin de encuentros, tanto sexuales como farmacéuticos, sugiere una repetición que termina por ser tan fatigante como la disciplina social del trabajo. Otra vez más, como los héroes picarescos, Rafa apenas aprende de sus experiencias y, al parecer, constantemente redescubre temas (como la homosexualidad) de los cuales afirma ser ignorante.

Esta vertiginosa circularidad mundana se entrecruza con el más lento ritmo natural de las estaciones. Tal como a los colaboradores de *La Luna*, al narrador de Villena le fascina el verano en la ciudad. La época más «alegre» de la vida y la juventud, el verano evoca espacios urbanos precisos: las terrazas de la Castellana y las piscinas, que los auténticos madrileños prefieren al mar y que facilitan la mezcla social de chulos proletarios y travestis frágiles. En tales secuencias, el compás acelerado y extendido de la ciudad se reviste de un ritmo anual cada vez más insistente, que terminará por ser un *memento mori*.

El clasicista Villena apreciaría otro lema latín en este contexto: *Et in Arcadia ego*. A medida que la heroína y el Sida sigilosamente se acaparan de la fiesta, el portavoz de Villena (como Pablos en el *Buscón* de Quevedo) parece estar dominado por la voz del maestro. Villena mismo aparece de vez en cuando en su novela, rigurosamente ironizado. El «vampírico» Haro Ibars se queja jocosamente que tuvo que hacer de intérprete entre el escritor amanerado y los jóvenes urbanos que codiciaba: Villena, dice, les hablaba «en latín» (129). Pero en otras ocasiones el pálido Rafa, un hombre sin calidades, asume el estilo inconfundible de Villena, tanto en las alabanzas de los cuerpos masculinos (a pesar de su repetida insistencia en que es heterosexual) como en los comentarios paradójicos sobre la vida y el arte, dignos de Oscar Wilde. Esta fusión del narrador y el autor es paralela a la mezcla del pasado y el presente producida por la perspectiva retrospectiva. Pero también se podría interpretar como un testimonio de la mezcolanza fluida y festiva, o la temporalidad colectiva desprovista de tradición, que caracterizó a la movida.

3. La hora de Madrid

Los productos culturales que he optado por analizar (revista, historia oral, novela) coinciden en insistir en la simple felicidad de la vida urbana en la España democrática. Lejos de ser melancólicos, proclaman la «alegría» de la movida madrileña, la cual se distingue de la negatividad de los equivalentes extranjeros, tales como el movimiento punk británico. No se puede negar que la movida haya tenido sus víctimas. Pero no es cierto que fuesen más numerosos que los de subculturas anteriores que tuvieron la suerte de llevarse a cabo antes del Sida. Y la movida no produjo ningún drama sangriento como el atentado contra Warhol en la Factory o el asesinato-suicidio de Sid Vicious y Nancy en el hotel Chelsea. Estas subculturas anglosajonas tampoco dieron luz a una figura tan productiva y duradera como Almodóvar. Muchos colaboradores de *La Luna* siguen haciendo aportaciones importantes pero poco llamativas a los mundos del arte, el diseño, la música y el periodismo en la España actual.

No sorprende que el movimiento de la movida, si es digna de tal apelación, no haya durado. Como ya hemos visto, las tribus urbanas son pasajeras. Es tan difícil procurar la vitalidad cultural duradera como la armonía urbana. De hecho, es probable que las dos sean utópicas, ya que el arte y la ciudad no son objetos, sino procesos cuyos finales son imposibles de predecir. Lo que sí he sugerido es que sustituyamos el modelo psicoanalítico del trauma persistente y no-exorcizado por un modelo más positivo basado en la geografía, el cual relaciona los productos culturales al complejo tiempo-espacio de la vida cotidiana, tan densamente estructurada de velocidades, direcciones, diversiones, y desvíos. Parecido modelo valora en los textos que hemos examinado la libertad y la falta de inhibición que les son características.

El reto para el lector es cómo responder a la invitación al placer proporcionado por estos textos sin abandonar el juicio crítico. Pero he sugerido que este placer no constituye un hedonismo irreflexivo. La pedagogía urbana expresada por productores culturales como Villena podría interpretarse como un bien cultural que suplementa las estructuras democráticas formales. El mismo Villena declara irónicamente que los jóvenes de la movida que tan generosamente compartieron sus camas con otros deberían concederse la categoría de organismos no-gubernamentales. En último lugar, esta economía social y sociable que denominamos la movida, a pesar de sus fuertes raíces locales, puede ayudar a transcender las limitaciones del espacio. Si ya ha pasado «la hora de Madrid», tan elogiada por *La Luna* (y eso no es forzosamente cierto), sin duda deberíamos celebrar el patrimonio que nos ha legado.

BIBLIOGRAFÍA

AMIN, Ash/MASSEY, Doreen/THRIFT, Nigel (2000): *Cities for the Many, not for the Few*. Bristol: Policy.

CRANG, Mike (2001): «Rhythms of the City: Temporalized Space and Motion», en: May, Jon/Thrift, Nigel (eds.): *TimeSpace: Geographies of Temporality*. London: Routledge, pp. 187-207.

FREUD, Sigmund (1991): «Mourning and Melancholia», en: Sigmund Freud: *On Metapsychology*. London: Penguin, pp. 251-68.

GALLERO, José Luis (1991): *Sólo se vive una vez: esplendor y ruina de la movida madrileña*. Madrid: Edición Ardora.

La Luna de Madrid 1-26 (noviembre de 1983-marzo de 1986).

MEDINA DOMÍNGUEZ, Alberto (2001): *Exorcismos de la memoria: políticas y poéticas de la melancolía en la España de la transición*. Madrid: Ediciones Libertarias.

MOREIRAS MENOR, Cristina (2002): *Cultura herida: literatura y cine en la España democrática*. Madrid: Ediciones Libertarias.

VILARÓS, Teresa M. (1998): *El mono del desencanto: una crítica cultural de la transición española (1973-93)*. Madrid: Siglo XXI.

VILLENA, Luis Antonio de (1999): *Madrid ha muerto: esplendor y caos en una ciudad feliz de los ochenta*. Barcelona: Planeta.

II.

LUGARES DE MEMORIA Y OLVIDO

ESPACIO CULTURAL Y PAISAJE DE LA MEMORIA EN *LA ALDEA PERDIDA* DE PALACIO VALDÉS

José Manuel Martín Morán

La aldea perdida ha sido considerada la novela regionalista de Palacio Valdés (Botrel 1985: 158); y en efecto, algunos elementos del subgénero que Pereda contribuyó a sistematizar[1] son fácilmente identificables en la novela del autor asturiano, ferviente admirador del santanderino[2]: la idealización de los personajes y la naturaleza, la visión maniquea del mundo, la atención costumbrista por la cultura campesina, la descripción de la utopía patriarcalista y su conflicto con las formas de vida capitalistas y estatalistas, etc. Claro que, al lado de estos paralelos temáticos encontramos una serie de elementos que alejan la novela del asturiano del modelo establecido por el santanderino. Sobre ello volveré más adelante; por ahora, me limito a señalar la convergencia de subgéneros narrativos de la que se sirve Palacio Valdés, en un alarde de eclecticismo técnico, para poner de manifiesto los aspectos regionalistas mencionados.

El folletín le presta las claves narrativas para contar la historia de amor entre Nolo y Demetria, y Jacinto y Flora: las dos muchachas no conocen su verdadero origen; la agnición de uno de los progenitores les devolverá su condición social; no obstante, ambas optan por la vida sencilla que conducen con el añadido de ciertas ventajas que la solución del

[1] Cf. su célebre discurso de ingreso a la RAE (Pereda 1897).

[2] Habla incluso de «veneración» en su *Testamento literario* (Palacio Valdés 1964: 1290b).

conflicto entre esencia y apariencia les han reportado. Los resortes de la novela sentimental y sus motivos temáticos centrados en la identidad parecen poner en movimiento la doble trama amorosa para trasladar a las dos muchachas del estrato social inferior al superior. En el caso de Demetria, el traslado implica además el abandono de la cultura campesina para insertarse en la cultura urbana, la salida del espacio acotado del valle feliz y su reclusión en la ciudad, en sus salones, sus colegios y sus palacios; la pérdida, en suma, de su identidad personal —el conjunto de relaciones sociales que la hacían lo que era— por reducción a la identidad individual —el sujeto sin más conciencia de sí que la que le da su cuerpo y su nacimiento[3].

Del costumbrismo toma prestada Palacio Valdés la sensibilidad por los usos y costumbres del pueblo, pero no su finalidad: él no quiere salvaguardar un mundo en peligro, sino recrear un mundo desaparecido[4]. Tampoco acepta del costumbrismo el fetichismo del habla regional, ni la construcción de arquetipos humanos; más que prototipos, sus personajes secundarios se diría que son genéricos, como los del coro clásico, o los de los cuentecillos populares. Y de la tragedia clásica y la narración folklórica parece haber tomado la concepción de las relaciones del individuo con la comunidad, como enseguida veremos.

Del mundo clásico toma prestado, aparte del papel crucial del coro[5], el aparato connotativo de algunos de sus personajes, tratados cual héroes de *La Iliada*, con su parafernalia de epítetos homéricos, invocaciones a las musas, presencia de númenes tutelares, epifanías de divinidades campestres, etc. Además, Palacio Valdés actualiza a su modo la epopeya homérica en el valle de Laviana con las batallas campales entre los jóvenes de las diferentes parroquias; entre ellos son reconocibles Héctor, Aquiles, Patroclo, Ulises, Ayax y todos de Laviana.

El telón de fondo para la trama sentimental y la clásico-costumbrista es la exposición pseudorrealista del conflicto de culturas generado por la

[3] Para la definición de identidad personal y su relación con la identidad individual, vid. Assmann (1997: 100).

[4] García Domínguez (1968: 214) rechaza también, justamente, la matriz costumbrista del relato, a favor del autobiografismo; para él, Palacio Valdés no canta tanto el mundo perdido como la niñez perdida.

[5] El paralelo con el coro clásico ya lo había notado Morón Arroyo (1993: 104).

llegada de la industria al valle patriarcal. La dialéctica de las diferentes posiciones respecto al problema revela una división vertical de la sociedad campesina, homogénea a la ya observada en la trama sentimental, con una organización espacial heterogénea, que reserva determinados lugares para uno de los grupos; y así, por ejemplo, la pomarada del capitán es usada únicamente por los notables de Entralgo y de las compañías mineras, mientras las campas de las romerías son de uso casi exclusivo del pueblo. La trama realista encontrará un cauce clásico que la conducirá al fatal desenlace final: el mito de Perséfone, encarnada curiosamente en Demetria, explica la victoria de Plutón, el minero embajador de la industria, sobre Demetria, la campesina que había preferido el retiro idílico al tráfago urbano. Y también en esta condensación del conflicto de culturas en personajes y eventos concretos la axiología espacial predominante es la vertical arriba/abajo, prados/minas, con final inversión de las posiciones.

En *La aldea perdida* tenemos, pues, tres tramas que se entrecruzan, siguiendo géneros literarios diferentes, aunque igualmente idealizados: folletín, épica homérica, mito clásico, costumbrismo[6]. El relato recibe su esqueleto narrativo de los géneros idealistas y su musculatura ideológica de las discusiones realistas, en que, con moderado dialogismo, el autor indaga someramente la complejidad discursiva del mundo. Y aquí se produce una curiosa división vertical de los personajes: los jóvenes idealizados actúan, mientras los adultos exponen las diferentes visiones del mundo, o intervienen para avalar con su autoridad los equilibrios alcanzados por las acciones de los jóvenes, como cuando el capitán don Félix acude a Oviedo para apaciguar los ánimos de la madre abandonada por Demetria. El regusto realista del relato lo proporcionan también las intervenciones testimoniales del narrador-autor, niño adorante de los héroes y las semidiosas que poblaban su personal Arcadia infantil, que certifica —falsamente— la veracidad de los hechos. El sincretismo obligado de los personajes, que participan en dos o tres tramas, da también la dimensión realista, con el remedo de la pluridimensionalidad de la existencia.

[6] Creo que la ambigüedad de fondo de la novela, de la que habla Morón Arroyo (1993: 99, 101 ss), no puede ser reducida, como sugiere el propio Morón Arroyo, a la mezcla de la visión realista del narrador adulto con la visión épica del niño.

Recojamos la crema espacial de este análisis apresurado de la novela de Palacio Valdés: la axiología vertical dispone el mundo en simbólicos planos superpuestos en la imagen costumbrista-regionalista de la sociedad patriarcal, en la trama sentimental folletinesca y en la trama realista del conflicto de culturas, donde los hidalgos resultan contrarios a las minas y el pueblo llano favorable. La misma axiología vertical divide espacialmente el mundo de pertenencia de los enamorados: Nolo y Jacinto viven en la Braña, y Demetria y Flora en los caseríos a media altura del valle. La axiología horizontal separa el mundo del valle de la ciudad, en la trama sentimental y también en la realista, que cuenta la invasión de la cultura aldeana por la urbana, donde además funciona también la axiología vertical con inversión final. Los desplazamientos en el eje vertical no presentan indicios de conflictividad: en la trama sentimental, ponen en comunicación las dos parejas, en el plano real, y aseguran su bienestar futuro en el simbólico; sí los presentan, en cambio, los desplazamientos en el eje horizontal, que alejan a los enamorados o provocan la invasión de una cultura por otra. Hay pues un mensaje implícito de convalidación de la visión patriarcalista de la sociedad, que la divide en dos planos verticales, y otro mensaje de condena del solapamiento de culturas en el mismo espacio, como si el autor quisiera sugerir que el único modo para conseguir la paz social es el de evitar la extensión espacial del progreso.

Hemos hablado hasta ahora de la función dinámica del espacio, en su doble vertiente real y simbólica, en la construcción de la trama; también posee, como es lógico, una función estática en la constitución de los mundos en conflicto, en cuanto elemento de referencia para la definición de las diferentes identidades colectivas. Sobre este punto concentraremos nuestra atención en las páginas que siguen.

La primera acotación espacial que encontramos en la novela corresponde a una comunidad amplia, la de todo el valle de Laviana. Los límites los establece la doble cadena de montes, con paso hacia los valles limítrofes y salida hacia Oviedo. En el interior de los límites geográficos convive una comunidad con plena conciencia de la propia identidad, garantizada precisamente por esos mismos límites espaciales y basada en rasgos distintivos bien marcados, que se manifiestan incluso en el modo de bailar:

—¡Este es el baile antiguo, muchachos! Así se bailaba en nuestro tiempo. Miradlo bien... Reparad los pasos... Eh, ¿qué tal?... ¿Pierde alguna vez el

compás don Félix? La moda que habéis traído de Langreo será muy linda, en verdad, pero a mí no me agrada, porque con tanto salto y tanto taconeo, más que bailando parece que estáis trillando la mies.
Así habló el tío Goro de Canzana, y el coro de viejos y viejas que le escuchaba aplaudió calurosamente su discurso[7] (Palacio Valdés 1993: 83).

Los ancianos del lugar se reconocen en la imagen de la comunidad que las palabras del tío Goro les devuelven. La conciencia de la propia identidad se funda en la memoria objetiva del baile y renueva su vigencia en cada romería; enlaza el momento presente del grupo con su pasado y contrapone la identidad de la comunidad a la de las otras comunidades colindantes. La identidad comunitaria se construye en una doble dimensión: la temporal, donde simplemente ha de manifestar su capacidad de perdurar y de reconocerse a sí misma, y la espacial, que la distingue de las vecinas[8]. Los depositarios de la pureza identitaria, los verdaderos intérpretes del rito comunitario, son los ancianos; los jóvenes, por su parte, parecen más propensos a dejarse influenciar por las modas foráneas.

La identidad específica del valle de Laviana se diluye en una cultura aldeana general en su contraposición a la cultura burguesa de la ciudad. La estancia de Demetria en Oviedo, con su madre verdadera y sus tías, contada por la aldeana en sus cartas a la familia de Canzana (273-274), enfatiza la identidad campesina (vida al aire libre, sencillez en el vestido y en el trato, espontaneidad), por oposición a la cultura urbana, encorsetada en rígidas normas de etiqueta y encerrada en los salones de la buena sociedad. La definición opositiva de la identidad aldeana resulta marcada por una oposición espacial en el eje horizontal real (declinado como 'dentro/fuera del valle') y otra en el eje vertical simbólico de las diferencias sociales.

En las dos dimensiones de la identidad del valle de Laviana que se deducen de las palabras del tío Goro acerca de la adulteración del baile tradicional, las tensiones parecen fuertes: en la dimensión temporal, los

[7] He utilizado la edición de Álvaro Ruiz de la Peña (Madrid: Espasa Calpe [13]1993). A ella me referiré a partir de ahora, con la indicación entre paréntesis de la página pertinente al final de cada referencia a la obra.

[8] Son las tres características fundamentales de la identidad colectiva, según Assmann (1997: 101-103).

usos nuevos hacen olvidar los viejos, igualando las diferencias; en la espacial, la comunidad ha de vérselas con la presión de los habitantes de los valles vecinos en las lindes del propio; en este caso, quien paga las consecuencias es el habitante del *limes*, Nolo, que debe defender sus tierras de pastoreo de las pretensiones de los de Aller (56). Es éste precisamente el motivo del desabrimiento entre los mozos de Fresnedo y la Braña, capitaneados respectivamente por Jacinto y Nolo —modernos Patroclo y Aquiles—, y los mozos de Entralgo, con Quino (Ulises) y Celso (Ayax) a la cabeza, sus aliados históricos, los cuales en el momento de la verdad los dejaron solos en la contienda con los de Aller.

La identidad comunitaria en la que se reconocen los mayores, que era ya una reducción sinecdótica de la identidad aldeana vista desde Oviedo, cuando se traslada a los jóvenes, se fragmenta en pequeñas identidades locales, ligadas a su vez al territorio, concretamente a los terrenos delimitados por cada una de las parroquias de Laviana. Veamos cómo explica la partición el narrador:

> El concejo de Laviana está dividido en siete [parroquias]. [...] La juventud de las cuatro últimas rivalizaba desde tiempo inmemorial en gentileza y en ánimo. De un lado, Entralgo y Villoria; del otro, Lorío y Condado. Las tres primeras estaban descontadas: Tiraña por hallarse demasiado lejos; la Pola porque sus habitantes, más cultos, más refinados, se creían superiores y despreciaban a los rudos montañeses de Lorío y Villoria; Carrió por ser la más pobre y exigua del concejo (58).

El *continuum* espacial del valle se ha vuelto discreto, a causa de las rivalidades entre los jóvenes; el criterio de fragmentación parece corresponder al de contigüidad o lejanía, tanto en el eje vertical real y simbólico, como en el eje horizontal real. Y así las parroquias cercanas se unen en una comunidad épica opuesta a las intermedias, que a su vez se funden en una sola entidad, mientras ambas ignoran a las alejadas espacial o socialmente. Se reproduce, en cierto sentido, la tripartición de los deícticos en el español, con un «nosotros» y un «aquí» que determinan los vínculos asociativos, un «vosotros» y un «ahí» los opositivos, y un «ellos» y un «allí» como espacios no marcados para el diálogo a bastonazos. El valle, en la óptica de los mozos homéricos, está compuesto por espacios llenos y espacios vacíos de sentido, que ellos eventualmente se encargan de rellenar con la exaltación de su identidad de grupo en la victoria contra el otro. Las peleas entre los dos bandos carecen de motivo, pero poseen la cadencia temporal de las romerías; en ese sentido, son vistas como actos rituales destinados a construir la identidad de la comunidad, sin finalidad de control del territorio, pues los mozos de un bando pueden internarse en el territorio del otro, entrar en sus tabernas y departir con los parroquianos, sin que esto suscite el movimiento de repulsa de los rivales. Solamente uno de los muchos enfrentamientos resulta motivado por cuestiones de demarcación del territorio: cuando los mozos de Lorío castigan duramente a Jacinto porque se atreve a cortejar a una moza del pueblo. Y sin embargo, su identidad de grupo va unida indisolublemente al espacio, no sólo porque los mozos se identifiquen con el nombre del lugar del que provienen (como grupo y como individuos: Toribión de Lorío, Nolo de la Braña, Jacinto de Fresnedo), sino también porque su honor, la exaltación máxima de su identidad, surge de la victoria sobre el enemigo en un determinado lugar, que luego será recordado como lugar de la memoria[9] de la propia identidad. Toribión de Lorío excita los decaídos ánimos de los suyos con estas palabras:

> —¡Amigos, compañeros, mozos del Condado y de Lorío, arread firme a esa canalla! ¿Semos hombres o no semos hombres? [*sic*] Acordaos de la romería del Obellayo, cuando estos pobretes corrían delante de nosotros como una manada de carneros. Acordaos de ayer noche, cuando a estacazo limpio los metimos en sus casas y los dejamos acurrucados en la cocina debajo de las sayas de sus madres y hermanas (152-153).

El rito de los combates a estacazos se repite, como dice el narrador, «desde tiempo inmemorial», sin motivo aparente, como memoria lexicalizada de una identidad comunitaria que necesita negar al otro para sentirse repleta de sentido. Son combates limpios, honrados, con armas nobles, no como los de los mineros recién llegados al valle que pelean con navajas y revólveres, armas industriales dignas de ellos. Comentan los mayores de Entralgo:

> —No es faltar a la ley el que los rapaces se den alguna vez dos vardascazos; las manos se sueltan y el pellejo se endurece. Pero ¿qué decir de lo que pasa en Langreo, donde por un pique cualquiera echan mano a la navaja barbera,

[9] Para el concepto de lugar de la memoria cf. Assmann (1997: 13-15).

cuando no sacan esas pistolas de seis tiros como la que trajo de Oviedo el señor capitán?
—El que saca una navaja no es mozo ni leal ni regular. No se degüella a los hombres como a las reses —repuso el tío Goro (122).

La cultura industrial importa también un nuevo tipo de violencia prontamente aceptado por los mozos de Laviana, cuando se coaliguen todos, sin distinguir entre parroquias, en la reconstitución de una identidad amplia, contra los mineros en la reyerta final.

***

Hasta ahora hemos visto la curiosa relación entre identidad, memoria y espacio en la trama pseudo-homérica del sector joven de la población. La comunidad de Entralgo en su conjunto escoge otras directrices espaciales para afirmar su cohesión interna; son las que le propone el eje vertical en el espacio real, con sus caseríos diseminados por el monte y sus aldeas de montaña como Canzana, y en el espacio simbólico-social con la estructuración patriarcal de la sociedad[10]. Y en efecto, los desplazamientos en ese eje, tanto los reales como los simbólicos, producen cohesión: la embajada de mozos que sube a la Braña trata de implicar de nuevo en la batalla al Nolo colérico (56 ss.); cuando éste baja a Canzana y encuentra a Demetria que sube, se despiden y se confirman su amor eterno (247 s.); cuando don Félix sube a las Matas para parlamentar con su primo, tiene por objetivo la paz interior propia y la de la comunidad (204-206); cuando Flora y Demetria ascienden socialmente (303 ss., 318 ss. respectivamente), el efecto es de mayor cohesión de la comunidad que las adora. Las amenazas para el mantenimiento de la unidad interior y la identidad de la comunidad le vienen por vías horizontales de la capital, Oviedo, centro irradiador de la cultura alternativa, de donde provienen las compañías mineras, el ferrocarril, etc.

[10] En realidad, en *La aldea perdida* se pueden identificar hasta cuatro diferentes tipos de propiedad rural, con sus respectivos modelos de relaciones económicas, que a veces incluyen y a veces excluyen al patriarca; cf. García Domínguez (1968: 206 s.).

La visión del patriarca propuesta por el narrador es la de un padre generoso que da sin obtener nada a cambio, protector infatigable y sin ánimo de lucro. En ningún momento se trasluce un conflicto; y cómo podría ser de otro modo, si hasta Regalado, el mayordomo de don Félix, es presentado como si fuera un numen tutelar de los aldeanos: «Regalado, en su cualidad de divinidad campestre, presidió también a esta faena agrícola [la esfoyaza]» (257).

La vida de los campesinos trascurre, según el narrador y el patriarca, en completa armonía con una naturaleza generosa que les pone a disposición los medios necesarios para la subsistencia, casi sin necesidad de trabajar. Su felicidad nace de la alianza entre la naturaleza y el patriarca; si uno de los dos dejara de cumplir su cometido providencial, la comunidad se desmoronaría; es la eventualidad que se representa Robustiana, el ama de llaves, ante la falta de descendientes vivos del capitán (208) y es la que plantea Martinán, el tabernero, cuando prevé la muerte de un aldeano en la mina, la disgregación de su familia y consecuentemente la de la comunidad entera (161).

El patriarca es el contrayente y único oficiante del pacto con la naturaleza dispensador de tanta felicidad. Cuando el pacto peligra el capitán realiza un rito propiciatorio y todo vuelve a su cauce. En los momentos de decaimiento en su fe natural, don Félix acude a Cerezangos, una pradera amena, verdadero ombligo del mundo en que regenera su poder sagrado. En alternativa puede reconstruir sus vínculos telúricos con el rito que devuelve el ritmo mistérico al universo: las tres silenciosas partidas de brisca, reiteradas *ad libitum*, con el párroco de nombre evocador don Prisco.

Las contradicciones de esta visión idealizada se hacen patentes en cuanto el narrador concede la palabra a los propios aldeanos por exigencias realistas[11]. Es entonces cuando descubrimos que los vecinos del capitán no despreciarían una mejora en sus condiciones de vida (116), o al menos un cambio de dieta que les alejara de la borona tan decantada por don

[11] El narrador oculta los motivos del descontento del pueblo llano, porque evidentemente quiere mantener la imagen arcádica de la sociedad patriarcal; es ésta la opinión de García Domínguez (1968: 211-212). Desde mi punto de vista, el narrador-autor no se para a analizar los motivos del descontento porque no pretende ofrecer una crónica realista de la industrialización, sino reconstruir el crisol de su identidad personal.

Félix y su primo —entre los pocos que no la comen, por cierto—; descubrimos también que el patriarca íntegro y desinteresado, que se opone a la destrucción de la Arcadia, ya ha pactado una cesión de tierras en cambio de una jugosa indemnización (116); que de joven ha seducido a las hijas de sus protegidos, valiéndose de su ascendiente social sobre ellas (180), y aún estaría dispuesto a hacerlo «si la ocasión se ofreciese» (169)[12], etc.

El patriarca, en la visión que de él nos da el narrador, no parece ejercer ningún poder; se limita a velar por la felicidad de sus protegidos y su simbiosis perfecta con la naturaleza. No hay pues un poder carismático que ejerza su función reguladora sobre la comunidad; eso fue lo que le permitió al tío Pacho tomar la iniciativa de colonizar las tierras altas, en el límite ya del concejo, y conseguir para su familia la abundancia que no tienen los de Entralgo (64-65). El riesgo que corre es el mismo a que están sometidos los habitantes del *limes*: ha de sufrir las incursiones de los habitantes del espacio exterior, en este caso los pastores de Aller con quienes se las han de ver Nolo, el hijo de Pacho, y sus mirmidones. Nolo se convierte así en el paladín de la identidad del territorio de Entralgo, algo que les suele suceder a los habitantes de la frontera, quienes desarrollan un sentido de la identidad del grupo más fuerte aún que el de los habitantes del centro, debido a su continuo esfuerzo de afirmación de la misma contra las instancias externas que la niegan (Trías 1991: 15-22). En cuanto encarnación del espíritu entralgués, Nolo puede aspirar a la mano de la encarnación de la fuerza generadora de la naturaleza, Demetria, en los nuevos esponsales del hombre y la tierra, de la cultura y la naturaleza.

Tampoco existe en Entralgo el poder estatal, ni bajo su forma burocrática —en el final nos sorprende entrar en tardío conocimiento del alcalde del pueblo (354), de quien no se nos ha hablado hasta entonces, justo en el momento en que renuncia a imponer su autoridad en la reyerta colectiva entre aldeanos y mineros—, ni bajo su forma judicial, y lo demuestra la desconfianza de los aldeanos y del propio Martinán, el damnificado, a

[12] Argumenta Alborg (1999: 327 s.) que la moral sexual de las mozas que se dejaban seducir por don Félix había de ser tan laxa como la de él y concluye que, por consiguiente, no se puede hablar de idealización de los habitantes de la aldea. El salto lógico es a mi modo de ver excesivo, si apunta a negar la evidencia de la idealización de la mayor parte de los personajes de esta novela.

la hora de testificar contra el minero Plutón por su agresión al tabernero (284). No parece pues existir un orden estatal regulador del territorio de Entralgo. La única ley que territorializa el espacio de Entralgo es la ley de la comunidad[13], una ley ancestral, basada en las normas de la cohesión social, en la asociación con las comunidades cercanas y la disociación con las alejadas. La expresión formalizada de esa ley que identifica a la comunidad la ofrecen los ritos sociales, como las romerías, las danzas, la esfoyaza, la fila, la recogida de la manzana, la fabricación de la sidra, etc. Son los momentos en los que cristaliza la identidad comunitaria, una especie de memoria objetiva de la comunidad, de su especificidad respecto a otras y de su historia como sujeto único (Assmann 1997: 26, 30).

La apoteosis de la comunidad como sujeto público, sin cabeza visible reguladora de su existencia, conlleva la anulación de las individualidades y sus espacios. Las acciones de los personajes singulares tienen por objetivo la defensa de la comunidad, como en el caso de las batallas campales de los mozos, o la plena integración del individuo en la comunidad, como en el caso de la huida de Demetria de Oviedo o su rescate de las manos de Plutón, o como en las burlas colectivas en daño de un miembro de la comunidad. Abundan las intervenciones del coro, como voz unitaria del grupo que evalúa el grado de identificación del personaje interlocutor con el grupo mismo; las asambleas públicas en las que se intenta definir una opinión de la comunidad en su conjunto; las acciones colectivas, como romerías, esfoyazas, filas, etc. No existe la dimensión íntima de la persona; lo demuestra el hecho de que no haya espacios reservados para la intimidad —los novios cortejan en la cocina de la casa de la chica, en presencia de los padres de ella—; cuando dos personajes se apartan buscando el secreto, siempre otro les observa y, aún más revelador, ellos se dan cuenta: les sucede por dos veces al capitán y Flora, espiados desde las ventanas de su casa por la *sabia* Rosenda (185-186). La anulación de la intimidad se percibe también en el hecho de que no haya diálogos de amor en toda la novela, pese a que los resortes folletinescos sean fundamentales en la trama; los novios consiguen transmitirse sus sentimientos, caso curioso, hablando de las posesiones de las respectivas familias, las vacas, la cosecha de avellana, la de manzana, etc., es decir,

[13] Para el concepto de territorialización del espacio, vid. Deleuze y Guattari (1984: 201-211).

hablando de la objetivación de su dimensión social, que parece ser la única dimensión que puede entrar en juego, sea cual sea la circunstancia. Curiosamente el único personaje capaz de pronunciar palabras de amor es el que encarna el mal en estado puro: Plutón, que es también el único que consigue preservar un espacio de intimidad en el corazón de la mina donde mantiene secuestrada a Demetria (326).

El espacio cultural de la comunidad de Entralgo sufre la invasión de una nueva cultura, con otros valores, otros intérpretes y otros ritos. El interés económico, la violencia, el alcohol, la suciedad, el ruido, la profanación de la naturaleza, junto con mejores condiciones de vida, son los elementos que terminarán por disolver la identidad del grupo social de Entralgo. A la cultura ancestral, pre-estatal de los aldeanos la sustituye la cultura estatal, capitalista, industrial de los mineros. Para decirlo con palabras de Lévi-Strauss (1964: 254 ss.), una sociedad fría como la aldeana, es decir, una sociedad que no se percibe en evolución, que no se representa a sí misma como sujeto de una historia, que acepta la memoria objetiva de sí que le devuelven los ritos, las danzas, las fiestas, entra en conflicto con una sociedad caliente, que acepta la idea de la evolución de sus formas de vida, que se somete al cambio y que institucionaliza su identidad en el diálogo continuo con el poder centralizado. En Laviana, sociedad fría, regida por ritos ancestrales que escenifican los conflictos espaciales como si de un psicodrama del honor se tratara, una reedición de las luchas homéricas entre el juego infantil y la guerra civil, sociedad con espacios en tensión, con equilibrio espacial regido por esa tensión ancestral, entre arriba y abajo, y entre lo lejano y lo cercano, irrumpe la sociedad caliente, el progreso, el tiempo, e impone la armonización del espacio en un *continuum* sin tensiones internas, para poder asimilar la nueva forma de vida que está por invadir el valle.

El conflicto está personalizado en las figuras antonomásticas de Plutón, el minero —así llamado porque nació en una mina—, y Demetria, zagala-diosa de la naturaleza. Plutón profana la candidez de las mejillas de Demetria, violentamente, con sus negros besos (176); la secuestra en la mina (325) y finalmente la degüella con su navaja (354). En las páginas que siguen analizaremos la dimensión espacial del conflicto entre culturas.

***

Cuando el narrador escenifica la identidad de la comunidad, en la ejecución de uno de sus ritos, o cuando delimita el espacio que ocupa, una figura espacial se repite: la del círculo que tiene por centro un miembro de la comunidad, en relación dialógica, diría, con el espacio circunscrito y los elementos que lo pueblan. En su subida inicial hacia la Braña, los mozos de Entralgo contemplan el paisaje del valle de Laviana, y ven un círculo de cerros que conforma el valle y en su centro el Nalón, que riega las vegas ribereñas (57). Ante la casa del capitán se abre una plaza, en la que los lugareños en corro esperan el comienzo de la lumbrada y, entre tanto, colocan en el centro de su atención a los objetos de sus burlas (70-73). El pórtico de la iglesia de Entralgo alberga una asamblea de notables a la espera de la misa que discute sobre las ventajas de la industrialización (114-118). La iglesia de Entralgo es el centro mismo de un amplio atrio circular por donde se esparcen los feligreses durante la misa al aire libre de la romería del Carmen (125 s.). Los ritos sociales, como la esfoyaza o la fila, se llevan a cabo en un espacio cerrado, con los participantes en círculo y uno de ellos ocupando idealmente el centro, si no incluso realmente, con su parlamento.

A veces, durante uno de estos ritos sociales, o durante una de las asambleas comunitarias en la plaza, uno de los personajes sufre las burlas de la comunidad, por boca de uno de sus miembros; en esos casos, el burlador suele apoyarse en el consenso comunitario para hacer creer al burlado que es en verdad un simple simulacro, como, por ejemplo, el amor pasional de Regalado por la tonta y vanidosa Maripepa (pp. 72-4), el noviazgo entre ella y Bartolo (pp. 258-60), etc. La figura geométrica del círculo de la comunidad, con el capitán en el centro dispensando luz a todos los puntos de la circunferencia, invierte su sentido benéfico en las crueles burlas en daño de uno de sus miembros. Su perfecta geometría se cumple en la danza prima, rito ancestral en que los aldeanos bailan en corro enlazados por las manos, cuya adulteración por las modas solivianta al tío Goro.

La imagen emblemática de la figura geométrica que condensa gráficamente la idea de la comunidad de Entralgo, en los ojos de Palacio Valdés, tal vez sea la de la pradera de Cerezangos, el centro del mundo para don Félix:

> Aquel campo abierto, aquella mancha de un verde claro, contrastando con el más negro de su cinturón selvático, espaciaba la vista y la alegraba. Aquel campo era la finca predilecta del capitán, su regocijo y sus amores. En cuanto ponía los pies en él sentía un extraño fresco en el cuerpo y el alma; se le disipaban inquietudes y penas. No se pasaba día alguno en que no le hiciese su visita. Muchas veces dormía allí su siesta debajo de un tilo, arrullado por el glu glu del riachuelo. Otras veces, cuando el sol trasponía por encima de la colina, solía tenderse de espaldas sobre el césped y pasar largo rato contemplando los abismos azules del cielo. Entonces se acordaba de su joven esposa, de su hijo Gregorio, muerto en la flor de la edad; creía verlos nadar en el éter sonriéndole y algunas lágrimas resbalaban suavemente por sus mejillas (188).

El personal ombligo del mundo del capitán cumple a la perfección con la imagen geométrica del círculo comunitario, con su «cinturón selvático» que lo delimita y el capitán en su centro, y nos ayuda a entender el mecanismo de la construcción de la identidad colectiva, con el ejemplo de los efectos que el ingreso en el prado produce en el personaje, que podemos resumir así: a) anulación del individuo en el ambiente comunitario («sentía un extraño fresco en el cuerpo y el alma»); b) evasión del mundo circunstante («se le disipaban inquietudes y penas»); c) proyección hacia el pasado («se acordaba de su joven esposa, de su hijo Gregorio, muerto en la flor de la edad»); d) comunión con los miembros vivos y los muertos de la comunidad en una sola identidad colectiva («creía verlos nadar en el éter sonriéndole»). Cerezangos se erige en lugar de la memoria de la comunidad de Entralgo, por la persona interpuesta de su cabeza visible; lugar cargado de la memoria del grupo, capaz de comunicar a sus miembros el sentido de la pertenencia y el orgullo de su identidad. Es en cierto modo una *heterotopía*, en el sentido que le da Foucault (1994): un lugar donde los otros lugares están representados, fuera de todos los lugares, aunque se lo pueda localizar espacialmente, que produce una ruptura en el tiempo, al que se accede con una determinada disposición y por el que se adquiere una nueva relación con el espacio circunstante.

El propio autor se incluye en el círculo comunitario, cuando deja que su vivencia personal salga a relucir en la narración, bajo forma de recuerdo infantil. Hay una escena de la «Invocación» inicial especialmente significativa, a mi modo de ver, que podría constituir la almendra de la que surgió esta novela. Es una escena que reproduce de nuevo la figura geométrica de la identidad colectiva por excelencia:

> ¡Bien presente está en mi memoria! Para que pudiese penetrar en el corro alzabais amablemente vuestros brazos. En medio del círculo seguía con los ojos extáticos vuestros acompasados movimientos. Escuchaba vuestros cantos inocentes, que penetraban en mi corazón infantil, inundándolo de una felicidad que nunca más, ¡ay!, he vuelto a sentir (143 s.).

El autor niño ocupa el centro del corro, por gentil concesión de los danzantes, y se deja invadir por sus voces —de nuevo el centro en relación dialéctica con el corro—, experimentando al instante una forma de éxtasis, una «felicidad que nunca más» volverá a sentir. La anulación de la individualidad del autor niño en la comunidad aldeana que ejecuta la danza prima con él como centro podría ser esa escena madre que explica el surgimiento del discurso. Es sin duda una *heterotopía* con los mismos valores y funciones del lugar de la memoria del capitán; con una diferencia: el capitán experimenta la energía regenerativa de su *heterotopía* personal mientras vive los hechos del cambio de cultura en Entralgo; el autor recuerda desde el presente su *heterotopía* del pasado, reconociendo en la persona que era los efectos regenerativos de la misma; en el presente no puede por menos de constatar la ausencia de una *heterotopía* personal con la misma fuerza que la de su infancia. Esta constatación es la que explica el sentido de *La aldea perdida*: la recreación del lugar de la memoria que funda la persona del escritor, con sus dinámicas y sus elementos constitutivos, cuando ya su pérdida es irreparable, no sólo por la distancia temporal, sino también por la transformación cultural que el círculo mágico ha sufrido. Así nos explicamos el recurso continuo a configuraciones espaciales, reales o simbólicas, con la misma matriz geométrica: el círculo de la comunidad, con un miembro en el centro en diálogo con los demás: el mundo entero de Entralgo reconstruido en la novela ha de responder al esquema de conformación de la identidad personal del autor. Volveremos sobre ello. Por de pronto nos interesa confundir el corro y el coro.

Las lecturas clásicas de Palacio Valdés le dejaron en herencia, entre otras cosas, el recurso al coro trágico con varias funciones. En las escenas de burla colectiva, el grupo de aldeanos se comporta como un coro que refuerza la identidad comunitaria al contrastarla con el comportamiento del individuo, mientras le sitúa frente a sus propias responsabilidades. Las burlas siempre tienen por víctima a un culpable de distanciamiento de la media colectiva de comportamiento: el vanaglorioso Bartolo; el *jándalo* Celso, que desprecia la cocina y las costumbres asturianas porque ha vivido una temporada en Andalucía; Maripepa, la presumida coja y fea; Demetria deshonrada por Plutón, según el rumor popular; etc. En estos casos el corro-coro sitúa en su centro a quien pone en peligro la identidad colectiva y evalúa su identidad personal, que nace de su relación con el grupo, le despoja por un momento de ella y le devuelve a su identidad individual, para intentar conseguir su reinserción en la dinámica colectiva. Es éste un coro *afectivo*, que vela por la identidad colectiva, visto con buenos ojos por el narrador; es el mismo tipo de coro el que aprueba la crítica de Goro a la nueva moda en el baile (83), el que manifiesta su complacencia con la decisión del capitán de no abandonarlos por las dulzuras de la vida en la corte (118), aun cuando esté perorando la causa de la conservación, que significa para ellos las mismas privaciones de siempre. Hay otro coro, el de las *sabias* del lugar, que descubre verdades incómodas y vaticina desarrollos futuros de la trama; es un coro *amoral*, que prescinde de las conveniencias y dice las verdades porque es lo que conviene para la narración: primero las *sabias* subrayan el parecido por el origen entre Demetria y Flora (82) y luego vaticinan un porvenir róseo a Flora, tras la muerte de su hermanastra (209 s.), y una vida feliz a Demetria en Oviedo, tras su agnición con la madre verdadera (249). En cualquiera de sus dos funciones, *afectiva* o *amoral*, el coro traza los límites de la identidad colectiva y reparte patentes de pertenencia o exclusión de la comunidad. Es el *limes*, la membrana que relaciona la sociedad con el individuo, el que da identidad personal y no individual. Es el *limes* también en el sentido de que mira hacia fuera, hacia el resto de la sociedad y hacia el futuro, declarando, sin falsos moralismos, lo que ha de venir y suscitando a veces el rechazo de los implicados en el vaticinio, como es el caso de Demetria y Flora en los ejemplos mencionados.

***

La violación del círculo es la última variante que debemos aportar a la figura geométrica que hemos extrapolado de los diferentes episodios analizados. En esta imagen está la clave de la relación entre la cultura aldeana y la cultura industrial. Varios episodios parecen remitir a la imagen del perímetro roto por la invasión de un elemento extraño, que llega a profanar el espacio circular. Demetria y Flora están lavando en el río y charlando de sus intimidades, cuando «suena fuertemente el emparrado de avellanos que las resguardaba. Aparecen de improviso en aquel recinto dos negras y siniestras figuras» (176), Joyana y Plutón, que, tras breve intercambio de palabras, violan su candor facial con besos manchados de hollín subterráneo. La esfoyaza que se celebra en el granero del palacio del capitán es interrumpida violentamente por la explosión de un cartucho de dinamita, colocado por Plutón, que hace saltar la ventana (263). El recinto sagrado de Cerezangos es taladrado furiosamente por la locomotora que transporta a los adalides del progreso (285). Son tres imágenes emblemáticas, que el autor parece haber querido preservar intactas, irradiando su fuerza evocativa al relato; de hecho, no propone una prosecución de los movimientos narrativos que inauguran: Nolo y Jacinto no vengan el agravio de sus novias; los mozos de Entralgo no ajustan las cuentas al terrorista que destruye la armonía colectiva; el capitán no detiene la locomotora a su paso por su ombligo del mundo privado. Cualquiera de las tres reacciones entraba dentro del campo de acción de los personajes implicados. El autor ha preferido que la energía semántica de las imágenes no se disolviera en hechos narrativos consecuenciales, porque en ellas reduce a sinécdoque la profanación de todo el valle:

> El valle de Laviana se transformaba. Bocas de minas que fluían la codiciada hulla manchando de negro los prados vecinos; alambres, terraplenes, vagonetas, lavaderos; el río corriendo agua sucia; los castañares talados; fraguas que vomitaban mucho humo espeso esperando que pronto las sustituirían grandes fábricas, que vomitarían humo más espeso todavía (276).

El resultado es el emblema de la destrucción de la identidad colectiva, cuyo esquema básico puede corresponder a la rotura de la figura geométrica que hemos identificado en varias escenas: la violación del círculo comunitario; el coto de frescura, pureza y felicidad es profanado y destruido para siempre por la cultura del progreso. El círculo mágico se ha deshecho; el corro de la danza prima en cuyo interior el autor niño experimentara una felicidad que nunca más volvería a sentir ha sido roto por el interés, el dinero, la violencia y el progreso. El motor de la identidad personal, el círculo de la comunidad que devuelve al individuo su propia imagen reelaborada por la colectividad, ha dejado de funcionar. «Arcadia ya no existe» y con ella ha desaparecido el manantial de la identidad personal del autor.

***

He sugerido al principio que *La aldea perdida* es la novela regionalista de Palacio Valdés y hemos visto algunas de sus características regionalistas; ahora, después de haber analizado el papel del espacio en el relato, he de decir que las diferencias con el modelo perediano parecen evidentes, sobre todo en un punto: Palacio Valdés no propone su región como crisol de la nueva nación, como hace Pereda en *Peñas arriba*; la vuelta al paraíso perdido de su niñez tiene por objeto la reconstrucción de la raíz de su identidad, la puesta en función de la máquina de la identidad personal.

En este sentido, la lectura que se suele hacer de *La aldea perdida* como novela reaccionaria[14] parece estar fuera de lugar[15]; una parte de la crítica ha señalado las contradicciones en la presentación de la sociedad patriarcal aldeana como un idilio social, posteriormente desmentido por

[14] Para Gómez-Ferrer (1983: 126) el anti-industrialismo de Palacio Valdés es común a muchos escritores de finales del XIX, que aman los valores del pueblo; son liberales, burgueses de origen, pero desconfían tanto de los burgueses como de los proletarios, y se lanzan a un desenfrenado individualismo, que a veces desemboca en el cultivo del regionalismo, como reacción contra las dinámicas nacionales. Palacio Valdés cultiva un «asturianismo costumbrista dulzón» que le impide ver el mundo como es, según dice González Fernández (1987: 434).

[15] Alborg (1999: 316) rechaza también el apelativo y sostiene que *La aldea perdida* no es un tratado de sociología, sino un poema nostálgico. Las dos cosas podrían ser compatibles, en principio. No creo, por otro lado, que se pueda reducir la novela de Palacio Valdés a una simple evocación nostálgica de un mundo que fue y ya no es. Morón Arroyo (1993: 105) también rechaza la etiqueta de novela reaccionaria porque, a su modo de ver, «Palacio Valdés no alaba ni condena, dramatiza la ambigüedad del progreso».

las voces de los aldeanos que desvelan, como vimos en su momento, sus míseras condiciones de vida, el interés económico del capitán en la industrialización y sus pecadillos de juventud[16]. En una óptica realista las críticas a la inconsecuencia del punto de vista del narrador parecen ajustadas a razón y no me parece ilícito utilizar esas incongruencias como indicio revelador de la intención del autor —yo mismo lo haré más abajo—; en lo que discrepo es precisamente en la intención y el género que se le atribuye a *La aldea perdida*. No creo que se pueda considerar una novela reaccionaria, porque no es una novela regionalista, como creo haber argumentado más arriba. A mi modo de ver, tampoco se la puede considerar plenamente realista, pues, como he dicho al principio de esta exposición, utiliza recursos provenientes en su mayoría de la narrativa idealista; coherentemente, he de añadir, con el objetivo que el autor se marca ya desde el subtítulo: «Novela-poema de costumbres campesinas». Lo confirma también la sintaxis narrativa que he pergeñado hace un momento, con episodios que restituyen imágenes fuertes destinadas a quedar sin consecuencias narrativas, peculiaridad que no responde ciertamente a una intención realista. Lo mismo sucede con las contradicciones del relato, como son que al final del mismo el narrador abomine de la violencia de los mineros contraponiéndole la vida anterior a su llegada en aquel «pacífico valle» (353), olvidando las luchas homéricas de los mozos, no muy «pacíficas» que digamos. Asegura el narrador que para la doble boda final «se pescaron salmones y truchas en abundancia» (276); tal vez las truchas se salvaran temporalmente en algún tramo inicial del Nalón, pero se hace difícil de creer que los salmones hayan podido remontar la corriente de carbón líquido que baja hasta el mar para satisfacer el paladar de los comensales. En una novela realista el valle no sería pacífico, los salmones no poblarían aún el Nalón, el patriarca no sería un buen padre protector, las afrentas de Joyana y Plutón a Flora y Demetria no habrían quedado sin venganza, como tampoco el rapto de Demetria, etc. En cambio, en una «novela-poema» todo eso tiene cabida, porque el interés del autor no es ordenar en la sintaxis de un relato los elementos de un mundo existente, sino construir un lugar de la memoria en que su identidad personal pueda encontrar de nuevo los mecanismos

[16] Cf. Botrel 1985; Caudet 1984; Caudet 1993.

de su constitución. En esta novela-poema la materia se impone sobre la forma; el corsé de la sintaxis narrativa no consigue contener la exuberancia de la materia, que rebosa bajo forma de infracciones a la coherencia del mundo representado. En ese sentido, lo que revelan los lapsus narrativos, más que la intención del autor, es su deseo de reapropiarse de un mundo desaparecido, como dice el mismo título de la obra, y recrearlo en las páginas de la novela de la forma más vívida posible. Hay, también aquí, a su modo, un conflicto espacial en el eje vertical, entre el nivel profundo del texto y el nivel superficial; en aquél se contienen las pulsiones primeras que han generado el proyecto; en éste su conformación textual. Los descuidos pueden ser vistos como los puntos en que la pulsión primigenia aflora a la superficie del texto, rompiendo el tejido de funciones de los personajes y la coherencia lógica de la trama. En nuestro caso apuntan en una doble dirección: la Arcadia perdida en toda su prístina pureza y la herida generatriz de su profanación irreversible. Y aquí no estará de más recordar las palabras con las que Palacio Valdés explica la concepción de la novela:

> La aldea perdida, que he titulado novela-poema, es en efecto tanto un poema como una novela... Está empapada toda ella de los recuerdos de mi infancia. Su escenario es la pequeña aldea de las montañas de Asturias donde he nacido y donde se deslizaron muchos días, si no todos los de mi infancia. [...] Después he visto aquel valle natal agudamente conmovido por la invasión minera. Su encanto se había disipado. En vez de los hermosos héroes de mi niñez vi otros hombres enmascarados por el carbón, degradados por el alcohol. La tierra misma había sufrido una profunda degradación. Y huí de aquellos paisajes donde mi corazón sangraba de dolor y me refugié con la imaginación en los dulces recuerdos de mi infancia. De tal estado de ánimo brotó la presente novela (Palacio Valdés 1917: 219).

Palacio Valdés construye un lugar de la memoria con *La aldea perdida*, que no remite a un espacio real, sino al espacio textual: la novela misma. En la invocación final, se dirige a los lugares de su infancia personificándolos y encerrándolos dentro del texto, que es donde han vuelto a vivir:

> Voy a terminar. [...] ¡Oh valle de Laviana! ¡Oh ríos cristalinos! ¡Oh verdes prados y espesos castañares! ¡Cuánto os he amado! Que vuestra brisa perfu-

mada acaricie un instante mi frente, que el eco misterioso de vuestra voz suene todavía en mis oídos, que vuelva a ver ante mis ojos las figuras radiosas de aquellos seres que compartieron las alegrías de mi infancia. Voy a daros el beso de despedida y lanzaros al torbellino del mundo. Una voz secreta me dice que jamás debierais salir del recinto de mi corazón (Palacio Valdés 1993: 349).

El traslado del corazón al libro y, por mediación de éste, al lector podría ser pernicioso para el lugar de la memoria del autor, para su personal *heterotopía*, pero le queda la certeza inicial del buen uso de la lectura en eutrapelia:

Haced, musas celestes, que suene grato [este mi último canto] en el oído de los hombres y que, permitiéndoles olvidar un momento sus cuidados, les ayude a soportar la pesadumbre de la vida (52).

El lector que lee por desembarazarse del tráfago cotidiano, buscando templar las cuerdas de su ser íntimo para seguir en su batalla con la vida, encontrará en esta memoria comunicativa, individual, el eco de una memoria cultural[17] que ha quedado desligada de la historia, pero que en la lectura revive gracias a la apropiación colectiva de ese recuerdo individual, probable modelo de identidad personal en un mundo que ha empezado a reducir las personas a su identidad individual.

BIBLIOGRAFÍA

ALBORG, Juan Luis (1999): *Historia de la literatura española*. Tomo V, III. Madrid: Gredos.

ASSMANN, Jan (1997 [1992]): *La memoria culturale. Scrittura, ricordo e identità politica nelle grandi civiltà antiche*. Torino: Einaudi.

BOTREL, Jean-François (1985): «Paysages et industrialisation: les visions d'Armando Palacio Valdés dans *La Aldea perdida*», en: Claude Dumas (ed.): *L'homme et l'espace dans la littérature, les arts et l'histoire en Espagne et en Amérique Latine au XIX siècle*. Lille: Diffusion P.U.L., pp. 157-169.

[17] Para la oposición 'memoria comunicativa/memoria cultural', vid. Assmann (1997: 24-30).

Caudet, Francisco (1993): «*La aldea perdida* (1903), novela de tesis», en: Brian J. Dendle/Stephen Miller (eds.): *Estudios sobre Armando Palacio Valdés*. Ottawa: Dovehouse Editions Canada, pp. 85-97.

— (1984): «Armando Palacio Valdés: Alcance ideológico de *La aldea perdida*», en: *Diálogos Hispánicos* 4, pp. 109-123.

Deleuze, Gilles/Guattari, Félix (1984 [1972]): *El anti-Edipo*. Barcelona: Paidós.

Foucault, Michel (1994 [1967]): «Des espaces autres», en: Michel Foucault: *Dits et écrits (1954-1988)*. Tomo IV (1980-1988). Paris: Editions Gallimard, pp. 752-762.

García Domínguez, Elías (1968): «La sociedad patriarcal en *La aldea perdida*», en: *Boletín del Instituto de Estudios Asturianos* 22, pp. 201-215.

Gómez-Ferrer, Guadalupe (1983): *Palacio Valdés y el mundo social de la Restauración*. Oviedo: Instituto de Estudios Asturianos (CSIC).

González Fernández, José (1987): «Aspectos regionales en Jovellanos, Palacio Valdés y Clarín», en: *Boletín del Instituto de Estudios Asturianos* 41, pp. 433-461.

Lévi-Strauss, Claude (1964 [1962]): *Il pensiero selvaggio*. Milano: Il Saggiatore.

Morón Arroyo, Ciriaco (1993): «*La aldea perdida* entre el pasado y el presente», en: Brian J. Dendle/Stephen Miller (eds.): *Estudios sobre Armando Palacio Valdés*. Ottawa: Dovehouse Editions Canada, pp. 98-110.

Palacio Valdés, Armando ([13]1993): *La aldea perdida*. Edición de Álvaro Ruiz de la Peña. Madrid: Espasa Calpe.

— (1964): «Testamento literario», en: *Obras completas*. Tomo II. Madrid: Aguilar, pp. 1259-1320.

— (1917): *Páginas escogidas*. Madrid: Biblioteca Calleja.

Pereda, José María (1897): *Discursos leídos ante la Real Academia Española en la recepción pública del Sr. D. José María de Pereda*. Madrid: Viuda de Tello.

Trías, Eugenio (1991): *Lógica del límite*. Barcelona: Destino.

MEMORIA Y ESPACIO EN *EL LABERINTO MÁGICO* DE MAX AUB

Francisco Caudet

El acto de narrar, de manera oral o escrita, experiencias traumáticas es generalmente un antídoto contra la pérdida de la identidad y contra la desintegración de la personalidad. El acto de narrar en tales casos suele funcionar como mecanismo, consciente o las más de las veces inconsciente, de autoafirmación y de recuperación de la autoestima que, sobre todo en situaciones límite —como es el caso de los exiliados—, permite a quienes sufren esa u otras situaciones límite volver a aferrarse al mundo, a la vida. En el prólogo a *Crónica del alba*, de Ramón Sender, se dice que los republicanos que se hallaban al terminar la guerra presos en campos de concentración franceses no paraban de hablar del pasado, y se añade, a continuación, esta apostilla: «La manía de hablar de aquellos tiempos y de aquellas gentes [de España] era una defensa y una fuga» (Sender 1971: 1). Max Aub dejaba escrito, en una nota preliminar a *Diario de Djelfa*, que a los poemas de ese libro, que había ido reuniendo en el campo de concentración de Djelfa, en el Atlas sahariano, les debía «la vida porque al parirlos cobraba fuerza para resistir el día siguiente» (Aub 1998: 21).

La memoria del exiliado gira principalmente en torno a la ausencia —es la parte del castigo más dura, la más difícil de soportar— de los espacios nativos. La memoria de esos espacios, para el exiliado en adelante perdidos —a menudo perdidos para siempre—, se convierte por necesidad en un refugio. O en una defensa. O en una fuga. O en una resistencia. O en todo a la vez... Porque la cuestión es agarrarse a algo inasible, como puede ser la frágil brizna de una sensación o un huidizo recuerdo... Poco importa a lo que uno se agarre. Porque la cuestión es evitar caerse en un pozo sin fondo.

María Zambrano, en un artículo de 1935, «Nostalgia de la tierra», decía:

> Cuando todo ha fallado, cuando todas aquellas realidades firmes que sostenían su vida [la vida del hombre], han sido disueltas en su conciencia, se han convertido en «estados de alma», la nostalgia de la tierra le avisa de que aún existe algo que no se niega a sostenerle (Zambrano 1935: 1).

Pero ese aviso apenas puede servir de breve alivio. Porque los espacios, o los lugares de la memoria para utilizar la acertada formulación de Pierre Nora, remiten, o acaban remitiendo, a un tiempo ya vivido, como individuos y como parte de una colectividad. Inevitablemente, la memoria, que siempre es espacio-temporal, constituye un doble pivote en torno al cual gira el pasado y el hoy, un hoy en el que se tiene que incluir —es otra condición *sine qua non*— un proyecto, individual y colectivo, de futuro. Emilio Lledó concluye en *Memoria de la ética*:

> Todo *ser* es [...] una «realización», un *ens* histórico. Este carácter de *ente* quiere decir que *está siendo*, que su *ser* es un *estar*, y que *estar* no es la estructura ideal sustentada en un posible cielo teórico, inalterable y total. El *estar* no es meramente la indicación topológica que delimita un ente o un objeto en un lugar (*topos*) concreto del espacio, sino en el inestable circuito del tiempo (Lledó 1994: 235).

Pero, en el caso de los exiliados, ¿hasta qué punto son entes históricos? O, si se prefiere, ¿en qué medida lo pueden ser, hallándose fuera de las delimitaciones espacio-temporales señaladas por Emilio Lledó? María Luisa Capella tras recordar estas palabras de Noe Jitrik:

> La pertenencia es la garantía de la legitimidad, lo que permite sentir que se tiene derecho a ser, a estar y a vivir en un lugar, a manipular y a distribuir los códigos [...] Esa articulación entre pertenencia y modificación es lo que hace no sólo que uno quiera estar en un sitio, sino que pueda sentir como natural y obligatorio hacer algo para cambiarlo sin perderlo [...] (Nitrik, en Capella 1995: 61).

comenta que esa «articulación»

> [...] no pudo darse en México ya que al llegar, todos ellos [los exiliados republicanos] tuvieron que firmar la condición expresa de no intervenir en política según el acuerdo del 21 de enero de 1941, en el que se dice que los admitidos en México «serán notificados y advertidos de que en el puerto de entrada deberán dejar constancia escrita del compromiso que contraen, de que no podrán dedicarse a actividades de orden político relacionadas con nuestro país ni el de ellos, so pena de que se les cancele el permiso de residencia» (Capella 1995: 61).

Si como afirma John Berger en *And our faces, my heart, brief as photos* es cierto —y así yo lo creo— que «to emigrate is always to dismantle the center of the world, and so to move into a lost, disoriented one of fragments» (Berger 1984: 57), no ha de ser menos cierto que todo proceso migratorio —y más cuando se trata de un proceso de exilio político— aboca a la reconstrucción de ese mundo —«lost, disoriented»— de fragmentos, que se traduce en diversas maneras de narrar. Me apresto a señalar que entre recordar y narrar es obligado establecer una relación de causa/efecto que tiene por finalidad —es algo también obligado— la búsqueda de sentido y su consiguiente articulación y transmisión. La tendencia natural a buscar sentido, que se consiga o no es una necesidad imperiosa, la señalaba hace unos años Wolf Singer en la revista *Theaterschrift*:

> Das Gehirn versucht, was es wahrnimmt, in ein Ordnungsprinzip zu bringen. Es ist nicht zufrieden damit, etwas als unverständlich anzuerkennen, vor allem dann nicht, wenn es als Kunst daherkommt. Der Rezipient weiß, daß er daraus irgendetwas machen soll. Davon profitiert der Künstler, er spielt mit dem Vorwissen der Rezipienten und dessen Suche nach Sinn und Kohärenz (Singer 1994: 30).

A ese «Ordnungsprinzip», y a esa busca de «Sinn und Kohärenz», prestaba particular atención Aristóteles en este pasaje de *Parva naturalia* donde argumentaba que

> [...] cuando uno quiere hacer un acto de reminiscencia, esto es lo que uno hará: tratar de remontar hasta el movimiento inicial, después del cual vendrá aquél respecto del cual uno tiene necesidad. Por esto, las reminiscencias,

> cuando uno remonta hasta el origen, son muy rápidas y muy útiles, pues, por lo que concierne a su sucesión, las cosas se presentan las unas en relación con las otras de la misma manera que los movimientos correspondientes. Y todo esto que ofrece un cierto orden, como las matemáticas, es fácil de retener, mientras que lo que se encuentra mal hilvanado, resulta difícil de retener (Aristóteles 1993: 74 s.).

Ese orden, que comparaba Aristóteles en *Parva naturalia* con las matemáticas, va unido, pues, a la mencionada premisa de búsqueda y transmisión de sentido. Premisa que necesita, para esa doble función conectar, ensamblar y accionar; construir, en suma, una ilación narrativa. Como dice John Berger, esta vez en *Another way of telling*:

> In life, meaning is not instantaneous. Meaning is discovered in what connects, and cannot exist without development. Without a story, without an unfolding, there is no meaning. Facts, information, do not in themselves constitute meaning (Berger 1995: 89).

Roland Barthes ha insistido también en esa necesitad de transmitir sentido, que lleva implícita su búsqueda. Tal necesidad hace obligado que haya una ilación entre los hechos objeto de la Historia y la narración histórica, que nunca es, no puede nunca ser, los hechos históricos sino su transposición discursiva. Una transposición que siempre es un *Ersatz*, un sucedáneo de lo real. Así pues, para Roland Barthes:

> Dans le discours historique de notre civilisation, le processus de signification vise toujours à «remplir le sens» de l'Histoire: l'historien est celui qui ressemble moins des faits que de signifiants et les relate, c'est-à-dire les organise aux fins d'établir un sens positif et combler le vide de la pure série (Barthes 1982: 19).

Para crear sentido hay que crear, por tanto, una forma o estructura narrativas. Es la función de todo *Ersatz*, de lo literario como *Ersatz*. Lo cual es aplicable a todo discurso narrativo. En «Memory and representation», concluye el filósofo Norman Malcolm que recordar es una forma de pensar, y que en todo pensamiento —lo cual es particularmente aplicable a la literatura de que me ocupo— debe haber algo (una idea, una imagen, una proposición) que es el contenido del pensamiento (Malcolm 1970: 64). Todo contenido tiene, pues, una forma, una estructura. Que es lo que también había avanzado Wittgenstein cuando en uno de los pasajes del *Tractatus logico-philosophicus* decía que una proposición es —Norman Malcom parafrasea a Wittgenstein— «as a picture of reality», y que el hecho de que —sigue diciendo Norman Malcom parafraseando a Wittgenstein— «the picture elements are related in a certain way is the structure of the picture» (Malcolm 1970: 62). Para decirlo con las palabras de Wittgenstein, la proposición 2.15 del *Tractatus* reza (según la traducción de Tierno Galván):

> Que los elementos de la figura estén combinados unos respecto de otros de un modo determinado, representa que las cosas están combinadas también unas respecto de las otras.
> A esta conexión de los elementos de la figura se llama su estructura y a su posibilidad su forma de figuración (Wittgenstein 1973: 45).

No andaba muy alejado Max Aub de las premisas que hasta aquí he ido desgranando, cuando, en una entrevista grabada en la Ciudad de México, los días 22-23 agosto de 1968, entrevista inédita que se puede consultar en la Fundación Max Aub de Segorbe, le decía a su entrevistador acerca de las novelas de *El laberinto mágico*:

> Hay una línea profunda en esa serie que le voy a indicar, porque usted no la va a encontrar, no por su culpa, ni por la mía. Hay una línea horizontal que es el plan del *Laberinto* y luego otra vertical, una línea que encuentra usted desde la primera escena de *Campo cerrado*: es el agua. [...] Hay el agua, la guía moral. De pronto la encontramos en caños, pero siempre hay una línea de agua que sigue dentro de la guerra. Después, no. Se pierde, entra en el desierto y ya no hay agua (Aub 1968).

Daba así Max Aub las claves de la «conexión de los elementos de la figura» y de la «posibilidad de figuración» —proposición 2.15 del *Tractatus*— de la macro estructura narrativa que es *El laberinto mágico*.

La busca y transmisión de sentido a través de cualesquiera estructuras narrativas, lo cual naturalmente no es exclusividad de las novelas de *El laberinto mágico*, conlleva, pues, unos sentidos añadidos, una carga hermenéutica suplementaria. Acaso ello se deba a que toda narración se convierte en una realidad textual que compite por el mero hecho de crear y transmitir sentido con la realidad real. Una dialéctica de espejos, en suma, que, situados, uno frente a otro, se miran y escudriñan. A un lado, la realidad textual; a otro, la realidad real... Pero, claro, lo que hay en el texto es siempre —verdad de Perogrullo— una realidad textual.

De esto que estoy apuntando, da Hayden White esta explicación en la introducción a *Tropics of Discourse*:

> If, as Harold Bloom [in *A Map of Misreading*] has suggested, a trope can be seen as the linguistic equivalent of a psychological mechanism of defense (a defense against literal meaning in discourse, in the way that repression, regression, projection, and so forth are defenses against the apprehension of death in the psyche), it is always not only a deviation *from* possible, proper meaning, but also a deviation *towards* another meaning, conception, or ideal of what is right and proper *and true* «in reality» (White 1992: 2).

El laberinto mágico, como la memoria que le fue suministrando los materiales para su composición, gira en torno a un eje que está fijado en el espacio que se encuentre entre las sierras del interior de la Comunidad Valenciana —Viver de las Aguas— y la parte del mar Mediterráneo que las limita —las costas de Valencia y Alicante. Y el resto de España. Desde el momento de su concepción, la macro estructura narrativa de *El laberinto mágico* se llena de un sentido que el lector, «no va a encontrar —decía Max Aub en la citada entrevista—, no por su culpa, ni por la mía» (Aub 1968). No; no era la culpa de nadie porque si escribir es buscar y transmitir sentido, es también crear sentido.

Max Aub, que sin duda pensaba en sí mismo, pues de niño empezó a veranear en Viver de las Aguas, dice de Rafael López Serrador en *Campo cerrado*:

> En lo más remoto de su memoria Rafael López Serrador no halla un recuerdo más viejo; de su niñez es ésa la imagen más cana: el momento en el cual, por las fiestas de septiembre, van a soltar el toro de fuego; eso, y el ruido del agua viva por la tierra: fuentes, manantiales, acequias (Aub 1978a: 16).

En *Campo abierto* aparecen otras alusiones a Viver y al agua. Así, en este paisaje: «Almorzaron en Viver. Manuel Rivelles entró en casa de Rafael Serrador. Atrás corría el agua platera» (Aub 1978b: 66). Y otra vez, también en *Campo abierto*, una nueva mención: «Se metieron por un camino estrecho, bordeado por acequias. Corría el agua con su glú-glú apaciguador» (217).

En *Campo de sangre* aparece la mención a Viver —y se da por sentado que al agua también— precedida de una extensa introducción, que reproduzco parcialmente:

> De la oscuridad iban las cosas tomando cuerpo, como si sorbieran la noche que las rodeaba. Arrecia el frío con la penumbra. El día llegaba sin avisar, sin dar cuenta.[...] Por el perfil levantino del horizonte surge un fulgor bayo como gargantilla del oscurísimo añil de los montes. Por la quebrada nace, por crisopeya, un nuevo tinte para el caparazón. Sin remedio las estrellas dan las boqueadas. Por sobre el amarillo se sonroja delgadamente el horizonte y el cielo bajo se cubre de un rubor subido, del balaje al rubicela. Ya se clareaban las cosas. Todo era puro. Ni un adarme de polvo por el aire nuevo. En un recodo se atalayó un pueblo dormido en el hondón verdinegro. El chófer, que no había abierto boca en todo el camino, rompió a decir: —Viver (Aub 1979: 306 s.).

Max Aub vuelve imaginariamente a esos paisajes del interior porque son los espacios de su infancia y porque descubre en ellos una metáfora de la derrota de los ideales —suyos y de los demás republicanos—, una metáfora de sus sueños vencidos, de él y de todos republicanos.

En *El laberinto mágico* los espacios de la memoria, como el referente histórico en que se desarrolla este ciclo de novelas, son identificables, reales. Y más aún: sobre esos espacios y su tiempo, que tiene al igual que el espacio los límites acotados por la memoria de unas expectativas frustradas, se levanta el armazón de cada una de las novelas del ciclo, contribuyendo a crear entre ellas una tupida red de conexiones y de complicidades, y de sentido, de sentido creado y transmitido que cada novela va añadiendo a las que les preceden y les siguen, como si se estableciera entre sí una suerte de sintaxis.

Además, el referente espacio-temporal, referente acotado, determina los cauces por los que se enlazan y entrelazan las urdimbres de las novelas de *El laberinto mágico*, que están siempre marcadas por ese determinismo espacio-temporal y los determinados del azar y de la necesidad. De un lado, el azar suele estar limitado, y hasta condicionado, por la necesidad; y de otro, el referente espacio-temporal de los seis *Campos* de *El laberinto mágico* determina, junto con esos condicionantes, todo el sentido que contiene el conjunto de las seis novelas —la superestructura— del ciclo.

En cuanto al factor necesidad, hay que insistir en que en las seis novelas de *El laberinto mágico* ese factor determina que las seis novelas se deslicen por el cauce de un tiempo histórico acotado, un cauce temporal que tiene un doble punto de inflexión: julio de 1936 y marzo de 1939, y una geografía asimismo acotada, la del espacio de ese tiempo: España 1936-1939.

En las dos últimas escenas de *Campo abierto*, que se desarrollan en Madrid en noviembre de 1936, el narrador presenta la incontenible emoción de Julián Templado al oír los cánticos de los contingentes de las Brigadas Internacionales que llegaban en esos momentos a la llamada por Rafael Alberti «Capital de la Gloria». El narrador describe con estas palabras, en *Campo abierto*, el estado de ánimo de Templado:

> Siente que todo su ser le grita que vamos a ganar. ¡A ganar! Porque el mundo entero se ha dado cuenta de la justicia de nuestra causa. De la suya, de la que lleva en las entrañas y ahora sale por los ojos. La España liberal y trabajadora... Y el puente, y el río, y el campo morado del atardecer, y la carretera son el paisaje más hermoso del mundo (Aub 1978b: 440).

Mientras, Vicente Dalmases se encontraba recostado —así termina *Campo abierto*— en un terraplén de la vía, dormida a su lado Asunción Meliá, su gran amor. En esos momentos, a Vicente

> [...] las ideas se le van al hilo de las palabras que la vía férrea le proporciona, en todas oye el retumbar de segundas intenciones que la muerte frontera le descubre: traviesa, paso, aguja, rueda, eje, vía muerta, transbordo, empalme, entronque, viaje, vía muerta, entroncar, cambiar. Estas vías, que llegan al mar. Cádiz —en poder de los rebeldes. Pero también a Cartagena, a Valencia (Aub 1978b: 440 s.).

No puede ser mayor, y más trágico, el contraste con el comienzo de *Campo de los almendros*. Al comienzo de este *Campo* huye Vicente de Madrid, después de los enfrentamientos armados del 5 al 12 de marzo entre casadistas y comunistas. Leopoldo López Garrido, fiscal de la República, en unas notas sobre los últimos días de la Segunda República, documento que se conserva en la Fundación Pablo Iglesias, deja este testimonio:

> Sangrientas jornadas en Madrid. Fuerzas del Ejército de la República se niegan a reconocer el Consejo Nacional de Defensa. Éste, con las que le son leales, sofoca a los sedicentes rebeldes; cinco o seis días de combates en las calles, ministerios y centros políticos y obreros de Madrid; millares de muertos y heridos y desaparición como entidad organizada capaz de empresas heroicas del Ejército del Centro. Mutuamente, las fuerzas de la República y del coronel Casado ordenan el fusilamiento de los mejores jefes de ambos bandos (el comandante Barceló, entre ellos) cubiertos tantas veces de gloria en la defensa de Madrid. La catástrofe, en suma, total y sin remedio (López Garrido 1939).

Las esperanzas de Templado y de Vicente habían sido destruidas por unos acontecimientos históricos que señalaban un derrotero igual pero distinto al entrevisto en aquellas vías que llegaban al mar, bien fuera el de Cádiz o el de Valencia. Igual porque Vicente se dirige en *Campo de los almendros*, como aquellas vías de *Campo abierto*, a Valencia; distinto, porque no es un trayecto trazado por la victoria, como se esperaba y lo exigía la justicia, sino por la derrota. El azar, la parte más propiamente novelesca de los *Campos*, hace que Vicente y Asunción se conozcan y se amen; la Historia pone barreras a los sueños de Templado y de Vicente, y a la vez los pone a la novela. Los pone a la novela porque el dictado de la Historia fuerza al narrador a terminar contando el reverso de los sueños de sus personajes de ficción. Unos sueños que apenas se diferencian de los que tenían muchos personajes históricos.

¿Historia, novela...? Esas fronteras se difuminan hasta confundirse y ser la misma argamasa en las novelas de *El laberinto mágico*. Por ello la idea de ciclo novelesco es inseparable de la idea de causalidad histórica, una idea que está a la vez estrechamente relacionada con la lógica discursiva que en el ciclo del *Laberinto* impregna tanto al discurso histórico como al novelesco. Esa lógica hace que el novelista establezca, como es propio de un historiador, dependencias entre todas y cada una de las partes que constituyen sus relatos. Así, las seis novelas de *El laberinto mágico* son como seis partes de una extensa Historia de la Guerra Civil española. Lo cual explica, entre otras cosas, que haya tan tupidos lazos entre las seis novelas —seis partes— de esa Historia.

Campo abierto, que termina en noviembre de 1936, narra la épica de la resistencia de Madrid; *Campo del Moro*, que narra esa resistencia y la traición de una parte de los resistentes, termina el 13 de marzo de 1939 y abre paso a *Campo de sangre*, una narración anti-épica que termina en los días 18 y 19 de marzo de 1939. *Campo de los almendros* empieza donde termina *Campo de sangre*. Las vías del tren conducen, como en *Campo abierto*, a Valencia, y al mar —dejo a Cádiz de lado—, pero no a la Valencia y al mar imaginados por Vicente, sino a una Valencia y a un mar muy distintos. Y lo son porque ese viaje, que hace Vicente para reencontrarse con Asunción, lleva a lo largo de su recorrido el trazo/estigma de la derrota.

Narrar esa torcedura, lo que conlleva dar testimonio de los sueños y dar, a la vez, una explicación del derrotero que aguardaba a esos sueños, ¿implica que no hubiera o no pudieran haber otras alternativas? Narrativamente, no. Porque las novelas de *El laberinto mágico* narran unos hechos históricos. Y si narrar hechos de esa naturaleza es narrar un tiempo y también un espacio concretos y objetivables, reales, a los que se les confiere una función simbólica, desentrañar el sentido de esa función es desentrañar el sentido de los hechos. Y ese proceso de relatar/desentrañar hechos lleva en sí ver lo que hay y lo que debió haber, pero no hubo, no pudo haber, en la realidad.

Hay, pues, que seguir los avatares de la Historia y su geografía para seguir el tiempo y el espacio de las expectativas fallidas. Que es lo que hace Max Aub en sus *Campos* y, en particular, en *Campo de los almendros*. Y lo hace porque sin geografía no hay Historia, ni novela. Así es porque no hay tiempo sin espacio. O viceversa.

Vicente, que al final de *Campo de sangre* se había citado en Alicante con Asunción, emprende, a mediados de marzo de 1939, un azaroso viaje de Madrid a Valencia. Tarancón y Requena, pasos obligados que, en noviembre de 1936, habían sido transitados por el Gobierno republicano, convirtiendo a Valencia en la capital de la República, en esos momentos se encontraban en manos de tropas anarquistas y casadistas que impedían o dificultaban el tránsito a los soldados que eran, como Vicente, comunistas.

La huida de un espacio, Madrid, a otro espacio, Valencia, se repetía de una manera degradada. O si se prefiere: como una farsa; o como un esperpento. Tras alcanzar con no pocas dificultades Requena y Chiva, Vicente se desvía hacia Bétera y Náquera, donde, a unos pocos kilómetros de Valencia, se hallaba el Comisariado del Ejército de Levante, dominado por el Partido Comunista.

El 21 de marzo logra Vicente llegar a Náquera. La Naturaleza se le presenta superior a la Historia. Bálsamo para las heridas históricas es, descubre para sorpresa suya, el olor que le sale al encuentro

> [...] a tomillo, romero, mejorana, cantueso; olor de laderas. Luego, pinos —cuya emanación se mezcla con la de las matas. [...] A lo lejos, algunos naranjos sienten asomarse sus primeros botones de azahar; los algarrobos y sobre todo las higueras se preparan para dar lo suyo como en ninguna parte. Ya hay flores que crecen —en marzo— en lo inculto: campanillas rayadas, malvavisco, jaras [...] La tierra, cuando se la abre, es roja [...] (Aub 2000: 197 s.).

Lo que experimenta Vicente lo experimenta a través de la memoria del narrador, del recuerdo que éste guarda del paisaje perdido. Un paisaje que ha perdido porque la Historia le había derrotado y desterrado.

Pero esa memoria, toda la poesía que rezuma la visión de ese paisaje, la erige el narrador, como los ideales por los que luchó su personaje o el amor de éste por Asunción, contra las injusticias de la Historia. ¿Un duelo de titanes con seguro perdedor? Porque, a la postre, ¿qué puede la palabra contra la Historia, contra lo que es de la manera que es? Acaso la respuesta a estos interrogantes, o una de las muchas respuestas posibles, esté en que se escribe sobre el pasado desde el presente y para el futuro, no para rectificar con la palabra el pasado sino para con el conocimiento por la palabra del pasado enderezar el curso del futuro.

El narrador y sus personajes vuelven a recorrer el pasado, porque necesitan recuperar la inocencia de la Naturaleza frente a las perversiones de la Historia. Por eso, la pluma de Max Aub, del escritor exiliado que es, vuelve a visitar el tiempo y los espacios del ayer.

Pero ya todo es sólo memoria, una memoria que viaja por espacios vedados, por espacios que se hallan en una geografía de un tiempo pasado que únicamente puede visitar —como ocurre con el tiempo pretérito— la memoria.

Así, en los *Campos*, la ciudad ha sido convertida por la Historia, como le ha acabado ocurriendo a la Naturaleza, en un espacio real-imaginario que a través de la palabra da testimonio de las convulsiones y desequilibrios de la Historia.

De ello Valencia es un ejemplo que en *Campo de los almendros* alcanza un rango paradigmático.

En el proceso de reestructuración de Valencia, que se remontaba al siglo XIX, a los tiempos de la desamortización de los bienes eclesiásticos, la ciudad había conseguido progresivamente la secularización y dominio público de numerosos espacios. En 1839, el convento del Carmen había sido convertido en museo y, en 1848, se llevó a ese magnífico edificio la Academia de San Carlos. Terminada la guerra, sus cuadros y esculturas fueron trasladados al Colegio Seminario Pío V, otro edificio desamortizado. Por la misma época que el Carmen, el convento e iglesia de Nuestra Señora del Temple se habilitó como sede del Gobierno Civil. El convento de Santo Domingo se dividió en iglesia y cuartel militar; y al lado, en la misma plaza de Tetuán, se instaló, en otro edificio desamortizado, Capitanía General. En el Palacio de Cerbellón, otro edificio también desamortizado, que está situado frente al convento de Santo Domingo, se encuentra una mesa acristalada donde Fernando VII abrogó la Constitución de 1812 y María Cristina firmó la abdicación a la Regencia.

En un espacio de una extraordinaria riqueza arquitectónica, espacio comprendido entre las Torres de Serranos y el Puente del Mar, y las plazas de San Agustín y de Tetuán, se había instalado la Administración política, militar y cultural del nuevo Estado republicano. Ese patrimonio arquitectónico se hallaba a su vez rodeado de unos espacios públicos: la Glorieta y la Alameda.

La armonía entre esos espacios desamortizados y los espacios públicos era completa porque unos y otros se habían, gracias a la República, democratizado. Esa armonía, que había empezado a resquebrajar el alzamiento militar, quedaría definitivamente quebrada con la derrota, a finales de marzo de 1939, de la República. Esa armonía perdida explica, y justifica, que esos espacios tengan tanto protagonismo en *Campo de los almendros*. El narrador los rememora —insisto— por su valor arquitectónico. Pero lo hace sobre todo por lo que esos espacios simbolizaban. Esa armonía, y lo que simbolizaba, el tema central de *Campo de los almendros*, se había empezado a romper a mediados de marzo de 1939 y en pocos días se haría añicos.

Lo presiente Asunción Meliá en la plaza de San Agustín, sin luces, la gente deambulando intranquila, con miedo... Siente, de repente, la necesidad —una renuncia a seguir en pie, a resistir— de «reunirse con Vicente, y olvidar» (136). Pero la naturaleza que le rodea tiene en ella los mismos efectos que en Vicente:

> Luego —al divisar los árboles— se da cuenta de que dentro de nada empezará la primavera, de que en los dos años anteriores —¿o ya eran tres?— no se había fijado en el mudar de las estaciones [...]. No le había importado el mundo sino su organización (Aub 2000: 136).

Presiente lo mismo que Asunción la fachada filipesca del convento de Santo Domingo, el dorado «reflejo del cielo y su piedra carcavada» (151), o su «enorme pared de cantería carcomida [...]» (150). Hoy no está carcomida su cantería pero sigue produciendo una fuerte impresión, sobre todo cuando se piensa que ha sido testigo de unas páginas tremebundas de la historia de Valencia y de España.

También comparten el mismo presentimiento de Asunción «las inmóviles magnolias de la Glorieta», mientras recogían las últimas luces del día «en sus hojas charoladas» (151). Algunas partes de Valencia y algunos de sus alrededores inspiran a Max Aub numerosos pasajes, como los que dedica a las inmóviles magnolias de la Glorieta, o los que dedica a la pinada de Serra y a sus tierras rojas, o al bosque de pinos de Portaceli, o a las colinas verdes de Espeluy, pasajes todos que evocan una entre contenida y desbordante intensidad lírica. Sin duda porque es el paisaje de la primera juventud, un paisaje que acompaña a la edad de las ilusiones aún no perdidas. La tragedia del desterrado es que necesita regresar a unos espacios que le han sido prohibidos y desea regresar, a la vez, a un tiempo pasado al que nadie puede volver. Un deseo que acentúa el que Max Aub, según me comentó en una ocasión su hija Elena, había sido feliz en Valencia.

¿Cómo se puso fin a esa armonía espacio-temporal, a ese tiempo feliz? Max Aub no lanza acusaciones en una sola dirección porque también desde sectores del republicanismo se había contribuido a impedir la construcción de ese mundo que, como toda utopía, era en parte real y en parte soñado. Pero posible. Posible porque estaba en proceso de construcción.

Un proceso que detuvo la dictadura y al detener ese proceso lanzó al narrador al exilio, a la memoria —o lo que es lo mismo, a la escritura— de unos espacios y un tiempo perdidos.

BIBLIOGRAFÍA

ARISTÓTELES (1993): *Parva naturalia*. Madrid: Alianza.

AUB, Max (2000): *Campo de los almendros*. Edición de Francisco Caudet. Madrid: Castalia.

— (1998): *Diario de Djelfa*. Edición de Xelo Candel Vila. Valencia: Edicions de la Guerra/Café Malvarrosa.

— (1979): *Campo de sangre*. Madrid: Alfaguara.

— (1978a): *Campo cerrado*. Madrid: Alfaguara.

— (1978b): *Campo abierto*. Madrid: Alfaguara.

— (1968): Entrevista grabada en la Ciudad de México, 22-23 de agosto de 1968. Fundación Max Aub de Segorbe, Caja 13/19.

BARTHES, Roland (1982): «Le discours de l'histoire», en: *Poétique* 49, pp. 13-21.

BERGER, John (1984): *And our faces, my heart, brief as photos*. London: Writers & Readers.

BERGER, John (1995): *Another way of telling*. New York: Vintage Books.

CAPELLA, María Luisa (1995): «Identidad y arraigo de los exiliados españoles. (Un ejemplo: Mujeres valencianas exiliadas)», en: A. Girona/Mª F. Mancebo (eds.): *El exilio valenciano en América. Obra y memoria*. Valencia: Instituto de Cultura Juan Gil/Albert-Universitat de València, pp.59-68.

LLEDÓ, Emilio (1994): *Memoria de la ética*. Madrid: Taurus.

LÓPEZ GARRIDO, Leopoldo (1939): *Fiscal de la República. Informe*. Madrid: Fundación Pablo Iglesias.

MALCOLM, Norman (1970): «Memory and representation», en: *Noûs* 4 / 1, pp. 59-70.

SENDER, Ramón J. (1971): *Crónica del alba*. Madrid: Alianza.

SINGER, Wolf (1994): «Keine Wahrnehmung ohne Gedächtnis», en: *Theaterschrift* 8, pp. 20-40.

WHITE, Hayden (1992): *Tropics of Discourse*. Baltimore: The Johns Hopkins University Press.

WITTGENSTEIN, Ludwig (1973): *Tractatus logico-philosophicus*. Traducción y edición de E. Tierno Galván. Madrid: Alianza Universidad.

ZAMBRANO, María (1935): «Nostalgia de la tierra», en: *Tiempo Presente* 1, pp. 1-5.

LA MEMORIA ANTI-ÉPICA EN LAS NOVELAS DE JULIO LLAMAZARES

Gerhard Penzkofer

Julio Llamazares es conocido como narrador y cronista de Asturias y Cantabria. Sus novelas relatan historias desconocidas u olvidadas del norte de España. Como autor regionalista es Llamazares un autor del espacio. Describe paisajes y entornos culturales identificables geográfica e históricamente. Al mismo tiempo, Llamazares es un narrador del recordar, ya que escribe con la intención de salvaguardar del olvido los espacios descritos en sus relatos y la historia de estos espacios. Mi argumentación se basa en estas conexiones entre el espacio y el recuerdo. Mi principal argumento es el siguiente: las novelas de Llamazares experimentan con modelos poco ortodoxos de la memoria narrativa y de la construcción de espacios del recuerdo. Son poco ortodoxos porque se dirigen contra formas de la memoria cultural establecidas, en parte desacreditadas durante el franquismo[1]. Entre estas formas tradicionales del recuerdo literario se encuentra la narración épica. La epopeya conserva el recuerdo de grandes héroes y sus méritos para afirmar el orden cultural y, en la mayoría de las ocasiones, la superioridad de una comunidad narrativa. La memoria épica se basa en recuerdos «calientes», cuya función principal es «fundacional» (Assmann 1992: 79)[2]: pone aconteci-

[1] En cuanto a la conexión entre franquismo, falange y memoria compárese con Caridad Ravenet Kenna (1997).

[2] La alternativa de la función «fundadora» del recuerdo es, según Assmann, la «contrapreséntica», que expresa una ruptura entre el presente y el pasado. La oposición entre

mientos del presente en relación con una historia que les otorga sentido, designio divino, necesidad e invariabilidad. Así, la memoria épica representa una pretensión de poder y de orden para clasificar y jerarquizar realidades sociales[3]. Aquí se impone el peso del espacio. La memoria está, generalmente, sujeta a espacios concretos, porque los espacios desvinculan la memoria del tiempo, porque materializan las huellas del pasado y porque representan la pretensión épica de poder de manera simbólica (Assmann 1992: 38 s.). Una característica de la memoria épica es, por lo tanto, la mitificación (Roncesvalles, Covadonga) o la monumentalización (Valle de los Caídos) de espacios del recuerdo. Éste es el horizonte del que Llamazares se distancia, ejerciendo una fuerza subversiva sobre la coalición que hay entre el recuerdo, el espacio y el poder. Destroza espacios del recuerdo y borra discursos del recuerdo siempre que valgan para apropiarse del mundo de forma autoritaria y dogmática. Al mismo tiempo, experimenta con las posibilidades literarias de crear un recuerdo alternativo, no dogmático y no épico. Lo fascinante de Llamazares y su importancia para la literatura de la Transición está en su alegato en favor de un recuerdo totalmente no dogmático. Es precisamente esta idea la que quiero desarrollar en *Luna de lobos* (1985), *La lluvia amarilla* (2002) y *Escenas de cine mudo* (1994)[4].

I. El contradiscurso lírico: *Luna de lobos*

La primera novela de Julio Llamazares, *Luna de lobos*, describe episodios del fin de la Guerra Civil española, desde la derrota del frente republicano en Asturias en 1937 hasta la estabilización del régimen franquista en el año 1946. La obra narra en cuatro partes, divididas a su vez en cuatro capítulos, acontecimientos olvidados o reprimidos que marcan

fenómenos culturales «calientes» y «fríos» forma parte de la terminología de Claude Lévi-Strauss (1962: 309), que diferencia en *La pensée sauvage* entre sociedades «frías» y «calientes».

[3] En cuanto a la alianza entre dominio y memoria compárese Assmann (1992: 70-73).

[4] Cito de Julio Llamazares: *Luna de lobos*. Barcelona: Seix Barral 1994. *La lluvia amarilla*. Barcelona: Seix Barral 2002. *Escenas* de *cine mudo*. Barcelona: Seix Barral 2000.

el proceso de supervivencia y muerte de un grupo de soldados republicanos dados a la fuga en las montañas cantábricas. La primera parte de la novela se desarrolla en 1937. Relata cómo Ángel, el narrador en primera persona, y sus compañeros Gildo, Ramiro y el hermano menor de éste, Juan, pasan la frontera entre Asturias y Cantabria, cruzando las montañas y huyendo de las tropas franquistas. Su destino son sus pueblos de origen, sus familias, esposas, prometidas, el retorno imposible a una vida cotidiana cerrada a ellos para siempre. El enemigo descubre, por casualidad, su escondrijo en una mina abandonada, por lo que se retiran a una cueva donde viven como fugitivos de la ley con el apoyo de unas familias cuyos miembros arriesgan la vida, ya que son vigiladas, maltratadas y torturadas por los soldados de Franco. Durante una visita clandestina al valle traicionan y asesinan a Juan.

La segunda parte de la novela tiene lugar en 1939. El grupo de Ángel sigue viviendo en las montañas, es aún lo suficientemente fuerte como para poner de manifiesto su presencia, con acciones espectaculares aunque sin esperanza, contra los representantes del poder dictatorial. Para financiar su huida a Francia, el grupo secuestra al dueño de la mina local, pero la entrega del rescate fracasa en medio de un intenso tiroteo, ya que las fuerzas armadas habían sido alertadas. Muere Gildo, mientras que los otros dos logran escapar a las montañas. La tercera parte de la novela presenta a los protagonistas en el año 1943, es decir, cuatro años más tarde. Aumenta la presión ejercida por los soldados, ya que rastrean sistemáticamente las montañas. Cuando Ángel y Ramiro planean una reunión en la cabaña de un pastor amigo con «El Francés», que organiza la resistencia contra Franco, los soldados rodean la granja, pero los fugitivos consiguen escapar. Luego Ángel se convierte en testigo de la muerte de su compañero y de la novia de él, Tina, cuando los militares prenden fuego a su escondrijo. La última parte muestra a Ángel en el año 1946. Vive y se embrutece en la soledad de las montañas, como un lobo. Después del descubrimiento y la destrucción de su cueva, su hermana lo esconde debajo de las tablas del suelo de la cuadra de las cabras, hasta que ella le suplica, entre lágrimas, que abandone la casa. En el último capítulo vemos a Ángel en un tren rumbo al exilio en Francia: un final abierto.

El breve resumen acentúa características importantes de la novela: la alta concentración de acontecimientos, la importancia de las clasificaciones espaciales y, no menos importante, la modelación del proceso narrativo que toma partido por los héroes en la lucha perdida contra Franco. Al principio, estos rasgos indican que la novela se acerca a formas épicas del recuerdo, sobre todo, a la valoración épica del mundo narrado y a la heroización de la acción narrada. Los protagonistas de Llamazares son heroicos, ya que la constelación de pérdida, fracaso y muerte de la que son víctimas, hace resaltar la superioridad de sus valores éticos. Como ya se leyera en la *Canción de Roland*, la fuerza moral de las figuras hace frente a su exterminio físico. El prólogo de la novela apoya tal interpretación, realzando el sacrificio heroico de los guerreros: «Muchos de ellos quedarían para siempre, abatidos por las balas, en cualquier lugar de aquellas en otro tiempo pacíficas montañas. Otros, los menos, conseguirían tras múltiples penalidades alcanzar la frontera y el exilio. Pero todos, sin excepción, dejaron en el empeño los mejores años de sus vidas y una estela imborrable y legendaria en la memoria popular» (7). La crítica también interpreta la novela tratándola como literatura heroica, viendo en ella una contribución a la memoria colectiva[5]. Realmente la situación es más complicada, sobre todo, debido a la compleja semántica de los espacios descritos y a las modalidades de la mediación narrativa. Ambas cuestionan los rasgos épicos de la novela. El efecto y el mensaje de *Luna de lobos* se basan, en su mayor parte, en esta contradicción. A continuación me referiré (a) a la pérdida del espacio de los héroes, (b) a la narración pseudo-performativa y (c) a la transformación lírica del texto.

(a) La pérdida del espacio

Luna de lobos se niega a la mitificación y a la monumentalización de lugares del recuerdo. Ya lo indica la complicada semantización del paisaje montañoso[6]. A la frontera que divide el espacio narrado, consecuentemente, entre arriba y abajo, montañas y valles, se le asignan significados contradictorios. El valle es el espacio de la familia, de la cercanía,

[5] Éste es, sobre todo, el argumento principal de las dos contribuciones de Inge Beisel (1995a; 1995b). Compárese con José María Izquierdo (1995) y Katrin Hirche (1995). La relación con Foucault, establecida por Hirche, me parece tan poco convincente como la desarrollada en Susan L. Martin-Márquez (1995).

[6] En cuanto a la semántica y la organización espacial y la importancia de fronteras compárese Jo Labanyi (1994) y Catherine Orsini-Saillet (1998). La base de mis propias reflexiones es la teoría de Jurij Lotman (1973: 315-367).

del calor, de la humanidad que los fugitivos de la ley necesitan para sobrevivir. Al mismo tiempo es un espacio usurpado por los soldados franquistas, es el espacio de la injusticia, del poder y de la muerte violenta.

En cambio, las montañas representan para los héroes un espacio de libertad, de justicia, de fracaso del poder, pero también son un espacio letal, donde sólo pueden sobrevivir si se convierten en animales salvajes[7]. Ya al inicio de la historia María le dice a Ángel que él huele como un lobo: «—Hueles a monte —me dice—. Hueles como los lobos. —¿Y qué soy?» (57). De hecho los animales domésticos sienten pánico por la cercanía del héroe, porque perciben al lobo (125). El hecho de que Ángel se sienta totalmente como un hombre lobo (129, 139) indica claramente que a ambos lados de la frontera hay espacios de muerte, de inhumanidad, de bestialidad. Esto no suspende la clasificación épica de buenos y malos, pero sí le añade un acento inquietante. El fin de la novela se presenta totalmente exento de rasgos épicos, ya que el espacio de los héroes ha sido completamente destruido. Otra vez es el lobo el que aporta la imagen determinante. En un momento en el que todos los protagonistas aún están vivos, Ramiro recuerda las cacerías en las que fuerzan al lobo a entrar en la garganta de una montaña para caer en una trampa. Los hombres, mujeres y niños sacan vivo al lobo del agujero y lo exponen a la gente de los pueblos para poderle insultar y escupir. Luego lo matan. «El lobo huye, asustado, hacia adelante y cae en la trampa. Le cogen vivo y, durante varios días, le llevan por los pueblos para que la gente le insulte y le escupa antes de matarle» (112). La caza del lobo es una *mise en abyme* de la historia. Como el lobo, los héroes, con la excepción de Ángel, se encaminan miserablemente a su perdición en las trampas puestas para ellos. Otra razón para calificar la historia del lobo cazado como *mise en abyme* es cómo se ordena el mundo relatado, exterminando el espacio. Tal y como el espacio vital del lobo se va limitando, no sólo disminuye el número de protagonistas a medida que la novela avanza, sino también su espacio para moverse[8]. Los protagonistas actúan en la vasta extensión de las montañas asturianas y cántabras, después se refugian en una mina y, más adelante, en una cueva, mientras que los valles y las

[7] En cuanto a la importancia del tema «hombre lobo», compárense los comentarios de Llamazares (1985) y Turpin (1998: 112).

[8] Turpin (1998: 110).

cumbres de los alrededores caen bajo el dominio de los soldados franquistas. Al final, Ángel, el yo-narrador, vegeta en un cubículo, escondido bajo el suelo de un sucio establo de cabras. Así, son negadas las posibilidades de glorificar el repugnante lugar de manera heroica. Nadie se quiere acordar de él. Sin embargo, el héroe también tiene que salir de su agujero, de debajo del establo de las cabras. El espacio de los protagonistas se convierte en cuevas y agujeros para, finalmente, perderse. En lugar de la mitificación y la monumentalización épica de los espacios se produce lo contrario. Al principio, la novela señala la ambigüedad de clasificaciones de los valores heroicos. Luego expulsa a los héroes y borra toda huella de un posible recuerdo.

(b) La narración pseudo-performativa

La memoria épica se adueña de un pasado necesario, inalterable, previsto por Dios, para, al tiempo, erradicarlo del espacio y poder clasificarlo, jerarquizarlo y calificarlo. En *Luna de lobos* es muy distinto. En el primer capítulo de la novela la narración se dirige, tras una descripción breve de la naturaleza, a los protagonistas de la acción (11). Ramiro está sentado delante de la puerta de la cabaña en la que están escondidos los refugiados. Aprieta el cigarro que el narrador acaba de liarle. Luego «contempla absorto la riada de piedras», mientras que el narrador observa la silueta de Ramiro («su silueta se recorta en la abertura de la puerta»). Una disputa breve, una mirada a la esquina del chozo donde el narrador y sus compañeros están tumbados delante del fuego. Ramiro enciende el cigarrillo que poco antes tenía entre sus dedos («—En cuanto baje la noche, cruzamos el puerto —dice Ramiro encendiendo su cigarro»). Un estilo narrativo semejante caracteriza casi toda la novela. En ella destacan tres rasgos: una extensión narrativa que retiene los transcursos del movimiento minuciosamente relatados, la perspectiva del *yo*, y el tiempo narrativo. El tiempo narrativo es el presente, tiempo del no recordar[9]. El presente crea una aparente reciprocidad entre hablar y actuar. Narrar y actuar coinciden en una simultaneidad imaginaria. Tal manera de narrar se puede denominar según Hempfer (1999) como una narración pseudo-performativa[10], porque la

[9] Compárese también Turpin (1998: 110).

[10] En cuanto a la situación y la perspectiva narrativa en *Luna de lobos*, compárese con las observaciones importantes en Beisel (1995b: 197 s.). Sin embargo, opino que la

distancia entre discurso y historia queda totalmente suspendida. Una de las consecuencias es la pérdida de la perspectiva épica. En las narraciones pseudo-performativas son imposibles las valorizaciones, los montajes temporales, las jerarquizaciones y los comentarios del narrador épico. Éstos son reemplazados por la perspectiva volátil e insegura de un *yo* para el que narrar y experimentar coinciden en un presente indeterminado. Un ejemplo: los protagonistas entran por la noche a hurtadillas en el pueblo ocupado por las milicias de Franco cuando, de repente, oyen unos ruidos extraños. Después se lee: «Un remolino de hierba se abalanza hacia mí y granos de tierra amarga se meten en mi boca. Levanto la cabeza entre la empalizada vegetal que intenta sujetarme contra el suelo. Busco la metralleta. Busco la oscura silueta de Gildo, inmóvil ya, como una sombra en la tablada. Ahí adelante, el río ha enmudecido de repente como si hubiera muerto» (22). El texto subraya la falta completa de orientación temporal y espacial. La oscuridad acentúa la ceguera de los protagonistas, el ruido ilocalizable resalta un miedo letal y la búsqueda a tientas, la impotencia de actuar. Por fin, la inversión de los vectores espaciales y temporales destruye la lógica narrativa: No cae la persona, sino la tierra. Este estilo narrativo deja por necesidad el futuro abierto. Lo único seguro es que los acontecimientos venideros son amenazadores y completamente incalculables. En esto se basan las numerosas peripecias del *sujet* llenas de suspense y, sobre todo, el fin de la novela, que describe en secuencias minuciosas y pseudo-performativas cómo el narrador Ángel se sienta en un vagón de tren para cruzar clandestinamente la frontera con Francia. No se sabe con seguridad cómo, cuándo ni si el proyecto se realiza con éxito o fracasa en la siguiente parada, porque la narración acompaña exclusivamente el presente en el que vive de manera agobiante el protagonista. Podemos resumir que la narración pseudo-performativa suspende los ejes temporales y el orden épico del mundo y, así, impide también la posibilidad del recuerdo glorificador.

(c) El contra-discurso lírico

El texto de la novela destaca por estructuras densas en el campo retórico, metafórico y fonético. Lingüísticamente está «sobre-estructurado» y

equiparación de la narración con una «forma próxima al diario» (197) no coincide con la realidad del texto.

se acerca así a los textos líricos[11]. Este punto se muestra también en el ejemplo ya citado del asalto caótico de los héroes. El enmudecimiento del río antropomórfico, su función de dispensador de imágenes para el «remolino» de la hierba, la repetición de vocales (hierb*a*, *a*b*a*l*a*nz*a*, h*a*ci*a*, gr*a*nos, tierr*a* *a*m*a*rg*a*), las anáforas (busco-busco), las rimas interiores (metralleta-silueta) y el ritmo dactílico de las frases (gr*á*nos de ti*é*rra am*á*rga se m*é*ten) demuestran que el texto escapa a la linealidad, huye de las reglas de formación y de los mecanismos de control del discurso narrativo. Este hecho es válido también para el segundo ejemplo en el que me apoyo para subrayar la transformación lírica del texto. En una breve descripción del paisaje en el segundo capítulo dice: «La luna se ha asomado, entre las nubes, y baña de plata las ramas de los robles. Un espeso silencio sostiene hoy la bóveda del cielo, la arcada de agua negra que se comba mansamente sobre el valle» (21). Al principio llama la atención la cita de *topoi* líricos (neo-)románticos (Izquierdo 1995: 55) que interrumpen la historia relatada: la luna en la noche, el brillo plateado de la luna, la bóveda del cielo, la naturaleza suave. A este contexto pertenece también la antropomorfización del espacio, que aparece como sujeto actor, mientras que los humanos, como entes inanimados, son manejados y aniquilados. Igualmente elaboradas están las estructuras fonéticas. Remito a la repetición de vocales (b*a*ñ*a* de pl*a*t*a* l*a*s r*a*m*a*s; l*a* *a*rc*a*d*a* de *a*gu*a* negr*a*), a las aliteraciones (*l*as *r*amas de *l*os *r*obles) y a las sílabas marcadas de forma dactílica en la segunda mitad de la primera frase (*é*ntre las n*ú*bes, y b*á*ña de pl*á*ta las r*á*mas). Así, el texto forma (parcialmente) un poema en prosa cuyo aspecto lingüístico compite con los objetivos de la narración épica, porque se remite de manera auto-referencial a sí mismo y no a la mediación de una realidad histórica. Con esto, las estructuras líricas se unen a las secuencias del fracaso y con el discurso de la impotencia, ya que las estructuras líricas tampoco se ponen al servicio del orden épico del mundo. La impotencia del héroe, la narración pseudo-performativa y las estructuras líricas del texto forman parte de un «contradiscurso»[12] que descubre críticamente lo que el discurso épico silencia.

[11] En cuanto a la prosa lírica de Llamazares compárese Turpin (1998: 106 s.), las dos contribuciones de Beisel (1995a, 1995b), Izquierdo (1995) y López de Abiada (1991). En cuanto a la sobre-estructuración de textos líricos compárese Link (1981).

[12] El término del contradiscurso (*contre-discours*) es de Michel Focault (1966: 58 s.). Yo uso el término en aquel sentido histórico que propuso Rainer Warning (1999). En

De la conexión entre las tendencias heroicas de la historia relatada y el contradiscurso anti-épico de la narración resulta una modelación de la realidad que excluye o limita formas del recuerdo narrativo que monumentalicen o mitifiquen, sin poner en cuestión la necesidad y la importancia del recuerdo mismo. El carácter legendario de los protagonistas, mencionado en el prólogo, su heroísmo y la exigencia paralela de no olvidarlos, forman uno de los objetivos narrativos más importantes de la novela. Sin embargo, *Luna de lobos* se acerca a este objetivo sólo a través del *minuspriem*[13] que desautomatiza los procedimientos correspondientes. La novela revaloriza historias para la memoria colectiva, suspendiendo estrategias agotadas de la memoria épica. Recordar sólo es posible bajo la condición de que se eliminen los rituales tradicionales del recuerdo y se borren las huellas esenciales de un discurso oficial del recuerdo para luego reescribirlas.

2. EL FIN DEL IDILIO: *LA LLUVIA AMARILLA*

La segunda novela de Julio Llamazares posee una relación muy estrecha con su predecesora. *La lluvia amarilla* describe una lucha para sobrevivir en las montañas de Asturias. Esta novela también trata de la deshumanización, de la soledad y de la muerte. Como en *Luna de lobos*, la historia concluye con el exterminio de los protagonistas y, como *Luna de lobos*, la novela apunta a la conexión entre el espacio y el discurso del recuerdo. La diferencia esencial entre las dos novelas consiste en que *La lluvia amarilla* apenas toca el tema de la Guerra Civil, excepto como una nota marginal, y en que reduce la acción y los conflictos a un mínimo casi absoluto, poniendo de relieve el espacio mismo y los recuerdos vinculados con él. Con esto, *La lluvia amarilla* radicaliza las posiciones mantenidas en *Luna de lobos*. Mientras que *Luna de lobos* pone en cuestión los discursos del recuerdo, *La lluvia amarilla* socava todas las posibilidades del recuerdo. Es mucho más una novela del olvido que del recuerdo. Me interesa realzar tres aspectos: (a) la coincidencia de recuerdo

cuanto a la poesía lírica como «contradiscurso» —clasificación también propuesta por Warning (1999: 328)— compárese Karlheinz Stierle (1997: 244).

[13] El *minuspriem* es, según Lotman, una «ausencia significativa» (1973: 86).

e imaginación, (b) la supresión de tiempo y recuerdo en favor de un espacio sin recuerdo y (c) la problematización del discurso específico del espacio y del recuerdo que ha creado el *costumbrismo* español.

(a) Imaginar en vez de recordar

La novela comienza con una búsqueda en las intransitables montañas de los Pirineos de Huesca. Un grupo de hombres llega con los últimos rayos del sol al alto de Sobrepuerto. Se paran, se santiguan delante de las ruinas de una casa calcinada y siguen su camino al pueblo abandonado de Ainielle[14], que se ve por encima de una garganta montañosa al otro lado del valle. Los hombres siguen observando el pueblo, sabiendo que ellos mismos están siendo observados. El observador es el narrador en primera persona, el único y último habitante de Ainielle. Él es el objetivo de la búsqueda y el sujeto de la narración. Este inicio parece que quiere mantener las convenciones de la narración realista —la descripción detallista, los *effets de réel*, la coherencia de los puntos de vista, la unidad del tiempo y del espacio— si no fuera, de nuevo, por el uso particular del tiempo verbal. El narrador narra en futuro. El futuro realza el estilo no épico conocido de *Luna de lobos* expresando inseguridad y suposición. «Cuando lleguen al alto de Sobrepuerto, estará, seguramente, comenzando a anochecer. Sombras espesas avanzarán como olas por las montañas [...] El que encabece el grupo se detendrá a su lado. Contemplará las ruinas [...]. Se santiguará en silencio y esperará que los demás le den alcance. Vendrán todos [...]» (9). Luego los hombres avanzan —todavía en la perspectiva del futuro— hasta Ainielle. Observan y registran las casas vacías, desmoronadas, que recuerdan a un cementerio, hasta que encuentran la casa del narrador y a este mismo en su cama, un cadáver cubierto por completo de musgo y comido por los pájaros. «Un frío repentino e inexplicable se lo anticipará. Un ruido de alas negras batirá las paredes advirtiéndoselo. Por eso, nadie gritará aterrado. Por eso, nadie iniciará el gesto de la cruz o el de la repugnancia cuando, tras esa puerta, las linternas me descubran al fin encima de la cama, vestido todavía, mirándoles de frente, devorado por el musgo y por los pájaros» (16). Obviamente no hubo ninguna búsqueda. Ésta tiene lugar en la

[14] Ainielle es un lugar real y geográficamente localizable, por cuya historia Llamazares se ha dejado inspirar. Compárese al respecto Kunz (1998).

imaginación del narrador. Ante nosotros tenemos a un *yo* que imagina su propia muerte, probablemente inminente, en la ya muerta y abandonada aldea de montaña de Ainielle. El final de la novela se desarrolla desde aquí y, de este modo, cierra el círculo que se había abierto con la escalada a Sobrepuerto: «Alguien encenderá una vela y alumbrará con ella las cuencas de mis ojos ya vacías. La dejarán en la mesita, al lado de la cama, se irán todos dejándome aquí solo nuevamente» (141). Las imaginaciones del inicio y del fin de la novela forman un marco que enfatiza las huellas de la historia recordada por el *yo* moribundo. Se trata de los episodios importantes de la biografía del narrador, que son casi idénticos a la historia de la aldea de Ainielle, una historia de desolación, ya que Ainielle queda completamente despoblada. La serie de desapariciones empieza en el recuerdo del narrador con el traumático suicidio de Sabina, su esposa, su última compañía en la aldea ya vacía. Luego llega la pérdida de los hijos, finalmente la marcha de los vecinos. Ainielle está desolada. Tras la muerte del narrador no quedará nadie. La desustancialización del mundo relatado que se anuncia en *Luna de lobos* por la narración pseudo-performativa se intensifica aquí hasta el extremo. Por un lado, se disuelve cualquier posibilidad de una historia por la reducción masiva de protagonistas. Por el otro lado, las pocas huellas que la novela mantiene de su historia se transmiten por el monólogo interior de un *yo* moribundo, para quien no sólo coinciden narrar y recordar, sino también cada vez más el recuerdo, la imaginación y la realidad. Así se cuestionan, en principio, las condiciones para el recuerdo narrativo.

(b) Olvidar en vez de recordar: el fin del cronotopo

En la imaginación del narrador, el espacio de Ainielle toma formas diferentes. La novela estructura el espacio descrito, como *Luna de lobos*, a través de una oposición vertical. Esta lógica espacial considera la aldea de arriba como el espacio de una existencia imposible, que sólo puede llevarse a cabo abajo, en el valle. Por otra parte, el espacio está estructurado de forma horizontal. En el centro de este espacio se sitúa la cama del moribundo. Más tarde aparecen, en círculos concéntricos, la habitación y la casa del narrador, las casas vecinas, la aldea de Ainielle y la naturaleza que rodea el pueblo. Esta doble estructura del espacio posibilita dos *sujets*, de los que al final sólo uno se impone. La transgresión de la frontera de abajo hacia arriba (y en sentido contrario) pierde su significado con la despoblación de Ainielle. Fracasa o sólo está presente como una fantasía, como cuando al inicio de la narración el moribundo *yo* se imagina la llegada de los hombres del valle. El *sujet* dominante de la novela se basa en la estructura horizontal. Una frontera desplazable separa el espacio exterior de la naturaleza salvaje del espacio de la civilización aldeana que, al mismo tiempo, es el espacio del *yo* moribundo. El *sujet* se forma en la transgresión de las fronteras entre el espacio exterior y el espacio del *yo* con el resultado de que el espacio exterior se impone por completo. Al principio el narrador todavía se defiende: repara y desmonta, quita la nieve (60), asegura los senderos y vela en un *parcours* incesante para que Ainielle se mantenga como *espace* humano, usando la terminología de Certeau, que tan apropiada resulta aquí (Certeau 1980: 205-227). Pronto el camino del narrador se vuelve más débil, desanimado, estrecho (61). Simultáneamente, la agresividad del espacio exterior crece. El viento, la nieve, la putrefacción, las malas hierbas, la yedra y las ortigas eliminan todos los vestigios de la civilización aldeana (11, 62, 75, 76, 82, 125). Al final, al narrador sólo le queda el espacio ocupado por su cuerpo: la habitación, la cama, la tumba que ha excavado para sí mismo en el jardín. Ahora vuelven los muertos, vuelven a adueñarse de sus casas (90) y convierten Ainielle en un reino ilusorio de espíritus. Pero éste tampoco es el estado definitivo. El cuerpo moribundo opone cada vez menos resistencia contra los ataques del espacio exterior (103, 107). Por eso el interior y el exterior se diluyen el uno en el otro (113, 122). Para esta disolución de los límites espaciales la novela utiliza el color amarillo, ya mencionado en el título (119, 120)[15]. El amarillo nivela todas las percepciones, aniquila los colores («descomposición de los colores»), destruye la luz («era [...] la propia luz la que se corrompía») y pudre el aire («era como si el aire estuviera podrido», 121). Por último recaen en el color amarillo realidad e imaginación, recuerdos y actualidad. Al final de la novela desaparecerá completamente el espacio del *yo*. El cuerpo imaginado del muerto, cubierto por el musgo, demuestra el triunfo del espacio exterior sobre el espacio del *yo*. Con la extinción de éste, el tiempo humano se para (59, 106, 122, 123). El cronotopos[16] que Ainielle fue una vez se libra de su dimensión temporal. Se convierte en

[15] En cuanto al significado del color amarillo, compárese Klaus Pörtl (1995).

[16] En cuanto al cronotopos compárese Michael Bachtin (1989: 7-9).

un *topos* y suspende, junto con el tiempo, la posibilidad de recordar. En el abandonado Ainielle no hay nadie que pueda recordar. Por otra parte, el mismo lugar muerto no es nada que merezca la pena recordar. Está entregado al olvido de forma totalmente no épica y anti-heroica.

(c) La anulación del idilio costumbrista

Si la historia relatada en *La lluvia amarilla* borra las huellas del espacio humano, del tiempo y del recuerdo, esto no es aplicable al texto literario que cuenta esta historia. *La lluvia amarilla* evoca *ex negativo* textos en los que el ser humano domina el espacio, el tiempo y el recuerdo. De forma distinta a *Luna de lobos*, *La lluvia amarilla* se refiere a un género concreto y quizá también, a un texto concreto. Pienso en la novela costumbrista, sobre todo en *Peñas arriba* de Pereda (1895)[17]. *La lluvia amarilla* no sólo se desarrolla en la misma región del norte de España que la novela de Pereda, también cita su modelo de la realidad, pero sólo para negarlo punto por punto. En la novela de Pereda el joven Marcelo viaja sin mucho entusiasmo de Madrid a las montañas cántabras para visitar a su tío, de quien debería heredar. En este viaje se siente tan atraído por el fascinante paisaje y la cultura que radican en él, que ya no podrá abandonarlos nunca más. En medio de la naturaleza grandiosa, Marcelo se da cuenta de la cercanía de Dios. Las montañas le parecen ser un orden divino. «Jamás había visto yo porción tan grande de mundo a mis pies, ni me había hallado tan cerca de su Creador, ni la contemplación de su obra me había causado tan hondas y placenteras impresiones» (261). Por lo tanto, las montañas forman un idilio moral donde los seres humanos, lejos de los vicios de la civilización moderna y motivados por la «honradez de las costumbres públicas y domésticas» (217), encuentran su lugar y su destino verdadero. Significativamente, el mundo de las montañas es un espacio de la memoria, que guarda el recuerdo de las virtudes heroicas de una España pasada (153). En el centro de este espacio está la casa que protege a sus habitantes de la naturaleza incontrolable, como el famoso temporal de nieve en los capítulos 21 y 22. Al mismo tiempo, la casa es el centro de un movimiento de expansión que extiende las fronteras de la civilización hacia el espacio exterior intacto y con-

[17] Cito de José María de Pereda (1999). Mis reflexiones se basan en las declaraciones fundamentales de Friedrich Wolfzettel (1999).

vierte las montañas, parcialmente, en *espace* humano (Certeau 1980). El enriquecimiento espacial significa también un enriquecimiento lingüístico porque, junto con el espacio, Marcelo adquiere también la lengua de aquél. La comparación es inequívoca. Si Pereda parte de un espacio sublime, moral y heroico, si presupone de manera optimista que el mundo puede ser descubierto, que se puede vivir en él y dominarlo a través de la lengua, es Llamazares quien condena a las personas de su novela a la impotencia, a la pérdida del espacio, a la ausencia de un hogar, a la estupefacción y al silencio. El anti-idilio carcome el idilio moral[18]. Así se expresa una experiencia de pérdida «contrapreséntica» (Assmann 1992): parece que Llamazares lamente que el mundo descrito e idealizado por Pereda ya no tenga ninguna justificación en la España moderna. Está predestinado a la ruina. Otra intención es, probablemente, la denuncia de un presente degradado que ignora o acepta la mutilación de su cultura[19]. La pérdida se puede interpretar como una crítica a los discursos narrativos, si la historia de Ainielle se entiende como una alegoría del narrar: con la desaparición de Ainielle como espacio cultural los discursos dedicados a la «alabanza de la aldea» pasan a ser obsoletos. Esto se refiere, sobre todo, a la narración costumbrista y a su pretensión civilizadora de describir espacios poco conocidos o ajenos, conferirles significados ideológicos o explotarlos para la valoración de su propio espacio. *La lluvia amarilla* es una novela anticostumbrista, una novela anticivilizadora y antieducativa, también un anti-Robinson. Supongo que este escepticismo invade los fundamentos mismos de la narración. La destrucción del espacio humano, la eliminación de discursos y el olvido, que caracterizan *La lluvia amarilla*, no sólo ponen en duda la apropiación costumbrista del mundo, sino, en un sentido más general, la invención narrativa. Si *Luna de lobos* se distancia del recuerdo épico, aquí se cuestiona la posibilidad misma de narrar historias.

[18] Sobre estructuras idílicas en *La lluvia amarilla* compárese Boyd-Swan (1995).

[19] Compárese Izquierdo (1995: 55 s.) y, sobre todo, Macklin (1995). De forma parecida Herpoel (1997).

3. LA RECONQUISTA CINEMATOGRÁFICA: *ESCENAS DE CINE MUDO*

La novela *Escenas de cine mudo* empieza con el yo narrador contemplando unas fotografías de los primeros 12 años de su vida que su madre había guardado. La situación narrativa se concretiza aún menos que en las dos novelas anteriores. No sabemos ni cuándo ni dónde el narrador rememora su pasado; si está hojeando un álbum o si está estudiando largamente algunas fotografías, una por una. Las fotos, en cambio, sí se pueden situar. En todas sale el ya olvidado pueblo minero de Olleros (Asturias), donde el narrador pasó su infancia. Algunas se pueden datar. Proceden de los años sesenta y muestran un fragmento de la realidad española que, probablemente, no sólo el narrador ha olvidado o reprimido. De esta forma, la novela trata un espacio social desaparecido que, al mismo tiempo, se identifica con el espacio de la infancia. Mediante las fotografías se debe reencontrar este espacio, debe tenerse presente y guardarse en la memoria. En *Escenas de cine mudo* se logra la recuperación y la nueva descripción del espacio perdido, sin que un discurso del poder ocupe su sitio. El precio que se paga por esto es, aunque sólo sea parcialmente, la falta de realidad y la ficcionalización del recuerdo. Las imágenes del espacio perdido y recuperado son «escenas de cine mudo», episodios cinematográficos cuyo enmudecimiento da rienda suelta a la imaginación de quien recuerda. Me referiré (a) a la inconsistencia de los recuerdos y (b) a la ficcionalización del espacio recordado[20].

(a) Emblema y series de recuerdos

La estructura de la novela corresponde a la del emblema. Cada capítulo reúne un título (*inscriptio*) con la *pictura* narrada de una fotografía y el recuerdo como *subscriptio*. A veces la foto misma lleva una inscripción. Entonces la *inscriptio* llega a ser parte de la *pictura*. En la historia de los géneros literarios el emblema forma parte de un discurso del orden: confirma, completa e ilustra los conocimientos vinculantes sobre el mundo y exige al lector usar estos conocimientos de manera apropiada. En cambio, Llamazares cita las estructuras genéricas del emblema sólo para disolverlas. En *Escenas de cine mudo*, el asignar significados a los emblemas es problemático, porque la exactitud de la *pictura* fotográfica

[20] Sobre *Escenas de cine mudo* como novela del recuerdo compárese d'Ors (1998).

se une con *subscriptiones* borrosas y, en parte, arbitrarias, o porque queda poco clara o ambigua la relación entre *pictura* y *subscriptio*. Esto se pone de manifiesto, sobre todo, en el hecho de que el proceso del recuerdo, que sustituye la relación estrecha entre texto e imagen, típica para el emblema, se basa en series de recuerdos y de asociaciones interminables. Me refiero al quinto capítulo de la novela que empieza con el viaje del narrador a Lisboa. Durante cada una de sus visitas, el narrador va al British Bar en el puerto, ya que ahí el tiempo es retrospectivo. Es así que las agujas del reloj de pared corren en sentido contrario y conducen al pasado, como un generador de recuerdos. Uno de los recuerdos sitúa al niño pequeño en la cocina de la casa paterna en el momento en que su madre le enseña a leer la hora. En otra ocasión, el reloj en Lisboa le recuerda al reloj de la pared de su clase en la escuela. El recuerdo más intenso es, sin embargo, el de una noche de baile, cuando el niño siente por primera vez el transcurrir del tiempo. En el pequeño alto, desde el cual los menores de edad observan con envidia a las parejas bailando, el narrador invita a bailar a una chica —por primera vez— y se sumerge en la felicidad durante el corto tiempo que dura la melodía. «Aquella noche, ya digo, fue la primera en mi vida en la que sentí el paso del tiempo y la impotencia y la angustia de no poderlo parar» (51). Todas estas escenas son *subscriptiones* para una *pictura*, que se introduce en el texto, por vez primera, aquí, después de la serie de recuerdos: el narrador contempla una foto en la que aparecen él y su hermana delante de la pista de baile descrita anteriormente (51). Sin embargo, la filiación de los recuerdos y sus relaciones con la foto no son claras. La foto del niño con su hermana no recuerda al episodio en el que se hizo la foto, sino a otro, en el que el narrador siente por primera vez el carácter fatal del tiempo. De forma contraria, la fiesta de baile se hace presente no sólo a través de la foto, sino, sobre todo, por el reloj en Lisboa, que no tiene nada que ver con la foto misma, y que actúa de intermediario entre la foto y la experiencia del tiempo sobre la pista de baile. Así se establece al mismo tiempo una relación entre la foto, el British Bar, la casa paterna y el reloj en la escuela. Se crea una red de asociaciones que mutuamente se invocan, apoyan e interpretan, lo que no excluye una cierta arbitrariedad: al fin y al cabo el porqué del surgir de los recuerdos, dónde empiezan y terminan, y cómo se entrelazan queda poco claro. Sin embargo las imágenes mentales no se cuestionan. El narrador considera sus recuerdos tan verdaderos como el Marcel de Proust considera verdadero el redescubrimiento de su infancia. Como en la obra de Proust, la *mémoire involontaire* es, por lo menos parcialmente, la garante de la autenticidad del pasado recordado. Al mismo tiempo, la relación de acontecimientos históricos, la creación de *effets de réel* (la introducción de la televisión en Olleros, el alunizaje, la visita de Franco, etc.) y, sobre todo, la fuerza iconográfica de la fotografía realzan la credibilidad de los recuerdos[21]. Mediante esta correlación de la iconicidad fotográfica y la arbitrariedad del recuerdo se insinúa la solución en cuanto a cómo se puede comprender una memoria auténtica y simultáneamente no dogmática. Llamazares consigue reconstruir la infancia perdida en imágenes fiables y verdaderamente realistas, como en una foto, mientras que la arbitrariedad de los recuerdos le permite rehuir los discursos del orden que presuponen el emblema, la memoria épica y el costumbrismo. «Las fotografías, como los recuerdos, cuentan el mundo no cómo era, sino cómo fue una vez, y, por lo tanto, cómo podía haber sido de muchas otras maneras» (131). Los recuerdos son verdaderos y ficticios al mismo tiempo. Se puede seguir con esta idea al contemplar los espacios que describe la novela.

(b) Espacio y ficción

En *Escenas de cine mudo* los recuerdos son, muchas veces, recuerdos de espacios y las series de recuerdos son asociaciones espaciales. La Lisboa urbana está relacionada intensamente con el pueblo asturiano de Olleros. Las «colinas del diablo» de Berlín Spandau, que el narrador llega a conocer por casualidad, evocan las escombreras de su pueblo (capítulo 3). Una mina en Laponia le recuerda accidentes mineros en su tierra natal (capítulo 13). Estados Unidos, Bagdad o Argentina también abren paso a espacios sepultados de su infancia, como si los espacios lejanos de la tierra natal en los que se encuentra en el presente pudieran recuperar los espacios cercanos que se han perdido en el pasado. Por otro lado, el espacio cercano también puede descubrir la lejanía. En el décimo capítulo el narrador describe cómo, en su primera visita a Norteamérica, se encontró con un mundo que ya le resultaba familiar: «Desde que tenía memoria», dice, «y sin haber salido nunca de Olleros —ni, por supuesto,

[21] Sobre los *effets de réel* en la obra de Llamazares compárese Ravenet Kenna (1997: 192 s., 196.

de España—, yo había recorrido aquel país camino por camino y palmo a palmo» (77). El narrador se refiere al cine. El cine abre en el espacio de Olleros, del que el narrador nunca ha salido, las ventanas hacia el espacio exterior. «Anochecía en la ciudad cuando el avión comenzó a sobrevolarla proyectando su sombra sobre las autopistas como si fuera un gran pájaro, pero ya desde ese instante me di cuenta de que era exactamente como yo la había soñado. Allí estaba, a mi derecha, el lago Michigan, inescrutable y brumoso como en las viejas películas de Hathaway o John Ford. Allí estaba el dulce campo de Illinois, atravesado de carreteras y salpicado de granjas lo mismo que en las novelas y en los *thrillers* policíacos. Y allí estaba, junto al lago, reflejando en sus orillas las impresionantes sombras de sus rascacielos, la ciudad de Al Capone y del viento, resplandeciente como una lámina bajo la pesada panza del avión» (78 s.). Sin embargo, las relaciones son aún más complicadas porque las películas son, en cierta forma, solamente imaginarias. En el cuarto capítulo de la novela el narrador recuerda cómo de niño cada tarde miraba las fotografías de los carteles del cine de Olleros, que tanto le llamaban la atención, y cómo se inventaba el *sujet* de aquellas películas. Así que los espacios lejanos no sólo son cine, sino que muchas veces se trata de un cine imaginado. De esta manera se crea un círculo inderogable entre espacios ajenos y cercanos, *pictura* y *subscriptio*, realidad e imaginación. Espacios ajenos interpretan el espacio cercano perdido, al que pueden pertenecer al mismo tiempo como una imaginación de la infancia. Así, los espacios son simultáneamente e indistintamente realidad, imaginación o ficción, lo que conlleva una serie de consecuencias. Primero, la disolución del emblema se promueve aún más porque sus áreas constitutivas son confundibles. Segundo, se le otorga una calidad nueva al recuerdo. Bien es verdad que el redescubrimiento de Olleros, como espacio perdido de la infancia, parece resultar plenamente satisfactorio para el narrador, con la contribución de fotos, películas y experiencias de viajes, pero la novela ya no establece ninguna frontera clara entre el recuerdo, la ficción cinematográfica y la imaginación. El recuerdo es una coincidencia no dogmática de una reconstrucción documental del pasado, de la ficción cinematográfica y de la imaginación[22]. Así, el recuerdo consigue recuperar un espacio y un tiempo perdido, sin

[22] Sobre esto compárese también Ravenet Kenna (1997: 193; 201 s.).

ceder a la presión de discursos ideológicos o científicos. La verdad del recuerdo ya no se basa exclusivamente en la *adaequatio rei et intellectus*, sino también en la *enargeia* de las imágenes recordadas. En las «escenas de cine mudo» el recuerdo ha pasado a ser retórico.

Así, podemos resumir que las novelas de Llamazares analizan consecuentemente la conexión entre el recuerdo, el discurso y el poder. Cuestionan la pretensión de los discursos del recuerdo de interpretar la realidad pasada de manera autoritaria y de decidir lo que vale la pena ser recordado y lo que se puede olvidar. *Luna de lobos* se dirige, de este modo, sobre el fondo del culto del recuerdo franquista, contra las formas tradicionales y trilladas del recuerdo heroico y épico. Con el tema del mundo olvidado, *La lluvia amarilla* cuestiona el mismo discurso narrativo de la apropiación del mundo. *Escenas de cine mudo* experimenta, finalmente, con la posibilidad de un recuerdo que reconstruye imágenes del pasado sin entregarse a los discursos del poder. Esto es posible a condición de que los recuerdos sean «escenas de cine mudo», *picturae* puestas en marcha, que estimulan las *subscriptiones* del que recuerda y las apoya con referencias, aunque quizá sean ellas mismas ficción. En esta mezcla de recuerdo, ficción e imaginación se basa la alternativa no dogmática con la que Llamazares se opone a los discursos autoritarios del recuerdo. En este sentido, *Escenas de cine mudo* constituye una respuesta por lo menos parcialmente optimista respecto a las problemáticas que plantean las dos primeras novelas.

BIBLIOGRAFÍA

ASSMANN, Jan (1992): *Das kulturelle Gedächtnis. Schrift, Erinnerung und politische Identität in frühen Hochkulturen*. München: Beck.

BACHTIN, Michael (1989): *Formen der Zeit im Roman. Untersuchungen zur historischen Poetik*. Frankfurt/M.: Fischer.

BEISEL, Inge (1995a): «La memoria colectiva en las obras de Julio Llamazares», en: Alfonso de Toro/Dieter Ingenschay (eds.): *La novela española actual. Autores y tendencias*. Kassel: Reichenberger, pp. 193-229.

— (1995b): «La relevancia de la memoria y del recuerdo en las obras narrativas de Julio Llamazares y Juan José Millas», en: Hans Felten/Ulrich Prill (eds.): *Juegos de la Intercursividad*. Bonn: Romanistischer Verlag Jakob Hillen, pp. 23-35.

BOYD-SWAN, Francisco Reus (1995): «El cronotopo idílico en *La lluvia amarilla*», en: José Romera Castillo/Mario García-Page/Francisco Gutiérrez Carbajo (eds.): *Bajtín y la literatura*. Madrid: Visor, pp. 373-381.

CERTEAU, Michel de (1980): *L'invention du quotidien 1. Arts de faire*. Paris: Union Générale d'Editions, pp. 205-227.

D'ORS, Inés (1998): «*Escenas de cine mudo*: un álbum de fotos sin rostro», en: Irene Andrés-Suárez/Ana Casas (eds.): *El universo de Julio Llamazares* (Cuadernos de narrativa 3). Neuchâtel: Institut de Langue et Littérature Espagnoles. Université de Neuchâtel, pp. 135-149.

FOUCAULT, Michel (1966): *Les mots et les choses. Une archéologie des sciences humaines*. Paris: Gallimard.

HEMPFER, Klaus (1999): «Pseudo-performatives Erzählen im zeitgenössischen französischen und italienischen Roman», en: *Romanistisches Jahrbuch* 50, pp. 158-182.

HERPOEL, Sonja (1997): «Entre la memoria y la historia: la narrativa de Julio Llamazares», en: Patrick Collard (ed.): *La memoria histórica en las letras hispánicas contemporáneas*. Genève: Droz, pp. 99-110.

HIRCHE, Katrin (1995): «Julio Llamazares. *La lluvia amarilla* (1988)», en: Hans Felten/Ulrich Prill (eds.): *La dulce mentira de la ficción: ensayos sobre narrativa española actual*. Bonn: Romanistischer Verlag, pp. 49-55.

IZQUIERDO, José María (1995): «Julio Llamazares: Un discurso neorromántico en la narrativa española de los ochenta», en: *Iberoromania* 41, pp. 55-67.

KUNZ, Marco (1998): «Realidad y ficción de un pueblo abandonado: *La lluvia amarilla*», en: Irene Andrés-Suárez/Ana Casas (eds.): *El universo de Julio Llamazares* (Cuadernos de narrativa 3). Neuchâtel: Institut de Langue et Littérature Espagnoles. Université de Neuchâtel, pp. 119-133.

LABANYI, Jo (1994): «Espacio y horror en *Luna de lobos* de Julio Llamazares», en: G. Champeau (ed.): *Référence et autoréférence dans le roman espagnol contemporain*. Bordeaux: Maison des Pays Ibériques, pp. 147-155.

LÉVI-STRAUSS, Claude (1962): *La pensée sauvage*. Paris: Plon.

LINK, Jürgen (1981): «Das lyrische Gedicht als Paradigma des überstrukturierten Textes», en: Helmut Brackert/Jörn Stückrath (eds.): *Literaturwissenschaft. Grundkurs 1*. Hamburg: Rowohlt, pp. 192-219.

LLAMAZARES, Julio (1985): «Entrevista a Julio Llamazares», en: *La Gaceta del libro*, 2.ª quincena de abril, p. 25.

LLAMAZARES, Julio (2002): *La lluvia amarilla*. Barcelona: Seix Barral.

— (2000): *Escenas de cine mudo*. Barcelona: Seix Barral.

— (1994): *Luna de lobos*. Barcelona: Seix Barral.

LÓPEZ DE ABIADA, José Manuel (1991): «Der Roman und die Poesie des sterbenden Landes», en: Dieter Ingenschay/Hans-Jörg Neuschäfer (eds.): *Aufbrüche. Die Literatur Spaniens seit 1975*. Berlin: Ed. Tranvía, pp. 143-152.

Lotman, Jurij (1973): *Die Struktur des künstlerischen Textes*. Frankfurt/M.: Suhrkamp.

Macklin, John (1995): «Memory and oblivion: personal and rural identities in the narrative writings of Julio Llamazares», en: Ruth Christie/Judith Drinkwater/John Macklin (eds.): *The Scripted Self: Textual Identities in Contemporary Spanish Narrative*. Warminster: Aris & Phillips Ltd., pp. 49-62.

Martin-Márquez, Susan L. (1995): «Vision, Power and Narrative in *Luna de lobos*, Julio Llamazares' Spanish Panopticon», en: *Revista canadiense de estudios hispánicos* 19, pp. 379-387.

Orsini-Saillet, Cathérine (1998): «En torno a una poética de la frontera: *Luna de lobos*, de Julio Llamazares», en: Irene Andrés-Suárez/Ana Casas (eds.): *El universo de Julio Llamazares* (Cuadernos de narrativa 3). Neuchâtel: Institut de Langue et Littérature Espagnoles. Université de Neuchâtel, pp. 87-103.

Pereda, José María de (1999): *Peñas arriba*. Madrid: Cátedra.

Pörtl, Klaus (1995): «Die Einsamkeit der Helden in den Romanen von Julio Llamazares», en: Nikolai Salnikov (ed.): *Sprachtransfer – Kulturtransfer. Text – Kontext und Translation*. Frankfurt/M.: Peter Lang, pp. 273-275.

Ravenet Kenna, Caridad (1997): «Con la cámara en la novela, o el enfoque de Julio Llamazares», en: *Revista hispánica moderna* 50, pp. 190-204.

Stierle, Karlheinz (1997): *Ästhetische Rationalität. Kunstwerk und Werkbegriff*. München: Fink.

Turpin, Enrique (1998): «El sol de los muertos. Una aproximación crítica a *Luna de lobos* de Julio Llamazares», en: Irene Andrés-Suárez/Ana Casas (eds.): *El universo de Julio Llamazares* (Cuadernos de narrativa 3). Neuchâtel: Institut de Langue et Littérature Espagnoles. Université de Neuchâtel, pp. 105-117.

Warning, Rainer (1999): «Poetische Konterdiskursivität. Zum literaturwissenschaftlichen Umgang mit Foucault», en: Rainer Warning (ed.): *Die Phantasie der Realisten*. München: Fink, pp. 313-345.

Wolfzettel, Friedrich (1999): *Der spanische Roman von der Aufklärung bis zur frühen Moderne*.Tübingen/Basel: Francke, pp. 244-268.

ESPACIO, SUJETO Y MEMORIA EN *TELÓN DE BOCA* DE JUAN GOYTISOLO

Mª. Carmen Porrúa

1. Introducción

Los claros y precisos espacios narrativos de la literatura decimonónica, las descripciones meticulosas de los modernistas y sus epígonos, la voluntad ideológica de las presentaciones espaciales en el neorrealismo han dado paso —en la literatura de nuestros días— a la presencia simultánea de lugares y espacios, de espacios interiores ligados a los exteriores, de lugares que cobran su significación por la relación con la memoria, que es otro de los grandes temas, junto con el de la subjetividad, que ocupan a la crítica actual. Y es justamente porque la tríada subjetividad, espacialidad y memoria aparece como indisoluble en muchos de los textos contemporáneos. No se excluye en este aspecto la literatura en lengua española en la que podríamos hallar numerosos ejemplos en uno y otro lado del océano.

Para esta reunión me he detenido en la última obra ficcional de Juan Goytisolo *Telón de boca* (2003) porque considero que es el término de una evolución fácil de demostrar. En efecto, los espacios ideologizados del neorrealismo, a los que acabo de aludir, están presentes sin duda en las obras de este autor entre los cincuenta y sesenta, precisamente hasta *Señas de identidad*. Paulatinamente el espacio goytisoliano se compleji-za. Pongamos por ejemplo la correspondencia entre el laberinto tangerino y el laberinto mental del protagonista en *Don Julián*. Más adelante se produce —tal como es sabido— una impregnación de los espacios orientales pero también aparecen espacios urbanos utópicos o los espacios dramáticos de las guerras. A medida que avanza en el tiempo, la obra de Juan Goytisolo va adentrándose, además, en espacios oníricos, neblinosos, difusos. Tal el caso de *Las virtudes del pájaro solitario* y aún más de *La cuarentena*, textos emparentados a su vez con los ensayos de *Aproximaciones a Gaudí en Capadocia*, particularmente con «La ciudad de los muertos» y «La ciudad palimpsesto».

De cualquier manera, creo que no es ocioso poner de manifiesto que la literatura goytisoliana en toda su extensión —en la ficción, en el ensayo y el debate—, le ha dado siempre una importancia destacada a lo espacial que tal vez tenga su ejemplo más preciso en la serie *Alquibla*. Los paisajes desérticos, netos, insinuantes, fuera de lo convencional —el Cáucaso, Capadocia, «el techo del mundo»— aparecen en su escritura junto con los paisajes devastados o ruinosos que recorren sus textos incluso en la primera época (pongamos por caso *Duelo en el paraíso* con la descripción de los caminos con objetos abandonados y heteróclitos, escena que se repite con variantes en textos y situaciones posteriores). En cuanto a los paisajes urbanos, en general, las ciudades que aparecen son aquellas en las que ha vivido: Barcelona, París, Tánger, Marraquech o aquellas en las que ha permanecido en momentos angustiantes: Sarajevo, Shatoi, La Habana. También algunas regiones rusas que visitara con Monique, así como la Costa Azul o las playas bretonas.

2. El uso de lo espacial en *Telón de boca*

La singularidad del uso espacial en *Telón de boca* pasa por una suerte de multiplicación de las inferencias. Siempre hemos encontrado en la obra de Juan Goytisolo, la espacialidad unida a la memoria (clásica es la perpetua referencia a la Guerra Civil y la muerte de la madre, trasladada a diferentes escenarios). En este caso, se ahonda esta unión apelando a elementos simbólicos a los que me referiré más adelante, y se ahonda también —o tal vez sea la obra en la que más se señala (me estoy refiriendo estrictamente a las ficciones)— la presencia de la subjetividad.

Considero entonces que, en esta última novela, el juego memoria/subjetividad/espacio construye el texto. Es su real cimiento y su indudable pivote.

En obras anteriores, países, paisajes, estaciones del año, momentos —al igual que sucede con los personajes— se travestizan, se deslizan unos sobre otros, se mezclan, exigen ser perseguidos y acotados. En el caso de la novela que nos ocupa son precisos y delimitados. ¿Tiempo? La época que se vive después de la muerte de Monique Lange, de «ella». ¿Lugares? Breves recuerdos de París y las playas francesas, de Rusia, todos citados a propósito de su vida en pareja. Luego, levemente disimulados, sin nombre (como los personajes «ella» o «los niños» o «la familia»), la ciudad ocrerrosada y el ya citado «techo del mundo», la cordillera de los montes Atlas y —por supuesto— Cataluña. Los Atlas funcionan como puerta. Atravesar su umbral es ingresar a otra vida. Los Atlas son, en realidad, el telón de boca que da título al libro.

Espacios, lugares, sitios. Espacios inmóviles aunque cambiantes, lugares como espacios recorridos y sitios como acotaciones en los lugares aparecen diferenciados. Hay espacios celestes y/u oníricos, lugares concretos como casas y ciudades y dentro de las casas, patios y dentro de las ciudades, plazas y hay también sitios en los que los objetos cobran sentido y se convierten en símbolos como resultan ser los caftanes de Monique y el sombrero de la abuela, encerrados y descubiertos en armarios que establecen una suerte de contrapunto entre el norte y el sur, entre la infancia y la vejez.

Pero creo que lo que interesa más en esta novela es que ese recorrido por espacios y lugares, ese nombrar sitios y objetos está enraizado fuertemente en la memoria y la subjetividad. Y esto es así por la esencia del propio texto porque ¿qué se está narrando? Nada más que las derivaciones de la muerte de una mujer, nada más que los juegos entre la memoria y el olvido, nada más que el mundo de los sentimientos y las creencias y las dudas, las perplejidades y el escepticismo, el dolor y la melancolía.

Se oponen cielo y tierra, verdad y ficción, presente y pasado en un entrelazamiento apretado, fragmentado en cortos capítulos que van tejiendo la historia de un hombre que toma conciencia de su finitud. Tal como he apuntado en otra ocasión[1] esta novela está en la línea de los li-

[1] «Entre el escepticismo y la nostalgia», en: AA. VV. 2006: 403-417.

bros autobiográficos pero también en la de *La cuarentena*, *Las virtudes del pájaro solitario* y *Aproximaciones a Gaudí en Capadocia* y se relaciona aún con *Paisajes de guerra con Chechenia al fondo*. El genotexto es sin duda «Ella», las páginas que fueran inspiradas por la muerte de Monique Lange, publicadas en el diario *El País* y más adelante editadas por la Universidad de Málaga, un texto a dos voces que alterna páginas y frases de la escritora francesa y la semblanza que de ella hace el escritor español.

3. Objetos y simbolizaciones: el cardo, los caftanes, el sombrero

Hay tres simbolizaciones importantes. La primera de ellas es la de un vegetal: el emblemático cardo de *Haxi Murad* de Tolstói del que se sirve el narrador para ensamblar pasado y presente, literatura y vida. La literatura tolstoiana entra así en el texto ocupando también ella un lugar destacado. Tolstói a su vez, es utilizado por el Creador con el que el narrador polemiza, como contrapartida del narrador.

> Estuve, eso sí, en la estación de tren de Astapovo cuando Tolstói interrumpió su fuga a los paisajes juveniles del Cáucaso. El no volvió a ver el cardo machacado por botas y pezuñas. Tú tienes más suerte, has alcanzado el desierto de piedra que tanto admiras [...] (Goytisolo 2003: 98).

Los otros dos casos son objetos y ambos pertenecen al mundo femenino: uno es el sombrero de la abuela que dispara hacia la infancia, la vieja culpa, la vida familiar, Cataluña, la añoranza; el otro son vestidos: los caftanes de «ella» que quedaron colgados en un armario de la casa marroquí. Ese armario y el otro armario, separados por el tiempo, las culturas y la distancia son los receptáculos de la nostalgia duplicada.

> Quedaban los vestidos. No los que ella había dejado en el apartamento del que él huyó [...], sino de los que se alineaban en los colgadores del armario, adquiridos a lo largo de sus visitas a la ciudad ocrerrosada: una docena y pico de caftanes [...] ¿Debía renunciar a ellos como le sugerían los amigos o conservarlos tal como estaban la última vez que fue a verle? Miraba el armario, pero no era el armario: era otro mayor, más antiguo y bello, com-

puesto de tres cuerpos con espejos y madera de caoba. En el lateral de uno de ellos se hallaban las prendas de vestir de la abuela [...]. Los trajes y los zapatos se esfumaron a su vez y durante un tiempo sólo permaneció un sombrero negro en el fondo de una caja de cartón con bolas de naftalina [...] (70).

Esos armarios, al resguardar la ropa de las que ya no están, resguardan también lo que resta de intimidad y de secreto femenino. El escritor dubitativo en un caso; su familia en el otro, violan o están a punto de violar esa intimidad. Cuando el sombrero de la abuela desaparece del armario, el narrador recuerda que «aquella ausencia le impresionó más que la muerte misma. Al niño que era se le encogió el corazón y sus ojos se humedecieron [...]» (71).

En cuanto al cardo tolstoiano, también adquiere el mismo valor de lo efímero, lo caduco, lo mortal.

Su destino —el de ella, de él y todos los descendientes de la Caverna— sería el del cardo cuya imagen obsesionaba a Tolstói, el mismo cardo tenaz que él buscó en las montañas del Cáucaso [...].
El cardo amputado y sus flores ennegrecidas cobraban el valor de un símbolo. El carro ciego que las tronchó era el que segaba metódicamente sus vidas (29-30).

4. LUGARES DE HABITACIÓN: CASAS Y CIUDADES

«Los recuerdos de las antiguas moradas se reviven como ensueños» dice Bachelard en su clásico estudio sobre el espacio (Bachelard 1962: 36). En este caso se trata de la masía Gualba[2], la finca catalana de la familia que fue testigo, no solamente de la infancia del autor sino también de los inicios de su relación con «ella» y que aparece en numerosas obras tanto de Juan como de Luis Goytisolo.

En la novela que nos ocupa, la masía Gualba establece relación, además, con la casa solariega de Tolstói mediante descripciones que cumplen los presupuestos para el género (Hamon 1991), tal como se desprende de la siguiente cita:

[2] Para conocer las repercusiones que esta casa tuvo en la obra de los hermanos Goytisolo se puede consultar la excelente biografía de Miguel Dalmau (1999).

> Se veía a sí mismo medio siglo atrás, en el tren que conducía al pueblo costero donde le aguardaba la tartana con el masovero de la desvanecida propiedad familiar. Su caserón, erigido sobre una antigua masía de la que sólo subsistía el arco del portal, le hacía pensar de modo retrospectivo en Yasnaya Poliana. En su visita posterior a la casa museo del patriarca le llamó la atención el parecido entre los dos edificios: el del indiano que fue su bisabuelo por un azar del destino y el del escritor [...]. En ambos había establos, almacenes, capilla, cocina y habitaciones para el servicio doméstico y la peonada, separación estricta, como por la ley divina entre siervos y amos [...] (45).

Pero estas similitudes se afinan en páginas siguientes donde:

> [...] Si bien las dos mansiones tenían capilla, estanques, cuadras y huertos con frutales [...], faltaba en la masía, híbrido de vasco y catalán, no sólo el lujo y refinamiento introducidos por Sofía en Yasnaya Poliana, sino también la escuela que, a diferencia del amo de negros bozales, creó el escritor para sus mujiles, conforme a sus sueños de fraternidad universal [...] (47).

En esta novela que se desarrolla en tres planos diferenciados: el de la realidad, el de la ensoñación y el de los recuerdos, la masía Gualba de Torrentbó es también el centro de sueños angustiantes de cambios y pérdidas (43), de extravíos y de confusiones espaciales (37), de recuerdos de un padre ilusionado:

> La ilusión de su padre de encarrilar el futuro de él y sus hermanos abarcaba igualmente el marco que debía encuadrar sus vidas. Quería dejarlo todo atado y bien atado: lo mismo sus estudios profesionales [...] que los bienes que heredarían y muy particularmente la finca, con sus vacas, gallinas, mulos, árboles frutales bosques de alcornoques, viñas, maizales, huertos de verduras [...] (35).

Estas ilusiones paternas fundadas en la previsión no se cumplieron:

> La agricultura de la comarca era un simple recuerdo: Innumerables chalets y residencias secundarias cubrían el espacio de antiguos viñedos o cultivos. Muchos bosques habían sido talados. Los estanques y albercas de riego ya no existían [...] (35-36).

El inexorable paso del tiempo (que «era un jinete ciego») arrasaba todo aquello que parecía que iba a durar. «Transformaba el paisaje, reducía los sueños a cenizas» (36). Y el narrador expresa de esta manera su relación con ese espacio:

> Su ayer se componía de escenarios desvanecidos. Las casas en las que vivió durante la niñez y la juventud fueron condenadas a la piqueta o se hallaban ocupadas por desconocidos [...]. [S]entía aquella pérdida del pasado como una mutilación. Los lugares por los que vagaba aún en sueños le habían sido vedados: si penetraba en ellos, lo hacía como un intruso (36).

Es éste un claro ejemplo de la simbiosis espacio/subjetividad/memoria de la que hablamos y que es —insisto— la que vertebra esta obra.

La otra casa importante que aparece en el texto es la que el propio autor habita en Marraquech. Típica casa de la zona, sobresale en ella el patio de naranjos y la azotea desde la que se divisan los Atlas.

Ya al comienzo del libro, después de una suerte de planteamiento de algunos de los temas que van a constituir la escritura: el miedo a la vejez que se avecina, la presencia de la infancia bajo el franquismo, el descubrimiento del nexo entre dos muertes (la reciente de «ella» y «la muerte materna escamoteada medio siglo atrás»), aparece esta casa que «olía a muerte: a la suya y a la de los demás» (15). El patio sufre la invasión de insectos muertos, muere en él un gran pájaro, muere una de las tortugas; una paloma muere en la azotea; un gato en la calleja. La misma casa comienza a sufrir deterioros.

En la esfera de los sueños, la casa marroquí es amenazada. Un taladro, una piqueta golpean las paredes en «el corazón de la noche» (65). Lo que en un primer momento se toma como un problema del oído (el oído es uno de los signos de la propia decrepitud), se convierte en situación temible. Cortados el teléfono y la luz, sólo puede pensarse en un ataque fatal del que hay que proteger a los niños:

> ¿Cómo hacerse oír en medio de aquella barbarie? Las paredes se resquebrajaban y cedían a la presión de las máquinas infernales. El nombre de los niños le llenaba la boca. Gritó, gritó y gritó. Luego comprendió que los golpetazos en la casa tambaleante eran los latidos de su propio corazón (66).

El espacio familiar se ha convertido en siniestro. El protagonista de esta historia no tiene ya un «hogar». Las casas que se constituyeron en tal durante la infancia —con la de Torrentbó a la cabeza— han desaparecido, se han transformado (en el caso de la masía llega a ser un «espacio vedado» [43]); la de París ha sido abandonada y París mismo se vuelve centro de pesadillas (37-38); la de Marraquech se convierte —en el momento de la escritura— en el símbolo de la muerte y la finitud.

La presencia de la ciudad en la literatura es símbolo de la modernidad. El tema ha sido objeto de innumerables estudios sobre todo a partir de los setenta. La extensa bibliografía ha destacado variados aspectos porque, como dice Calvino, «las ciudades son un conjunto de muchas cosas: memorias, deseos, signos de un lenguaje [...] son también lugares de trueque [...] pero esos trueques no lo son sólo de mercancías, son también trueques de palabras, de deseos, de recuerdos» (1983: 18). Ciudades de encuentros y de secretos; ciudades devastadas; ciudades sobreimpresas y deformadas, aparecen en muchas obras de Juan Goytisolo. Para poner unos pocos ejemplos: la Barcelona de *Para vivir aquí*, el París de la hecatombe en *Paisajes después de la batalla*; la Sarajevo en ruinas de *El sitio de los sitios,* el laberíntico Tánger de *Don Julián*, al que ya he hecho referencia, las dos ciudades descritas en *Aproximaciones a Gaudí en Capadocia* (El Cairo y Estambul) y se podría ampliar la enumeración teniendo en cuenta referencias, viajes, etc.

En este caso se trata de Marraquech. La ciudad marroquí se presenta como abigarrada y tumultuosa:

> [...] Salía a pasear. Zigzagueba por las esquinas de la calleja, se abría paso entre los ciclistas, automóviles y calesas, miraba fugazmente los carteles del cine con bellezas hindúes y karatecas, saludaba a los vecinos y clientes de las tiendas, se perdía en el bullicio y agitación de la Plaza [...] (55-56).

Sin embargo, hay algo más que observar. La ciudad testimonia el pasar del tiempo, ese andar incesante hacia la transformación espacial que avanza hacia la desaparición de lo distintivo y singular.

> El decorado nítido y blanco de las montañas y la silueta de la gran mezquita eran la garantía de una precaria continuidad frente a la furia destructiva del tiempo. El espacio urbano crecía y se degradaba: la multiplicación anárquica de altillos y barracas engendraba una ciudad superpuesta, oculta a las miradas, y reflejaba el crecimiento imparable de la población. Al bosque de antenas de ramas verticales y desnudas se añadía la proliferación de hongos blancos, redondos, venenosos de las parabólicas (57).

Las relaciones entre la ciudad y la Plaza, así como las que se establecen entre la casa y la azotea —más acentuadas que con la mezquita y el patio respectivamente— son cruciales condensadores de espacios. La Plaza Xemaá-El-Fná, que como se sabe es frecuentemente citada en obras de este autor, y que por su iniciativa fue declarada patrimonio oral de la humanidad[3], es el lugar de diarios paseos, de estancias en un café (17, 56) y es también un signo dentro de la ciudad. Sus voces y ritmos se intensifican a medida que avanza el día y sirven de reloj. Como en cualquier sitio de encuentro[4], la Plaza aglutina o diferencia, desde ella se trazan itinerarios y se articulan visiones. En su texto específico sobre Xemaá-El-Fná, Juan Goytisolo se refiere a esta plaza como un lugar en perpetuo movimiento, donde se despliegan las halcas con sus juglares y sus artistas, «la increíble vitalidad del ámbito y su capacidad digestiva aglutinan lo disperso, suspenden temporalmente las diferencias de clase y de jerarquía» (12).

La Plaza se aúna a lo que resulta el núcleo de la casa: la azotea. Ambas comparten, por ejemplo, la visión de la Kutubia (57). Como en toda construcción de ese tipo, la azotea participa de lo abierto y de lo cerrado. Es un espacio íntimo pero también expuesto. Es un «mirador» (39), más aún, es un «descubridero» (57, 59) desde el que se abarca el paisaje de las montañas y de la mezquita.

5. ESPACIOS TERRESTRES Y ESPACIOS SIDERALES

Ese paisaje es descrito morosamente sobre todo entre las páginas 59 y 60 dándole —y el recurso se repite varias veces en la novela— el sentido de lo teatral del que habla Hamon[5]. Dice el texto:

[3] El texto originario de esta declaración fue publicado en 1997 por Galaxia Gutemberg y Círculo de lectores.

[4] Marc Augé (1992: 72) amplía los sitios donde «los itinerarios individuales se cruzan y se mezclan» a los atrios, los umbrales, los mostradores, etc. La gran diferencia la podemos establecer en una mayor intensidad de lo «público» en una plaza. También Acconci (1990) se ocupa de este aspecto. Interesante —aunque excede el propósito de este trabajo— la introducción de William Sharpe Chapman (1990).

[5] Hamon (1991: 79) habla de la descripción como de una 'puesta en escena'.

> No se cansaba de escrutar las montañas, el límite impuesto por su maciza y agreste configuración. Muchas veces [...] las descubría casi de pronto, casi a su alcance, pegadas a los inmuebles de Sidi Bulukat. [...] Las cordilleras blancas parecían haber avanzado como el bosque de las hechiceras de *Macbeth* hasta rozar las azoteas ocrerrosadas de la ciudad. El fenómeno se reproducía cuando menos se lo esperaba, como un grandioso artificio teatral dispuesto por un escenógrafo astuto (59).

Resulta imprescindible una cita larga que condensa el sentido de la incorporación del paisaje en esta obra que —tal como se dijo— coincide con algunos de los videos de *Alquibla* —sobre todo los referidos al desierto— y con algunos capítulos de sus libros de viajes.

> La belleza de los contrastes se intensificaba conforme atardecía. El cielo era más azul, la nieve más blanca y los cipreses y edificios sobresalientes de la ciudad parecían absorber codiciosamente los últimos rayos del sol. Luego, mientras la penumbra se adueñaba del ámbito urbano y las cigüeñas volaban con serenidad hacia sus nidos, la cordillera acaparaba la luz, la densa condensación de la luz, como la apoteosis de una diva que extrema la fuerza y ardor de su arte ante la inminente caída del telón (60).

Las categorías teatrales abundan a partir de este momento. Al «telón de boca» que da el título a la obra se añade la diva, el telón externo, los bastidores, las butacas, el «espectáculo».

> Entonces, la vista se disolvía en la noche; los perfiles se difuminaban, las luces cansadas del alumbrado público precedían en unos minutos a la lenta emergencia de las constelaciones. El espectáculo había concluido y el público abandonaba platea y palcos. Pero el escrutador seguía soñando en el sur, en el montaraz territorio agazapado entre bastidores, como al acecho de su entrega total y definitiva (60).

En estas páginas aparecen varios recursos que entrelazan los temas: por un lado la apelación a las categorías teatrales que sustentan una parte importante de la ideología subyacente en el texto y sobre las que volveremos más adelante; por otro, la simbiosis lograda desde la azotea, entre los dos mundos, los dos paisajes: el urbano que concentra el presente y el montañoso que representa el futuro, la finitud, la muerte esperada. Pero además se unen dos confrontaciones espaciales que debemos también considerar: la tierra y el cielo.

En efecto, las constelaciones son eje y complemento al mismo tiempo de más de uno de los diferentes componentes textuales. Primero, están insertas en la infancia, en las muchas veces repetidas reminiscencias que tienen que ver con las aficiones del niño Goytisolo hacia la geografía y la historia (31); en segundo lugar están unidas a los primeros tiempos con «ella» cuando le demuestra sus conocimientos astronómicos desde la terraza de Torrentbó (el hecho de que se trate de la masía Gualba incluye otro elemento de nostalgia [39]).

Sin embargo, en el presente narrativo desaparece la magia de las constelaciones que se convierten en un caos destructivo,

> una destrucción de ilimitada y feroz violencia: explosiones estelares, fuerzas de repulsión y atracción, colisiones brutales [...] agujeros de simas devorantes (39).

En la escritura melancólica de las primeras partes van apareciendo rasgos escépticos y dramáticos relacionados con una visión pesimista del destino del ser humano. Una de las primeras imágenes es la de los niños ardiendo: «sus caras diminutas, como cabezas de alfileres, tapizaban la infinita extensión del espacio» (61). Las estrellas, objeto de contemplación beatífica en la niñez y juventud, se trasmutan ahora en criaturas nacidas y muertas desde hacía millones de años a los que «el Gran Canalla» les había prendido fuego. «El gran demiurgo», «el Desalmado» es juzgado por el personaje anticipando así la polémica que abarcará la parte final del texto:

> Los niños ardían como virutas: sus expresiones convulsas de horror desmentían las poses seráficas de las estatuas y láminas piadosas. El Desalmado les había rociado previamente con gasolina y flameaban como los cirios vibrátiles de las capillas de cualquier capital de provincias. Se estremeció de frío y procuró envolverse con la manta de cuadros que ella le había comprado antes de su partida definitiva (62).

La asimilación de las constelaciones al fuego no es, por supuesto, nueva en la literatura[6]. Lo que resulta novedoso es esta ensoñación de astros =

[6] Bachelard en *El aire y los sueños* (1943: 223) ejemplifica con un texto de Bourget que habla de «fuegos de colores».

niños que abre la compuerta para el desarrollo de la idea de un Creador objetable, tal como serán objetables las tradiciones, la historia misma que aparecen como imposturas, tiñendo la escritura de escepticismo.

Tampoco es nueva la comparación de la vida humana con una obra teatral. El gran teatro del mundo, la representación, los personajes, el tramoyista:

> La cordillera que contemplas es el telón de boca de un teatro: álzalo y penetra en él. El mundo que se extiende al otro lado responde a tus emociones y anhelos: abrupto, salvaje, abrasado por el sol y esculpido por la conjunción de los cuatro elementos [...]. No hay vegetación, no hay verdor, ninguna huella humana suaviza su desnudez y suntuosidad adusta. Las asomadas y ocultaciones del astro minúsculo que os calienta reiteran sus ciclos millones de años ante un anfiteatro vacío. Todos los colores y matices del espectro se combinan en una apoteosis escenificada para ti. Serás su único espectador [...] (88).

Sin embargo, la equivalencia vida = teatro cobra aquí una dimensión más acotada, más concentrada y significativa. Estamos ante el instante del paso de la vida a la muerte. El sentido final del texto es éste: cuando se abra el telón de boca (cuando se cruce el umbral) se penetrará en el otro mundo. El Desalmado se lo dice:

> Más allá del horror que vislumbras en el televisor y del que celosamente os velan quienes lo amañan, está la belleza oculta tras el telón de boca. Accede a ella y piérdete en su visión. Yo estaré allí para cerrar el paréntesis entre la nada y la nada (89).

En la tercera parte de la novela había aparecido una visión mucho más apocalíptica y siniestra del espacio de la muerte. Así como el telón de boca, que llevará atrás de las montañas, es una imagen de serena belleza, el despeñadero del acantilado hacia el que avanzan «miríadas de personas», resulta una descripción angustiante con voraces agujeros y abismos, con guerras, epidemias y hambrunas que diezman la marea humana que avanza hacia su destino inexorable, hacia la vorágine que había absorbido a «ella», cuando había cruzado a nado los límites trazados por las boyas:

Desde entonces su universo zozobraba. Pronto sería su turno y llegaría al finisterre del acantilado. Soñaba en el digno final de Tolstói en su fuga quimérica al Cáucaso. Pero la caducidad carecía de fecha y el momento de la bifurcación de su existencia y la del universo mundo no podía ser previsto como un guión de teatro. El telón de boca de las montañas seguía en manos del tramoyista (69).

Cuando el narrador/protagonista viaja por fin hacia los Atlas, el lenguaje del escritor cobra una tersura que aparece ya en otras obras pero que estaba ausente, por ejemplo, en la novela inmediatamente anterior, la *Carajicomedia* donde prevalece, como se sabe, el tono sarcástico y desenfadado.

El registro lingüístico con el que comienza el capítulo V pertenece al de un libro de viajes: taxi de carrocería polvorienta, asiento delantero, viajeros, falta de equipaje, trasbordo, paisajes en movimiento. Ese viaje da lugar a la reiteración de recursos del código teatral: «inmensidad teatral del decorado» (96), a la reiteración del motivo del cardo tolstoiano: «¿le aguardaba el cardo silvestre con flores de color frambuesa que vislumbró en la cuneta, camino de Shatoi?» (96) y al acrecentamiento de la ya planteada duda sobre la trascendencia: «La corona de luz había alcanzado su perfección reiterada y efímera. ¿El Gran Desalmado era al mismo tiempo el Supremo Artista?» (96).

Al llegar a las montañas, al lugar que había dispuesto para el tránsito, para cruzar el umbral, utiliza para la descripción del desierto de piedra ocre una adjetivación precisa y plástica. Algunos ejemplos:

> Un sol bermejo realzaba el perfil asombroso de las montañas, bastiones amurallados de una altanera y mirífica ciudad extinta. Los estratos rocosos, con estrías horizontales de colores mutantes, creaban formas piramidales de caras bruñidas sin el menor conato de verdor. El acendrado rigor de las figuras geométricas sugería la intervención discreta pero magistral de un artista [...] ¿Cuántos siglos habían sido necesarios para pulir las aristas de los estratos, ordenar el contraste armonioso de los volúmenes, tejer la enmarañada superposición de planos que configuraban el gran anfiteatro en la luminaria fugaz del crepúsculo? (95)

Vuelven otros motivos importantes: las constelaciones («Había agonizado durante horas, exhausto y transido de frío, sin otra luz que la de las constelaciones familiares de su infancia [...]» [97]); Tolstói y su muerte (97); los caftanes y el sombrero (98).

El apartado final anuda los espacios del presente narrativo. Otra vez la habitación, el patio con sus naranjos, la terraza; otra vez la ciudad descansando «en la noche prieta»; otra vez la Plaza que dormía; otra vez el cielo que «desplegaba su magnificencia e invitaba a descifrar el álgebra y silabario de las estrellas». Otra vez el perfil de la cordillera cubierto por la tiniebla que mantiene en secreto lo que tiene detrás porque aún no es tiempo (99).

Ya vemos cómo este espacio novelesco —a pesar de sus innegables anclajes topográficos— está muy lejos de apelar a los presupuestos comunes a la literatura realista[7] o neorrealista o modernista, desprendiéndose de convenciones y precisiones para internarse en los vericuetos del espacio subjetivo fuertemente teñido por la memoria.

Nos hemos encontrado con un texto emparentado con la propia obra goytisoliana posterior a los ochenta, que utiliza el espacio referencial del presente narrativo (Marraquech, los Atlas), con un matiz claramente subjetivo que se despliega memoriosamente hacia otros espacios (París, Cataluña), algunos de ellos ideológicamente marcados (Sarajevo, Chechenia) imbricados en referentes literarios (Tolstói) o culturales (Beethoven). Ese cruce de lo subjetivo y lo memorioso puede ir desde lo colectivo (la Guerra Civil española) a lo íntimo (el sombrero negro de la abuela). De una manera más amplia se sitúa la novela en un macro-espacio (extensiones desérticas, cielos constelados) apropiado para el otro gran tema del texto: la presencia del demiurgo, las reflexiones sobre el recuerdo, el olvido, la ausencia, la trascendencia, reflexiones (muchas de ellas irreverentes) teñidas de escepticismo. Sin embargo, hay una cierta reconciliación: el Desalmado es a veces caritativo:

> No duermas antes de tiempo. ¿Olvidaste tu cita conmigo? [...] Deja de pensar en la cuadratura del círculo y concéntrate en lo que te resta de vida: en la arenilla que escurre de la ampolla superior del reloj. La intensidad compensa lo efímero. [...] Mira el esplendor de la noche, piensa en la reiteración de sus ciclos. Has vuelto a la calidez del claustro materno del que jamás deberías haber salido [...] [h]as alcanzado el desierto de piedra que tanto admiras.

[7] Uno de los trabajos más exhaustivos al respecto es sin duda *Les Discours du roman* de Henri Mitterand (1980).

> [...] Hay rosas de arena enterradas alrededor de tu cuna. Si despiertas no me verás y si no despiertas todo habrá concluido (98).

> Se despertó y no le vio. Descubrió que no se había movido de la habitación y se asomó a mirar los naranjos del patio. Era noche prieta, la ciudad descansaba [...]. Subió a la terraza. El cielo desplegaba su magnificencia [...]. La Plaza dormía también. [...] Las tinieblas cubrían el perfil de la cordillera [...]. La cita sería para otro día: cuando se alzara el telón de boca y se enfrentase al vértigo del vacío. Estaba, estaba todavía entre los espectadores en la platea del teatro (99).

Los espacios y lugares están recogidos en esta última página: el sideral y el terreno, la casa, la plaza y la terraza, junto a los códigos teatrales asimilados a la vida humana (el telón de boca, los espectadores y la platea), en otras palabras los que se han desplegado en el transcurrir de la novela tal como hemos visto a lo largo de esta ponencia.

Bibliografía

AA. VV. (2006): *Homenaje a Ana María Barrenechea*. Buenos Aires: Eudeba, pp. 403-417.

Acconci, Vito (1990): «Public Space in a Private Time», en: *Critical Inquiry* 16/4, pp. 900-918.

Augé, Marc (1992): *Los «no lugares». Espacios de anonimato. Una antropología de la sobremodernidad*. Barcelona: Gedisa.

Bachelard, Gaston (1943): *El aire y los sueños*. México, D. F.: Fondo de Cultura Económica.

— (1962): *La poética del espacio*. México, D. F.: Fondo de Cultura Económica.

Calvino, Italo (1983): *Las ciudades invisibles*. Barcelona: Minotauro.

Chapman, William Sharpe (1990): *Unreal Cities*. Baltimore: John Hopkins University Press.

Dalmau, Miguel (1999): *Los Goytisolo*. Barcelona: Anagrama.

Goytisolo, Juan (2003): *Telón de boca*. Barcelona: El Aleph.

— (2000): *Carajicomedia*. Barcelona: Seix Barral.

— (1991): *La cuarentena*. Madrid: Mondadori.

— (1990): *Aproximaciones a Gaudí en Capadocia*. Madrid: Mondadori.

— (1988): *Las virtudes del pájaro solitario*. Barcelona: Seix Barral.

— (1970): *Reivindicación del conde Don Julián*. Barcelona: Seix Barral.

— (1966): *Señas de identidad*. Barcelona: Seix Barral.

— (1955): *Duelo en el paraíso*. Barcelona: Destino.
HAMON, Philippe (1991): *Introducción al análisis de lo descriptivo*. Buenos Aires: Edicial.
— (1988): «Texte et arquitecture», en: *Poétique* 73, pp. 3-26.
MITTERAND, Henri (1980): *Les Discours du roman*. Paris: PUF.

III.

LA CONSTRUCCIÓN
DE LOS ESPACIOS FICTICIOS

EL REALISMO INTENCIONAL: DE PEREDA A CUNQUEIRO

Darío Villanueva

Si uno de los objetivos de este simposio consiste en la investigación de cómo los discursos generan espacios y, viceversa, cómo los espacios generan discursos, ante convocatoria como ésta me sentí concernido desde una de las facetas de mi trabajo en los últimos años, el estudio de las teorías del realismo literario (Villanueva 2004), con la referencia adicional a un periodo de nuestra novelística, los siglos XIX y XX, a los que vengo prestando igualmente una cierta atención desde hace tiempo.

Dos son las concepciones de realismo en las que he agrupado diversas propuestas teóricas formuladas desde el siglo XIX. Un realismo 'concienzudo', de correspondencia, que yo prefiero denominar 'genético', y un realismo 'consciente', de coherencia, al que cabe calificar de inmanente y formal. En lo que se refiere a la consideración de los textos, los dos realismos apuntados se decantan hacia un 'heteronomismo' y un 'autonomismo', respectivamente.

Para el primero, la realidad que precede a la obra encuentra su reflejo transparente en ella, con la intervención de un arte literario que consiste, fundamentalmente, en el paradójico adelgazamiento de los medios que lo evidenciarían, sacrificados a aquel objetivo prioritario de recrear el referente exterior, tal y como se produce, por ejemplo, en el naturalismo. Para el segundo, por el contrario, de la única realidad de la que se puede hablar es de la inherente y simultánea a la *obra en sí* —como diría Flaubert—, pues en ella nace y se constituye *ex novo*.

Ambas interpretaciones me resultan insatisfactorias, y creo que conducen a sendas falacias. En lo que a mi postura teórica afecta, el realismo literario es un fenómeno fundamentalmente pragmático, que resulta de la proyección de una visión del mundo externo que el lector —cada lector— aporta sobre un mundo intensional que el texto sugiere.

Benjamin Harshaw fue quien diferenció en su día, a propósito de la literatura, entre los campos de referencia interno y externo. Por el primero de ellos entiende ese conjunto o red de elementos —espacios, pero también personajes, sucesos, situaciones, etc.— relacionados entre sí, que el lenguaje del texto instituye desde su primera frase —«En un lugar de la Mancha de cuyo nombre no quiero acordarme...»— al mismo tiempo que se refiere a él.

Este campo de referencia interno está modelado sobre aspectos de la realidad física, social y humana, lo que determina que, mediante la actualización del lector, se pueda traducir intencionalmente en términos de ese otro campo de referencia externo, extensional, que proporciona la realidad (Harshaw 1984).

La defensa, inexcusable, de la autonomía del universo intensional no exige, empero, la negación de que la literatura habla de la realidad a sus destinatarios o, por decirlo de otra forma, que los lectores hacen hablar intencionalmente de su realidad a la literatura. No es por completo rechazable tampoco desde este planteamiento la perspectiva del autor, que cuando se erige en *prima ratio* del realismo da lugar a la falacia genética.

Pero es un hecho que la intencionalidad del receptor, y su campo externo de referencia, pueden coincidir con la de quien ha creado el texto y el campo interno de referencia que éste integra. Esa cointencionalidad, perfectamente aceptable como posible, es no obstante mucho menos común que la que suele obrar con la mayoría de los textos actualizados en clave realista: la intencionalidad exclusiva del lector, porque la del autor por sí sola no es determinante en este sentido.

Existe, cuando menos, un texto que nos permite objetivar el funcionamiento efectivo del sistema productor de realismo por la proyección del campo de referencia externo aportado por el lector sobre el universo creado y autónomo presente en el texto.

Me refiero a una especie de prólogo que José María de Pereda puso en 1885 a la primera edición de su novela *Sotileza*, que lejos de ir dedicada a la generalidad de sus posibles lectores, se circunscribía, como reza su encabezamiento, «A mis contemporáneos de Santander que aún vivan».

El novelista confiesa su intencionalidad mimética de «presentar casos y cosas de la vida humana en los libros de imaginación», voluntad que en esta oportunidad concreta adquiere ciertos matices «arqueológicos», por así decirlo. Porque lo que en *Sotileza*

> acontece no es más que un pretexto para resucitar gentes, cosas y *lugares* [subrayo esta última mención] que apenas existen ya y reconstruir un pueblo, sepultado de la noche a la mañana, durante su patriarcal reposo, bajo la balumba de otras ideas y otras costumbres, arrastradas hasta aquí por el torrente de una nueva y extraña civilización (Pereda 1977: 60).

El novelista está confesando implícitamente que ha modelado el universo interno de *Sotileza* de acuerdo con una visión del mundo y de la sociedad ya periclitada. En efecto, la sociedad tradicional, patriarcal, que añora, ha dado paso a otro sistema —el industrial y burgués— en toda Europa; incluso, aunque no de forma tan resolutiva como en otros pagos, en España.

Por lo tanto, continúa el escritor montañés, solo sus paisanos coetáneos entenderán sus propósitos, y podrán recrear cointencionalmente junto a él el mundo representado y las generaciones que lo configuraron:

> ¿a quién sino a vosotros, que las conocisteis vivas, he de conceder yo la necesaria competencia para declarar con acierto si es o no su lengua la que en estas páginas se habla; si son o no sus costumbres, sus leyes, sus vicios y sus virtudes, sus almas y sus cuerpos los que aquí se manifiestan? (Pereda 1977: 61).

En modo alguno se puede esperar lo mismo de los demás lectores, en especial de los más jóvenes y no santanderinos —los lectores «de ultrapuertos»—, a los que no sin un punto de sarcasmo califica de «distinguidos y elegantes» por identificados ya con la nueva cosmovisión burguesa. Precisamente por ello, tales destinatarios proyectarán sobre *Sotileza* un interpretante contradictorio con la voluntad del autor, pero que —y de ahí la paradoja—, a pesar de ello, la hará significar.

Pereda, aunque escritor sensible a la crítica y nada desinteresado acerca de las especulaciones sobre los entresijos de la creación literaria, no era obviamente un teórico, pero el texto que comentamos posee gran valor a estos efectos. Es sorprendente, por ejemplo, el uso de la palabra 'competencia' en términos que son perfectamente asimilables a la jerga de la teoría literaria de inspiración lingüística más *à la page* en los pasados años sesenta y setenta del siglo XX. Por no faltar, no está ausente de su escrito una proclama a favor de la cooperación activa del receptor a lo largo del proceso de la lectura exigida por el esquematismo de la obra:

> ¿Y quién sino vosotros podrá suplir con la memoria fiel lo que no puede representarse con la pluma: aquel acento en la dicción pausada; aquel gesto ceñudo sin encono; aquel ambiente salino en la persona, en la voz, en los ademanes y en el vestido desaliñado? Y si con todo esto que yo no puedo representar aquí, porque es empresa superior a las fuerzas humanas, y con lo que os doy representado resultan completas, acabadas y vivas las figuras, ¿quién sino vosotros es capaz de conocerlo? (Pereda 1977: 61).

La última interrogante nos trae de nuevo a nuestro asunto principal: Pereda nos ha dejado en este prólogo un testimonio intuitivo —y claramente *avant la lettre*— del funcionamiento pragmático del realismo literario como resultado de la creación, a partir de las experiencias de un autor, de un mundo intensional, o campo de referencia interno, que sólo cobrará pleno sentido cuando se proyecte intencionalmente sobre él un interpretante —mejor que referente— extensional del lector lo más cercano posible al del propio novelista.

De ahí la rotunda declaración con que concluye este escrito:

> Así Dios me salve como no he pensado en otros lectores que vosotros al escribir este libro. Y declarado esto, declarado queda, por ende, que a vuestros juicios le someto y que solo con vuestro fallo me conformo (Pereda 1977: 59).

Pero tras semejante proclama se esconde una utopía. Cada santanderino nacido como Pereda en 1833, de su misma trayectoria, extracción social, cultura y actitud ideológica, proyectaría sobre el campo de referencia interno de *Sotileza* un campo de referencia externo diferente. Vale, a este respecto, la expresiva imagen del Hegel de la *Phänomenologie des Geistes* (1807): las obras de arte literarias son como «bellos frutos caídos del árbol», pues no traen consigo, a través del tiempo, más que un recuerdo velado y borroso de la realidad que estaba en sus orígenes.

La dificultad mayor que acarrea el realismo postulado por Pereda en *Sotileza* viene dada por una de las características esenciales del lenguaje literario: que está 'fuera de situación'. La distancia temporal entre la situación que corresponde al emisor y al receptor existe, incluso, entre contemporáneos, y el problema —el 'ruído' en términos de la teoría de la información— se agrava por la ausencia de contacto entre ambos y la imposibilidad de que opere la función metalingüística que el prólogo perediano insinúa. Todo queda al arbitrio de la actividad hermenéutica del lector, que es individual, además de espacial y temporalmente libre y variable.

Semejante actitud por parte de un escritor con palmaria vocación realista, si bien en este caso más volcada hacia lo que se ha dado en llamar 'realismo mágico', la encontramos en el prólogo que el escritor gallego Álvaro Cunqueiro puso a su libro de retratos *Xente de aquí e acolá* publicado en 1971. Se titula, precisamente, «Carta que o autor mandóu ao Dr. Domingo García-Sabell cando ordeaba iste libro», y bien merece un breve comentario.

El autor comienza por afirmar que su aparición entre los demás con un aire «algo desnorteado», como el de que viene de muy lejos, actitud en la que el doctor, su amigo, había reparado algunas veces, se justificaba por el hecho, escribe Cunqueiro, de que «viña de estar con istes, dos que conto nas páxinas que siguen» (Cunqueiro 1983: 151)[1].

Alguien podría, no obstante, dudar de la existencia de aquellas gentes —un tanto insólitas— de aquí y de allá que Cunqueiro retrata magistralmente, o incluso dictaminar sin reparos su condición puramente imaginativa, fabulosa, tal y como se deduce del párrafo siguiente, que subrayo:

> E o tal daría por sentenciado o pleito, pero coido que ti non, e eu tampouco. *Por iso che poño istas letras, para que me axudes, non solo a inquirir si*

[1] La versión castellana, debida al propio autor, se publicó con el título de *La otra gente* (Barcelona: Destino 1975). El prólogo titulado «Carta que el autor envió al doctor Domingo García-Sabell cuando ordenaba este libro» comienza así: «Mi querido Domingo: Una vez escribiste de mí que cuando yo llegaba a donde estabas, y me acercaba a ti o a otros, parecía que yo venía de muy lejos, algo desnortado, y tardaba en darme cuenta de que tú eras tú, y también de dónde me encontraba. Cuando tú lo dijiste, cierto será. Pues bien, yo podría responderte que venía de estar con éstos, de los que cuento en las páginas que siguen» (Cunqueiro 1975: 9).

houbo istes ou non os houbo, senón tamén si están ou non están parecidos nas fábulas miñas. Eu quero saber si hai moita diferencia entre o vivo e o pintado, ou máis claro aínda: si istes de meu son ou non son galegos, e que é o que predican do galego, si é que son dista nación[2] (Cunqueiro 1983: 151).

El escritor no trata de imponer a sus lectores la realidad — o mejor, el realismo — de los tipos encerrados en las viñetas de *Xente ao lonxe*, ni tampoco acepta sin más lo contrario, su condición fantasiosa o irreal. Por eso le pide al destinatario de su carta-prólogo, al que considera un sabio, que le acredite la existencia en Galicia de tales ejemplares humanos y, todavía más, que opine sobre la semejanza entre el modelo y la pintura. Porque, continúa, «eu terqueo que istes son retratos de xentes que son da nosa tribu, e que non poderían ser de outra calisquer», pero necesita contrastar su criterio con el de una persona autorizada: «quero saber de *magíster* si ista xentiña saíume parecida no retrato, e si eu son ou non parte dela» (152 s.)[3].

Otro ejemplo de sumo interés a este propósito nos lo proporciona el caso, verdaderamente peregrino, de la novela *La voluntad de vivir* de Vicente Blasco Ibáñez. El hecho es que *La voluntad de vivir*, anunciada para su inminente publicación en 1907, no vio la luz sino sesenta años más tarde, en el tomo cuarto de las obras completas de su autor, si bien existió una edición anterior (1953) con texto muy censurado. Libertad Blasco-Ibáñez explica, en un breve prólogo a la primera edición considerable como tal (la de las *Obras completas*), el porqué de esta irregular suerte editorial (y los subrayados son míos):

[2] Versión castellana del autor: «Y el tal daría por sentenciado el pleito, pero creo que tú no, y yo tampoco. Por lo cual te pongo estas letras, para que me ayudes a inquirir si hubo éstos o no los hubo, y también si están parecidos en mis fábulas. Quiero saber si existe mucha diferencia entre lo vivo y lo pintado, o más claro aún: si estos míos son o no son gallegos, y qué es lo que predican de lo gallego, si es que son de esta nación» (Cunqueiro 1975: 9).

[3] Versión castellana: «Porque yo terqueo que éstos son retratos de gente de nuestra tribu, y que no podrían ser de otra cualquiera»; «quiero saber de *magíster* si esta gente me salió parecida al retrato, y si soy yo o no parte o compañía de ella» (Cunqueiro 1975: 9, 11).

> Antes de dar al público sus novelas, tenía por costumbre Blasco regalar a sus amigos las primicias de su lectura para que le dieran su opinión antes que la crítica y el público. Esta vez todos coincidieron. Benlliure, Morote, Sorolla, Canalejas, Amalio Gimeno y otros amigos íntimos creyeron ver en el protagonista, el sabio doctor 'Enrique Valdivia', a un gran médico español, una lumbrera de la medicina mundial, a quien Blasco Ibáñez quería y admiraba, uniéndoles una estrecha amistad, a pesar de la diferencia de edad que los separaba: don Luis Simarro Lacabra.
> Blasco protestó reiteradamente que jamás se le había pasado por la imaginación retratar a su eminente amigo; el protagonista era hijo de su fantasía, solamente mera ficción. Pero su esposa apoyó lo dicho por los amigos y le aseguró que el doctor Simarro se ofendería; seguramente se había sugestionado, e inconscientemente el protagonista de *La voluntad de vivir* era el vivo retrato de don Luis.
> Blasco comprendió que si daba al público la novela, el venerable doctor Simarro se vería puesto en ridículo al mezclarlo con una historia de amor. [...] Un escándalo, a causa de la malicia humana, que lacerase el corazón de un anciano triste y dolorido, cuyo laboratorio describe en la obra, y que criticase las costumbres de una señora casada no lo podía consentir el escritor *y comprendió que las gentes solo sabrían ver lo que quisieran*. Retiró su obra y mandó quemar la edición entera (Blasco Ibáñez 1953: 694 s.).

De acuerdo con este inestimable ejemplo de primera mano, es fácil comprender que el campo interno de referencia de *La voluntad de vivir* incluye un personaje autónomo, creado por la imaginación del autor, el médico don Enrique Valdivia, pero que incluso antes de la publicación del libro, destacados lectores del mismo, amigos por otra parte de su autor, proyectaron sobre el texto un campo externo de referencia en el que dicho personaje era trasunto inconfundible de un individuo real, el doctor Luis Simarro. Lo que traducido a los términos de mis tesis significa, ni más ni menos, que esta proyección intencional de los destinatarios, no cointencional en relación a la del propio novelista, tendía a hacer de *La voluntad de vivir* un caso auténtico de *roman à clef*, tendencia que, por otra parte, ya estaba insinuada desde principios de siglo en las novelas urbanas de Vicente Blasco Ibáñez, centradas en Jerez, Toledo y Madrid.

Por cierto: este género de las 'novelas en clave' encierra interés sumo para analizar los procesos de realismo 'intencional' que nos ocupan. Así explica María del Carmen Bobes Naves el escándalo provocado por la publicación de *La Regenta*, fruto ante todo de una determinada actitud receptiva de los conciudadanos y coetáneos de Leopoldo Alas, «que impidió ver el relato como una obra de arte al limitar la lectura a la propia de un texto testimonial, cuya univocidad pretendían, a toda costa, los lectores» (Bobes Naves 1985: 13). Pero ella misma conviene en algo que nos remite de nuevo al prólogo de Pereda a *Sotileza*, o al espíritu de la carta de Cunqueiro a su amigo el doctor García-Sabell:

> Sólo un lector coetáneo y conciudadano de Leopoldo Alas puede leer *La Regenta* como una novela reflejo en la que Vetusta sea la fotografía de Oviedo y sus personajes sean retratos de personas conocidas de Clarín (Bobes Naves 1985: 13)

y de sus paisanos, como por caso el canónigo de la catedral, don José María Cos, que vendría a ser así el trasunto real de don Fermín de Pas. No faltan, sin embargo, referencias coincidentes entre Vetusta y Oviedo para un lector de hoy que conozca la capital del Principado y algo de la historia española del siglo XIX. La propia Carmen Bobes alude a que entonces las Audiencias territoriales tenían Regente, y no Presidente como más tarde ocurrirá, y hace una obligada mención al clima lluvioso que comparten ambas ciudades. Pero no se ha dejado de notar que la Vetusta de Clarín, a la sazón Catedrático de Derecho Natural y Filosofía del Derecho, carece de Universidad.

En suma, realismo es igual a donación de sentido realista a un texto del que se hace una hermenéutica de integración desde el horizonte referencial proporcionado por la experiencia del mundo que cada lector posea. La comprensión, nos ilustra Hans-Georg Gadamer (1977: 414), es una forma de efecto, y sobre todo, incluye en su esquema una fase muy importante para la hermenéutica jurídica y teológica, pero también para nuestro realismo intencional: lo que tradicionalmente se denominaba *subtilitas applicandi*, con que se culminaba la *subtilitas intelligendi* y la *subtilitas explicandi*, o fases propiamente interpretativas.

Ese «realismo intencional» como resultado de actualizaciones 'naturales' —'estéticas', diría el fenomenólogo Roman Ingarden— de la literatura se puede identificar con lo que Karlheinz Stierle denomina «recepción cuasi pragmática» (1975: 301), a medio camino, pues, entre lo que algunos semióticos como Götz Wienold (1971) consideran la recepción literaria y la recepción pragmática propiamente dicha (esta última acepta el contenido del texto como una instrucción aplicable al mundo exterior). El propio Ingarden (1962), en sus poco conocidos comentarios a la *Poética* de Aristóteles discrepaba de quienes entienden la *mimesis* como mera copia, y no como producción de un mundo «cuasi-real» dotado de «consistencia objetiva» (*gegenständliche Konsequenz*) ante sus receptores.

Esta lectura cuasi pragmática es la propia del realismo intencional. Todo comienza por la *epojé* del pacto de ficción, con la «voluntaria suspensión del descreimiento». Luego viene un proceso de creciente intensidad por el que el mundo representado nos interesa, nos identificamos con los personajes y sus escenarios —si el texto es narrativo (novelístico o teatral)— o con el enunciador lírico y sus afecciones internas, al mismo tiempo que dejamos de percibir el discurso como factor desencadenante de la ilusión, aun experimentándola tal y como lo hacemos gracias a él (si el discurso no es, como diría Gadamer, 'eminente', todo fracasa). Y por último, no regresamos a la actitud epistemológica anterior a nuestra voluntaria *epojé*. La virtualidad del texto y nuestra vivencia intencional del mismo nos llevan a elevar cualitativamente el rango de su mundo interno de referencia hasta integrarlo sin reserva alguna en el nuestro propio, externo, experiencial. Realista, en una palabra.

Ahí está la verdad de la literatura que es, como Pablo Picasso decía del arte en general, «una mentira que nos hace caer en la cuenta de la verdad». Una verdad que para ser admitida no nos exige renunciar a la consciencia de la autonomía del texto artístico, como constructo, frente a toda realidad previa y a las intenciones de su autor. Es en nosotros, sus lectores, donde al apropiárnosla como objeto estético pleno, actualizado, surge el realismo por virtud de esa *epojé* no reintegrada que la fenomenología de Husserl puede justificar con facilidad. Por virtud de esa suspensión del descreimiento que da paso, sin solución de continuidad, al entusiasmo de la epifanía.

Mas para esa superación del escepticismo de partida es imprescindible que el texto esté dotado de una configuración formalmente lograda. En definitiva, si no se puede concebir un texto plenamente realizado sin lectura, tampoco ésta tiene sentido *in vacuum*. Quienes tratan de contraponer la teoría formalista de la literatura y la 'Estética de la recepción' lo olvidan frecuentemente, y olvidan también que el fundamento fenomenológico de esta última fue compartido por los formalistas rusos, fervientes alumnos de un discípulo de Husserl, Gustav Spet.

Porque nunca el texto se ofrece como radicalmente fictivo o realista según sus propiedades intrínsecas, al margen de la actitud del lector, como muestra una prueba de contraste empírico realizada por Michael Riffaterre. El crítico reproduce un fragmento de *La Débacle* de Emile Zola donde, con suma precisión topográfica y toponímica, el narrador relata el cerco a que se ve sometido el ejército francés en Sedan. Pero sustituye los nombres de lugares y pueblos de las Ardenas por topónimos tomados de la guía telefónica del departamento de las Landas, para concluir que esta alteración de la referencia a lo real no puso en peligro la *mimesis* de la realidad (1979: 26 s.).

Aun aceptando que el realismo no se fundamenta necesariamente en propiedades formales determinadas —como tampoco la literariedad ha podido ser 'aislada' de la misma forma, es decir, por rasgos de lengua exclusivos—, lo que sí cabe investigar es cuáles sean las formas que, sin reproducir, por supuesto, la realidad mejor que otras, estimulan sin embargo más intensamente una actualización realista del texto al que pertenecen. Nos situaremos así del lado de una poética de la productividad realista, no del realismo mimético o de génesis. Y al igual que Riffaterre identifica mediante su herramienta teórico-crítica del 'archilector' aquellos hechos lingüísticos que se imponen a la atención del destinatario como auténticas unidades estilísticas, creo posible determinar empíricamente qué unidades formales actúan sobre el público produciendo intencionalidad realista. Basta para ello con acomodar a nuestra perspectiva el concepto, acuñado por Itamar Even-Zohar (1985), de 'realemas', que él entiende como el conjunto de elementos, tanto de forma como de contenido, susceptibles de ser clasificados en repertorios específicos para cada cultura como recursos que efectivamente producen realismo literario.

No se pretende, pues, analizar cómo los signos imitan, representan o reproducen la realidad del autor, sino cómo pueden engendrar en los receptores empíricos, mediante la configuración textual de un específico lector implícito, un efecto de reconocimiento intencional de su propia realidad.

Esta última es la equivalencia más congruente con mis planteamientos de una expresión francesa, *l'effet de réel*, que se ha difundido profusamente desde un corto pero iluminador trabajo de Roland Barthes

(1968), pero que procede del conocido ensayo de Champfleury *Le Réalisme*, de 1857. Pues a mí me interesa el realismo no desde el punto de vista de la fidelidad genética de lo que el texto diga o describa en relación al referente de su autor, sino desde el de cómo sus formas inducen una respuesta realista por parte del lector, cómo pueden suscitar en él ese efecto. La determinación de los resultados objetivos en la fase terminal de dicho proceso es la tarea que quedaría encomendada a una teoría empírica del realismo literario.

Para Charles Grivel, en su monumental obra *Production de l'intérêt romanesque* el texto es su efecto, el texto se mide por su actividad, por lo que es susceptible de producir, porque el texto engendra su lectura, el texto impone la o las lecturas correctas que son susceptibles de ser hechas a partir de él, a cuyo fin existe, como *rôle du roman*, «le lecteur, prévu par le texte» (1973: 96), es decir, el lector implícito.

Sigue siendo, pues, plenamente válida aquella caracterización del realismo como un principio dinámico en el seno de la serie literaria propuesta por nuestro maestro Fernando Lázaro Carreter (1976: 121-142), pues en gran medida depende del hallazgo por parte de los escritores de nuevas técnicas para producir una lectura realista entre sus destinatarios contemporáneos. Si el escritor asume que el realismo es un efecto que se habrá de inducir en los lectores mediante una prefiguración *ad hoc*, que vendría dada por el lector implícito, el hecho de que los horizontes de expectativa de la audiencia cambien con relativa rapidez impone la búsqueda de nuevas posibilidades estilísticas y compositivas. De ahí el continuo dinamismo de formas que provoca el 'efecto de realidad'. Cabe, por lo tanto, elaborar repertorios de formas 'realistas' como se suele hacer ya desde antiguo, porque las mismas no lo son —insisto— porque reproduzcan fielmente la realidad en cuanto conectan directamente el discurso con el referente, sino por cómo configuran un lector implícito que conduce al lector empírico hacia el 'realismo intencional'. Ese tipo de trabajo de descripción y clasificación de formas nos es útil; basta, simplemente, con invertir la orientación de su estudio: no del referente al texto, sino de éste al lector y su contexto. Tal modelo se encuentra ya en la Retórica, y no muy lejos de nuestros presupuestos, pues como Grivel recuerda, toda Retórica es Retórica del efecto.

A tal fin existen procedimientos concretos como la *sermocinatio*, la *laus*, la *descriptio*, la *fictio personae*, la *metaphora*, la *allegoria* y, muy destacadamente, la *evidentia* —la *hypotíposis* de los griegos—, término éste con el que, según Quintiliano, Celso designó a una figura básica para todo *effet de réel* consistente en poner delante de los ojos del lector —si ello fuera posible— los espacios, las cosas o los sucesos, con todo detalle, como si los contempläsemos.

Alguna de las aportaciones más interesantes a este respecto son las de Philippe Hamon, sobre todo su libro sobre la descripción (1981), que recoge materiales previamente publicados en forma de artículos.

Este autor se proponía, desde principios de los años setenta, identificar, a partir de la práctica textual del realismo y el naturalismo decimonónicos, un conjunto de rasgos formales y temáticos específicos del discurso realista, pero no desde la perspectiva excluyente del enunciado, sino teniendo en cuenta el proceso de enunciación en su conjunto, es decir, investigando la relación entre la programación de un autor y un cierto estatuto de lector por él creado. Tal 'poética' del realismo se fundamentaría, pues, en una verdadera pragmática, que reemplazaría la pregunta clásica: *¿cómo la literatura copia la realidad?*, por esta otra: *¿cómo la literatura nos hace creer que copia la realidad?*; o, lo que es lo mismo, *¿qué medios estilísticos, qué estructuras obligatorias pone en juego, consciente o inconscientemente, para crear el estatuto especial del lector «realista»?*

Donde asimismo se da un inequívoco impulso pragmático desde el texto hacia la recepción es en la obra ya citada de Charles Grivel. Desde el propio título de su trabajo, Grivel habla de génesis de un interés que «se produit comme déchiffrement [...] *il n'est d'intérêt romanesque que ce déchiffrement*» (1973: 90); y ese descifrado, en la literatura a la que Grivel remite, es esencialmente realista. «*La 'realidad' (el efecto de realidad)* —nos dice— *es un producto de la actividad textual*, singularmente de la novela»[4] (1973: 256). Por ello la aportación de Grivel es una pieza clave para el renovado estudio del realismo intencional.

Así por ejemplo, la *lisibilité* de Philippe Hamon se relaciona fundamentalmente con un conocido párrafo zolaesco de «Les romanciers naturalistes» en donde se pide una especie de *non-style*, una lengua limpia y transparente como el vidrio. Esta legibilidad tiende, no solo por este conducto estilístico, a evitar al máximo cualquier 'ruido' perturbador de

[4] Traduzco del original francés.

la transitividad informativa que se pretende a toda costa y que explica la previsibilidad de la mayoría de los elementos de la sustancia de contenido, esa «banalité des choses décrites» pareja a la banalidad «des modes de présentation» que ha estudiado admirablemente Françoise van Rossum-Guyon (1970) a partir de *La modification*.

Para nosotros, todo esto se cifra simplemente en una drástica limitación, hasta donde esto sea posible, de los 'lugares de indeterminación' del texto, para reducir su esquematismo hasta extremos que permitan una fácil actividad cooperativa del lector para completarlo y conferirle plenitud de sentido.

De tal forma —atrayendo una vez más el argumento a la fenomenología y la pragmática del realismo— se favorece mediante una ajustada predeterminación textual que el campo de referencia interno se proyecte, con el concurso imaginativo del lector, sobre otro externo, forzosamente más amplio que aquél, y sólo aportable desde el horizonte del sujeto de la actualización. Relaciónese esto con el hecho de que en el realismo literario el *hors texte*, importa tanto (o más) como lo que efectivamente está expresado en el propio texto. Ese 'fuera de texto', como nos hemos tomado la libertad de denominarlo, al ser algo que le falta al discurso, pero que nace de él pues resulta de la suma de los vacíos que también lo constituyen, contribuye a configurar el 'lector implícito'. Para reducir la amplitud de ese *hors texte* y programar una actualización menos ardua de la obra, se da lo que Hamon denomina el *surcodage* del discurso realista, la sobrecodificación lograda mediante el concurso de medios visuales que añaden información, como pueden ser grabados, fotografías, dibujos, diagramas, etc., especialmente aplicables a la construcción del espacio novelesco.

Según Hamon (1973: 426), la presencia de nombres propios, históricos o geográficos, así como la *motivation systématique* de estos últimos y los de los personajes, actúa a modo de las citas del discurso pedagógico, es decir, como argumentos de autoridad que anclan la ficción en la objetividad externa a ella, y aseguran un efecto de realidad con frecuencia acentuado. Y esto, independientemente de la correspondencia efectiva de los topónimos y antropónimos con la realidad, como muestra el experimento de Michael Riffaterre que comentamos ya.

Según apunta Morse Peckham (1970: 103), en una novela produce idéntico efecto de justeza referencial sobre el lector —y por ende, de realidad— la afirmación de que el Empire State Building está en la esquina de la Quinta Avenida y la calle 34 —lo que es cierto— o en la esquina de Madison y la calle 72 —que no lo es—. En todo caso, es fundamental el enraizamiento del individuo —en la novela, del personaje— en un determinado lugar, asimismo denominado con precisión, y en un tiempo concreto. Según Ian Watt (1957: 21), el 'principle of individuation' aceptado por Locke implica la existencia en un enclave particular tanto en el tiempo como en el espacio, y la novela moderna no dejó de acusar esta nueva actitud epistemológica. En ello insiste Grivel cuando afirma que el relato, para inaugurarse, mantenerse y desarrollarse como un mundo cerrado, suficiente y consistente, exige de consuno localización y temporalidad: «Debe decir cuándo, debe decir dónde (quién, qué). El acontecimiento narrativo no se propone sino provisto de todas estas coordenadas» (1973: 102)[5]. Coordenadas espaciales y temporales que producen 'efecto de realidad'. Según Grivel, la historicidad es ese valor —falso— que la ficción se da de soslayo por mor de la temporalidad, porque toda marca de temporalidad autentifica. Igualmente, la localización, la espacialización produce la veracidad del texto, procura su verosimilitud y constituye a la vez la 'realidad'. La presencia de todos estos elementos de plenitud, frente a lo que serían los lugares de indeterminación correspondientes que dejaría su ausencia, construye el lector implícito del discurso realista, aquel en el cual todo converge hacia la edificación de la veracidad del texto, pues la novela es un sistema de verdad, un auténtico hervidero de marcas de verosimilitud, de protesta continua de su referencialidad y verificación narrativa de esa protesta, en lo que la dimensión del espacio que estudiamos en este simposio es determinante.

[5] Traduzco del original francés.

BIBLIOGRAFÍA

BARTHES, Roland (1968): «L'effet de réel», en: *Communications* 11, pp. 84-89.

BLASCO IBÁÑEZ, Vicente (1977): *La voluntad de vivir*, en: *Obras Completas*. Tomo IV. Madrid: Aguilar.

— (1953): *La voluntad de vivir*. Madrid: Planeta.

BOBES NAVES, María del Carmen (1985): «*La Regenta* desde la estética de la recepción», en: *Letras de Deusto* 32, pp. 7-24.

CUNQUEIRO, Álvaro (1983 [1971]): *Xente de aquí e acolá*, en: *Obra en galego completa. III. Semblanzas*. Vigo: Galaxia.

— (1975 [1971]): *La otra gente*. Barcelona: Destino.

EVEN-ZOHAR, Itamar (1985): «Les règles d'insertion des 'réalèmes' dans la narration», en: *Littérature* 57, pp. 109-118.

GADAMER, Hans-Georg (1977): *Verdad y método*. Salamanca: Sígueme.

GRIVEL, Charles (1973): *Production de l'intérêt romanesque*. The Hague/Paris: Mouton.

HAMON, Philippe (1981): *Introduction à l'analyse du descriptif*. Paris: Hachette.

— (1973): «Un discours contraint», en: *Poètique* 12, pp. 411-445.

HARSHAW (Hrushovski), Benjamin (1984): «Fictionality and Fields of Reference. Remarks on a Theoretical Framework», en: *Poetics Today* 5/2, pp. 227-251.

INGARDEN, Roman (1962): «A Marginal Commentary on Aristotle's *Poetics* (I y II)», en: *Journal of Aesthetics and Art Criticism* 20, 2-3, pp. 163-173 y 273-285.

LÁZARO CARRETER, Fernando (1976): *Estudios de Poética*. Madrid: Taurus.

PECKHAM, Morse (1970): «Is the Problem of Literary Realism a Pseudo-Problem?», en: *Critique. Studies in Modern Fiction* 12, pp. 95-112.

PEREDA, José María de (1977): *Sotileza*. Edición de Enrique Miralles, Madrid: Alambra.

RIFFATERRE, Michael (1979): *La production du texte*. Paris: Editions du Seuil.

ROSSUM-GUYON, Françoise van (1970): *Critique du roman. Essai sur 'La Modification' de Michel Butor*. Paris: Gallimard.

STIERLE, Karlheinz (1975): «Réception et fiction», en: *Poétique* 39, pp. 299-320.

VILLANUEVA, Darío (2004): *Teorías del realismo literario*. Segunda edición corregida y aumentada. Madrid: Biblioteca nueva.

WATT, Ian (1957): *The Rise of the Novel. Studies in Defoe, Richardson and Fielding*. London: Chatto & Windus.

WIENOLD, Götz (1971): *Formulierungstheorie — Poetik — Strukturelle Literaturgeschichte. Am Beispiel der altenglischen Dichtung*. Frankfurt/M.: Athenäum.

ESPACIO INTERMEDIAL EN LAS LETRAS ESPAÑOLAS CIRCA 1900: DEL PARADIGMA CRÍTICO ROMÁNTICO AL POSTREALISTA

Germán Gullón

El valor asignado a las obras literarias ha cambiado con el paso del tiempo, si bien la calidad de las ideas expuestas y el estilo empleado sirven todavía de criterios principales en una evaluación crítico-literaria. Cada lustro o decenio, los estudiosos mudan de lentes y miran los textos con perspectivas renovadas. Hoy parece obligado ajustarlas, casi diría sustituirlas, porque en el siglo XX se produjo una conjunción de artes, las tradicionales como la literatura, y las recientes como el cine, que modificaron radicalmente el entendimiento de la creación artística. Asimismo, y en consonancia, la obra literaria, el repositorio cultural de la memoria del hombre estaba variando de carácter, debido al cambio de posición del creador en el universo artístico. Durante la primera modernidad, la época renacentista, el hombre experimentó la pérdida de su centralidad en el universo a causa de los descubrimientos científicos, pero supo, mediante el racionalismo y posteriormente el idealismo, colocarse él en el centro del mundo, haciendo depender la verdad de sí mismo, del sujeto, de lo que éste pensaba (racionalismo) o sentía (idealismo). La verdad a la fecha actual, enseguida lo constataremos, resulta múltiple, diversa, constituida por el ser humano en un ámbito social abierto. Vivimos un momento de cambio importante; por un lado, el paradigma ideológico está modificándose, pasando del regido por el ser individual a uno que exige mayor pluralidad, y donde la racionalidad y la conciencia ceden terreno a la inmediatez emocional. Por otro lado, la obra literaria se resitúa en el campo cultural, porque las artes visuales ocupan un lugar de mayor prominencia, y el modo de conocer derivado de la lectura de textos y del mundo resulta diferente.

La crítica evoluciona en consonancia con el objeto de su estudio. En los años setenta el francés Gérard Genette explicó, analizando la obra de Marcel Proust, cómo pasamos de una ficción basada en el desarrollo temporal, la decimonónica, a una espacial en el siglo XX. Se había producido un cambio en el subparadigma romántico, en el cómo el sujeto, persona o narrador novelescos, experimentaban el devenir temporal y la localización espacial. El crítico analizó la estructura novelesca formal de Marcel Proust, que permitía trasmitir esa sensación, tan familiar ahora, de que no ordenamos las cosas por su cronología, temporalmente, un suceso que sucede sólo una vez en un determinado lugar tras otro suceso ocurrido sólo una vez en un determinado lugar, sino espacialmente. Los tiempos y los lugares visitados varias veces en momentos diferentes pierden su perfil, y la memoria individual los mezcla, y entonces en vez de su unicidad interesa, o lo que interesa al escritor, el carácter derivado de la suma de visitas efectuadas a un mismo lugar (Genette 1980). O dicho con palabras distintas, la temporalidad deja de ser importante, el factor determinante, siendo reemplazado por el hueco espacial, donde anidan los recuerdos de cuantas ocasiones visitamos un mismo sitio.

Desde finales del siglo XX interpretamos esa conjunción aún de otra forma. Sabemos que el sujeto no reside en el vértice de la experiencia intelectual; de hecho, la figura del autor tradicional, poseedor único de la verdad e inigualable explorador de los misterios del existir humano, resulta anticuada, pasada de moda. El autor actual, sea de una obra cinematográfica, arquitectónica o literaria, concierta opiniones, propias y de otros, estilos, con vocabularios cultos y diálogos juveniles, espacios, personales y urbanos, ajenos. Sucede, y ésta es mi propuesta, que asistimos a la apertura de un paradigma, que difiere en sus bases de las establecidas por el reinante, el romántico. El sujeto, lo dije antes, no se halla en el vértice del discurso ni es su único responsable. La responsabilidad se ha hecho múltiple, digamos que del coro humano. Vivimos un momento en que la voz de un individuo, la perspectiva de una sola persona resulta demasiado estrecha; los criterios aplicados en la elaboración del discurso exigen diversidad de perspectivas, debido a la educación universal, la ampliación de los campos del saber, y los avances habidos en las ciencias biológicas y sociales. Habitamos un mundo interconectado, interdisciplinario, en el que las verdades deben ser construidas por una variedad de factores, que superan a un sólo individuo[1]. A este momento lo denomino postrealista; el momento realista fue cuando los valores consensuados por las clases dominantes se imponían al resto, mientras que en la actualidad predominan los alcanzados por el consenso y encuentro de los diferentes grupos sociales, valores complementarios (Mohanty 1995: 115).

Los espacios hay que interpretarlos en otra clave. La tradicional refiere su configuración a una persona, al narrador, al que los ha experimentado, mientras que el espacio actual lo sentimos en su multiplicidad. Las ciudades, por ejemplo, los espacios privilegiados por la novela decimonónica, ya no aparecen simplemente presentadas por ser los escenarios de las acciones de la obra, en *Misericordia* (1898), de Benito Pérez Galdós, ni porque resulten espaciales, caso del *Ulysses* (1922) de James Joyce, sino porque pertenecen a la gente, a los arquitectos, a los urbanistas, etcétera, y en ese estadio estamos, en que se nos presenta una multiplicidad de situaciones, de voces, de personas. La obra, como dije, a falta de mejor palabra, se ha hecho coral. Pienso en películas como *Shoah,* de Claude Lanzmann o en novelas como *Sefarad*, de Antonio Muñoz Molina.

El segundo aspecto, en el que centro el trabajo, explora el cambio producido en la construcción de la trama, porque el elemento decisivo, el suceso que precipita el argumento, digamos el que una persona descubre que fue engañada por otra, y lo precipita hacia un fin, puede basarse en una imagen. Por ejemplo, en *Fortunata y Jacinta* (1886-1887), de Benito Pérez Galdós, aprendemos en el arranque de la novela, que la acción principal depende de una imagen, surgida cuando el protagonista, Juanito Santa Cruz, se encuentra por primera vez con su futura amante, Fortunata. Se cruza con ella en la escalera de la casa de la Cava Baja 11,

[1] Y no se confunda este momento coral con el dialogismo de Mijail Bajtín, la mezcla de perspectivas. De lo que hablamos es de una circunstancia más radical, en que la mezcla y yuxtaposición es total, y sin que una perspectiva predomine sobre otras. La perspectiva individual se funde en una múltiple.

donde Fortunata, en un descansillo, chupa un huevo crudo. La crítica tradicional explica la acción sólo desde el punto de vista del personaje chupando un huevo, la fuente de la vida, los orígenes mitológicos, etcétera. Nosotros reflexionamos sobre la escena visionando la imagen de la bella mujer combinada con las palabras, el vocabulario de la chulapa madrileña, quien invita al joven a chupar otro huevo. Hoy preferimos actuar críticamente en un contexto intermedial, donde palabra e imagen comparten el espacio creativo y por ende el crítico.

Pretendo en este trabajo revisar un momento, precisamente el final del siglo XIX y los comienzos del XX, cuando comenzó a sentarse las bases de lo que será un espacio trasversal, donde se cruzan perspectivas, voces, maneras de entender la realidad complementarias. Es como si el especialista, tipo tan del siglo XX, se hubiera cansado de seguir por su propio camino y empezara a buscar compañía. Me detendré en la protoforma adquirida por ese transversalismo cultural, observando cómo el sujeto narrador novelesco admite una diversidad de perspectivas, de apreciaciones, impropias de un narrador literario tradicional, de cómo admite la trasversalidad de imágenes provenientes del entorno pictórico o del musical, que incluirá en el texto (Butler 1994).

ESPACIO Y MEMORIA INTERMEDIALES

En los años medios del siglo XIX resultaba una intuición innovadora incluir en el texto literario imágenes visuales del mundo ordinario y de personas junto con las verbales propiamente dichas. Era debido al nacimiento de la fotografía. Posteriormente, y con la llegada del cine, la mezcla de imágenes visuales y literarias, carentes de correlato en el mundo ordinario, aumentará cada vez con mayor conciencia de lo que se hace, muy destacadamente en lo que denominaremos el vanguardismo. A la altura de los años entre 1890 y 1900, se intuye sobre todo la eficacia de la mezcla. Será luego con el cubismo y la pintura abstracta cuando se producirán las aportaciones conscientes de la polinización visual, sobre todo en el empleo de las técnicas de representación fragmentada de la realidad en el texto verbal y en la tela. El cine fue el referente principal. Ofrecía una sucesión de imágenes, delimitadas por un hiato negro, y, a la vez, naturalmente reflejadas en una literatura donde la historia, el argumento comparte su capacidad semántica y expresiva con la forma. La forma, la manera en que se presentaban los temas deviene un importante componente estético, el determinante, e indica que el autor es consciente de lo que hace. O sea, se produce una traslación del interés por el tema al interés por la forma. Desaparece, por ejemplo, el comienzo panorámico de las obras, y entramos enseguida en la cuestión, *in media res*. Piénsese en *Niebla* (1914), de Miguel de Unamuno o en de *Los de abajo* (1915 y 1925), del mexicano Mariano Azuela, o en *Luces de bohemia* (1920), de Ramón María del Valle-Inclán. El innovador paradigma literario permite representar la vida y el mundo de su tiempo, incorporando aspectos hasta entonces inusuales, como es la espacialidad, acompañada de imágenes y sonidos, para completar el efecto que se busca ejercer con la obra literaria. Muchas veces a estos últimos aspectos la crítica los denomina los elementos líricos. El tema único deja de ser el predominante, y asistimos a la incorporación al centro de interés de la obra de algo habitualmente reducido a los márgenes de la obra. En cierta manera, la sensualidad, las imágenes, los sonidos, los colores, anteriormente parte del decorado, del trasfondo, comenzaban a definir el ambiente, el espacio plural donde la variedad de lugares se suma a la sensorial. El lector tendrá que acostumbrarse a interpretar la obra literaria con otros parámetros, porque tan importante como el hilo conductor del tema resulta ahora el ambiente sugerido.

Los estudios del futuro analizarán conjuntamente las obras literarias con sus versiones cinematográficas, lo que permitirá comprender ampliamente lo que en este trabajo apenas comenzamos a tratar, cómo en un momento en la historia, justo cuando está a punto de aparecer el cine (1895), y la fotografía ya está entrando en su primera madurez, los autores y lectores, comienzan a compartir en la lectura una pluralidad de memorias, que no son sólo las provenientes de la memoria del autor, sino de una agregación de las verbales, las visuales y las sonoras. Lo cual fue posible precisamente porque estaba a punto de realizarse un reajuste en el paradigma. La fragmentación que dominará en la modernidad que roza con la vanguardia, el individuo, el sujeto, el autor, comienza a compartir el cuadro percepcional de la obra con el lector valiéndose de múltiples impulsos perceptuales, y que no todos provienen de lo verbal.

La literatura hacia 1900 dejó su piel realista y naturalista a un lado, y sale a las librerías vestida con las galas simbolistas o modernistas, como suele denominarse en el dominio de la lengua española. Seguirá el cuarto de siglo más brillante de la literatura, cuando la autonomía del arte literario, declarada en la época romántica, bajo el lema del arte por el arte, alcanza su punto más elevado. La literatura, la música, la pintura durante ese cuarto de siglo se soñaron independientes, autónomas, capaces de ser un cielo laico para el hombre, o, al menos, los jardines interiores del hombre culto (Gullón 2003). Aparentemente renunciaban a ser el centro del debate intelectual de su tiempo, especialmente la novela, que con *La Regenta* (1885), *Los pazos de Ulloa* (1885) y *Fortunata y Jacinta* (1886-1887), entre otras ficciones, habían logrado unas representaciones de la vida donde se planteaban cuestiones cruciales de su momento.

Durante el siglo XIX, la literatura se convirtió, repito, en el escenario principal del debate intelectual, el terreno que al comienzo de los tiempos modernos, en los siglos XVI y XVII, ocupara la religión, y fuera heredado en el XVIII y primera mitad del XIX por la filosofía. La novela lo ocupó en la segunda mitad del ochocientos. Un arte que desde sus inicios allá por 1554, cuando se publicó el *Lazarillo de Tormes*, levantó todo tipo de sospechas, porque incitaba a los lectores a imitar conductas poco nobles. Sin embargo, este instrumento cultural, que con el paso de los siglos se había refinado y puesto a punto para representar como ningún otro las cambiantes perspectivas, pensamientos y maneras de ser humanas, se erigía en el escenario donde los escritores, llamados ahora intelectuales, desde el famoso «Yo acuso» de Emile Zola, debatirían la visión y futuro del hombre.

La historia que desde mediados del ochocientos actuaba de árbitro de cualquier disputa, que servía de código para dirimir cualquier disputa, pues su verdad se basaba en los hechos, vino a sustituir a la certeza religiosa, de cimentos menos fijos, como la fe. No obstante, durante el siglo XX, del modernismo al postmodernismo, se producirá un enorme desgaste de la historia, tanto que en el momento postmodernista, el último tercio del siglo pasado, se llega a dudar de la valía de la historia, o dicho de otra manera, se convierte en un baluarte del pensamiento conservador. Los progresistas piden que se rescriba la historia, usando un nuevo vocabulario, donde las palabras «desarrollo» o «nación» sean sustituidas, entre otras, por las de etnicidad y postcolonialismo. Por otro lado, las nacientes ciencias sociales y psicológicas, también cuestionaban las premisas del saber humano tradicional, tanto el historiográfico como el filosófico o literario (Hutcheon 1988 y Hayden White 1978).

El principal repositorio narrativo de la memoria de la humanidad, la historia, desde la universal, la española o la literaria, era puesta en entredicho, y no sólo porque las ciencias sociales pedían una revisión de los principios que regían la vida sociocultural, sino porque otras artes, que disputaban a la literatura su primacía en el campo cultural, el séptimo arte, el cine, y la música, exigían también formar parte de esa memoria. La memoria no la constituirán sólo los hechos, los hechos históricos o los cuantificables, sino también las imágenes, los sonidos, los momentos en que se produce una memoria memorable, valga la redundancia, que el auditor o espectador puede recordar. Y así como en el XIX la novela absorbió al teatro, la literatura se ocupará de asimilar, absorber lo visual y lo sónico en sus páginas. Intento que quizás fuera frustrado.

La memoria del lector de literatura ha sufrido a lo largo de los tiempos numerosos cambios, desde los tiempos de la edad de la palabra, la Edad Media, cuando se pedía memoria para recordar las versos, hasta la edad de la imprenta, del *Quijote*, cuando nace el lector silencioso, y entonces la memoria tiende a usarse para entender la causalidad que une las acciones contadas y a razonar en los márgenes de la penumbra lectorial, hasta la memoria que nosotros tocamos hacia 1900, cuando a las funciones anteriores se le suma la exigencia de yuxtaponer, de entender los razonamientos, la causalidad y la nueva manera sinecdótica de pensar, que pone dos cosas en contraste. El cubismo, por ejemplo, sería mejor ejemplo de una corriente visual que afectaría a las letras. Y las afectaría tanto que la memoria de los hechos históricos, cuando aparecen en una novela, como en *Los de abajo* de Mariano Azuela, lo que el lector recuerda más que los hechos verídicos de lo que sucedió en la Revolución Mexicana. Nadie puede olvidar el momento en el que Demetrio Macías, protagonista de la novela mexicana, entra en su ranchito, y perdona a la tropa que iba a violar a su mujer, diciendo que no le había llegado la hora. Su cuerpo que hace sombra y tapa la luz de la puerta, es un momento visual en una novela inolvidable (Azuela 1958: 8), como el despertar de Samsa en *La metamorfosis* de Kafka. Y qué decir de la cantidad de imágenes que se han ido acumulando en nuestro cerebro de tantos y tantos lugares, de películas, de imágenes novelescas, que se entremezclan en nuestra cabeza. Esto ha dado lugar a un nuevo tipo de arte, del que uno de los principales creadores es Julio Cortázar, el arte en que predomina la multiplicidad (Herráez 2004: 14 s.).

Fenómeno curioso, porque exige del lector no tanto el conocimiento de otras literaturas, sino de otros artes, de imágenes conocidas. Así nace un espacio sin lugar, un espacio donde coinciden percepciones sin locación precisa, o mejor dicho que remiten menos a la obra misma como al lector, que es quien realiza la mezcla, quien unifica las distintas percepciones.

LA LECTURA INTERMEDIAL: LITERATURA, MÚSICA Y PINTURA

Durante los siglos XVIII y XIX cambió drásticamente el modo de leer entre la gente culta, el 1% escaso de la población, en países como Alemania, Francia o Inglaterra, pasando de una lectura intensiva a una extensiva (Cavallo/Chartier 1998: 42). Los lectores abandonaron la repetición intensa de las palabras, la constante relectura, la preferencia por los libros religiosos; la reiteración adormecía el interés lectorial, orillando la búsqueda de temas novedosos y experiencias diferentes con las que avivar el seso. Miguel de Cervantes se burló con gracia universal del mal efecto producido por tal tipo de lectura. La lectura extensiva exponía al lector a diversos peligros, principalmente el de meterse en averiguaciones sobre temas en los que la costumbre y el dogma tenían todo predeterminado. Entonces como hoy, la literatura fórmula, como el folletín, el *thriller* actual, atraían a mucha gente, y resultaban inocuos, porque al final siempre se imponía el sentido común y las reglas sociales en uso volvían a prevalecer en el cierre textual. Lo malo eran las novelas que se salían de las rodadas, y abordaban temas de dudosa moral.

Mas, antes de pasar a la literatura española, adelanto el impacto que en la cultura europea tuvieron, justo a comienzos del período en cuestión, dos obras enormemente influyentes en su tiempo: *Le disciple* (1889), de Paul Bourget y *The Picture of Dorian Gray* (1891), de Oscar Wilde. La obra de Bourget ofreció incontables novedades. La que nos interesa viene expresada en una definición de lo que un personaje denomina el Alma Literaria, «ese moldeado inconsciente de nuestro corazón al parecido con las pasiones pintadas por los poetas» (Bourget 2003: 133). Es decir, que la lectura hecha por el discípulo, el tutor particular Greslou, de la novela de *Eugénie Grandet* de Honoré de Balzac, a la señorita Charlotte Jussat y familia, tenía como propósito despertar el alma literaria de la joven, particularmente el de la joven, quien al escuchar la descripción de emociones desconocidas la hechizarían, la intoxicarían, literariamente hablando. La novela, pues, relata la historia del joven tutor que intoxica un alma joven, suscitando inquietudes nunca antes experimentadas, y para ello se vale de la literatura, de la palabra. Es decir que el libro guarda en sí unas verdades encontrables sólo en los libros de literatura, jamás tratadas en libros religiosos o de filosofía. La literatura quedaba así, gracias a Bourget, situada en una situación privilegiada, donde el lector puede efectuar un acto de conocimiento, mientras que en uno religioso se produce un encuentro con un pensamiento ya establecido.

Dos años después, Oscar Wilde publicaría una obra maestra de la literatura universal, *The Picture of Dorian Gray* (1891), en cuyo prefacio leemos lo siguiente: «All art is at once surface and symbol» (Wilde 1976: 7): «Todo arte es a la vez superficie y símbolo». Aquí las impresiones no iban dirigidas a conmover con la novedad psicológica del hallazgo del escritor, sino que las palabras y los símbolos evocarían la belleza. En breve espacio de tiempo, dos años, la novela europea recorre un enorme camino que va de suscitar la experiencia sensorial interior provocada por la identidad de las pasiones, que permiten al lector reconocer en sí mismo las pasiones descritas en el texto, a la evocación sensorial provocada por un símbolo textual, es decir, por algo evocado metafóricamente, creando algo previamente inexistente. Entre ambos se extiende un enorme espacio donde florecerá la creatividad humana que denominamos moderna, el que va del texto como ayuda al conocimiento o reconocimiento, a sentir en el alma literaria (Bourget), al texto que incita a crear o intuir la belleza (Wilde). Entre ambos momentos la literatura se ha hecho autónoma, se ha elevado e independizado. O dicho de otra manera, la literatura a fines del siglo XIX se encontró con que el romanticismo, la fuerza de la pasión, del ideal, que se combina con el realismo en Bourget, la fuerza del cuerpo, se entrecruza a su vez en el mismo tiempo con el simbolismo, que reaviva la pasión por la armonía y la dotan de un carácter abstracto. Oscar Wilde entendió como nadie la complejidad del momento, a la vez que expresa su preferencia por el simbolismo, por la belleza en abstracto, el centrarse en la perfección del espíritu como hicieran los griegos.

La corporalidad del texto, su textura, alcanzará su mayoría de edad literaria. El texto sirve para recrear pasiones o ideas y para formarlas. Y ese innovador texto moderno se redefinirá, mezclando las imágenes y los sonidos de una forma que nunca antes se hubiera imaginado posible. Hablamos ahora de un texto absolutamente intermedial. Quizás quien haya leído a Ramón del Valle-Inclán o a Gabriel Miró, por ejemplo, entiende que el sonido de las palabras del libro, el fonotexto, añade sentido al relato, y que las imágenes suscitadas, el imagotexto, ayudan a configurar la riqueza del texto considerado exclusivamente como verbo escrito.

La literatura se sale de la letra, el decir se sensualiza, se convierte en evocadora, suscita estados de ánimo e imágenes. El retrato del joven Dorian Gray, que permanece oculto en un desván, representa a Gray en su edad verdadera, mientras la imagen que conocen sus amigos posee la juventud sempiterna, en ese trecho entre la verdad y la imagen es donde la novela moderna gira hacia lo visual, llevada por un verbo simbolista de alto contenido literario, y se dirige directamente hacia el siglo XX, a alcanzar la cima del arte literario, y lo consigue cuando incorpora por medio de la palabra poética, simbolista, evocar la grandeza del sonido musical (José Martí, Rubén Darío, Valle, Juan Ramón Jiménez) y mediante la imagen la riqueza visual que atesora el hombre en su retina (Wilde).

DOS EJEMPLOS: *DOÑA BERTA* Y *TRISTANA*

Lo que une la novela corta *Doña Berta* (1892), de Leopoldo Alas (Clarín), y la novela *Tristana* (1892), de Benito Pérez Galdós, es el encuentro que en ellas se produce entre las artes, que, a la vez que se conciertan, podríamos decir que se suplementan, pues cada una, según aduciremos, aporta a través de su peculiaridad estética un elemento diferente a la textura del libro.

El tema de *Doña Berta* es de sobra conocido: la historia de una mujer que se enamora de un capitán liberal, que aparece herido a la puerta de su hidalga casona asturiana. Una vez curado de sus heridas, el militar regresa al frente con la promesa de volver, que no podrá cumplir porque muere en una acción heroica en el campo de batalla. Tampoco conocerá al fruto ilegítimo de esos amores, un hijo, que los hermanos de Berta la obligan a entregar a otra familia. Cuando la joven madre decide rescatarlo resulta demasiado tarde. Años después, siendo Berta una anciana, un pintor que aparece por su casa le cuenta una historia paralela a la suya, de un capitán que morirá en las mismas circunstancias semejantes en el campo de batalla, y le regala una copia parcial de su cuadro del capitán, que cuando lo ve Berta reconoce en él a su capitán, luego el capitán del pintor era su hijo. Berta vende sus posesiones con premura y se marcha a Madrid dispuesta a adquirir el cuadro donde aparece retratado su supuesto hijo.

En el argumento juega un papel destacado el arte de la pintura, al igual que, como veremos enseguida, la música, por donde empezaremos nuestra exploración de la intermedialidad de esta obra. La seducción de Berta por el capitán ocurre en una escena de corte clásico.

> Cantaba un ruiseñor solitario en la vecina *carbayeda* [robledal], un ruiseñor como el que oía arrobada de amor la sublime santa Dulcelina, la hermana del venerable obispo Hugues de Dignes. «¡Oh, qué canto solitario el de ese pájaro!», dijo la santa [...]; el ruiseñor la hizo desfallecer, perder las fuerzas con que se resiste, que son desabridas, frías; una infinita poesía que lo llena todo de amor y de indulgencia le inundó el alma; perdió la idea del bien y del mal; no había mal; y absorta por el canto de aquel ave, cayó en brazos de su capitán, que hizo allí el Tenorio sin trazas de malicia (Clarín 2003: 117).

El canto de un ruiseñor, que debieron ser las palabras del amado capitán, la induce a rendirse al amor. Claramente el autor, el narrador, evita ser explícito, deseando que este momento de pasión carnal, del que nacerá un hijo, pase un poco semioculto bajo el romanticismo de la música, ese arte que dice sin decir nada. Aquí Clarín echa mano de un recurso muy romántico, que en realidad repite un cliché.

Es interesante que añada que el capitán hizo de Tenorio sin trazas de malicia.

Unas páginas después, nos encontramos a doña Berta con setenta años, paseándose por su finca cuando la sensibiliza

> [...] una brisa de alegría inmotivada en el alma, y [se] puso a canturrear una de aquellas baladas románticas [...] Pero en la soledad completa, la dama sorda cantaba sin oírse, oyéndose por dentro, con desafinación tan constante como melancólica, una especie de aires, que podrían llamarse el canto llano del romanticismo músico (123).

Sucede que pasó por allí entonces un pintor ilustre que andaba buscando «efectos de luz, de matices del verde de la tierra y de los grises del cielo» (125). Al pintor el paisaje también le había «hecho cantar, al descubrir sus espesuras y verdores, acordándose de Gayarre: O paradiso / Tu m' appartieni» (126). Berta y el pintor se conocerán y simpatizarán de inmediato. O sea que, de nuevo el narrador echa mano de una imagen tópica, la del canto en solitario de una persona para sugerir un determinado estado de ánimo, de alegría. La música de nuevo dice mucho de las personas sin decirlo con palabras; el lector intuye más que lee los sentimientos de los personajes. Éste es un comienzo rudimentario, al que Clarín es muy dado, de la intermedialidad, de utilizar otras artes para sugerir determinados efectos.

Lo curioso es que el encuentro con el pintor lleva a que el arte pictórico entre en el texto con una fuerza enorme, el pintor retrató al hijo del capitán, que arrebataron de bebé a Berta, y que en un momento de valentía similar al del padre, murió luchando. Lo interesante es que Berta reconoce en el hijo al capitán al comparar su recuerdo del capitán con el retrato pictórico del hijo. Las palabras del narrador son:

> El capitán del pintor era como una restauración del retrato del otro capitán que ella veía en su cerebro, algo borrado por el tiempo, con la pátina oscura de su escondido y prolongado culto [...] (135).

El cuadro exhibido en Madrid despierta un enorme interés; doña Berta venderá su hacienda para ir a Madrid e intentar comprar el cuadro y 'vivir' con su hijo.

Claramente el espacio del reconocimiento es la imaginación, en el ojo sensible de la anciana, donde la imagen gravada en la memoria se une con la representada en el cuadro del pintor. Vemos, pues, que la imagen pictórica tiene el poder de hacer avanzar el argumento, la historia narrada, y que el encuentro ha tenido lugar en un espacio que no es físico, no es lugar, sino el ojo de la sensibilidad de la anciana, y que el recuerdo se une con la imagen representada en la tela para crear una interioridad de nuevo cuño. No es simplemente las galerías del alma, sino un lugar donde la imagen pictórica, incluso podríamos decir el arte, juega un papel decisivo. Insisto que no es un adorno, sino que la acción siguiente, la venta de la hacienda realizada por doña Berta y su marcha a

Madrid se basa en esa identificación de su capitán con el pintado. Es una imagen mental que se encuentra con una representada en el lienzo. Casi me tienta llamar a este fenómeno literario el «síndrome de Dorian Gray».

La diferencia entre la imagen de Fortunata chupando el huevo, que hiere la sensibilidad de Juanito Santa Cruz, y la de doña Berta es que en la de Clarín viene configurada por un cuadro, en vez de tratarse de una imagen física. Pero el efecto en ambas obras es el mismo, y la intención de los autores también la misma, aunque es bien probable que ni uno ni otro supiesen el cambio que se estaba produciendo en sus respectivas obras.

Aquí Clarín utiliza las artes para mantener vivo ese ideal del hombre que se deja seducir por una música, de una pintura que preserva un alma por el alma. Clarín no pudo o no supo dejar de lado al romanticismo, a la música o a la pintura, que nos presenta en un estereotipo romántico, como él mismo se da cuenta. Sin embargo, doña Berta será trazada con pinceladas naturalistas, como por ejemplo cuando se describe su muerte entre las ruedas de un carruaje o la de su gato, que quedará olvidado en una buhardilla al faltar su ama, y que morirá desesperado lanzándose contra las paredes. Estas imágenes y la del momento en que ve por primera vez el cuadro del hijo en Madrid tienen ese sabor a algo nuevo, naturalismo, perspectivismo.

El cuadro del pintor Valencia, apellido del susodicho artista, yace enterrado en un edificio público, al que accede la dama tras numerosas idas y venidas. Cuando llega, el cuadro está tumbado en el suelo, pero ella no tiene perspectiva para verlo: «Doña Berta se vio sola, completamente sola ante la masa informe de manchas confusas, tristes, que yacía a sus pies» (153). El cuadro es enorme, total que un obrero se apiada de ella, pone derecho el cuadro, trae una escalera, y permite que la anciana se suba y vea de frente al capitán retratado en el cuadro. En efecto era su hijo:

> No podía fijar la imagen; apenas había visto más que aquella figura que le llenó el alma de repente, tan pálida, tan ondulante, desvanecida entre otras manchas y figuras...Pero la expresión de aquel rostro, la virtud mágica de aquella mirada, eran fijas, permanecían en el cerebro... (155).

Advertimos aquí un aspecto de la pintura complementario al de la música sentida por doña Berta: si aquélla le había puesto en un trance sublime, la mirada tiene la virtud mágica de permitirle el reconocimiento. Estamos, diríamos con Hayden White, en el nivel metafórico, de la identificación, de las identidades, estas artes sirven para acercar lo distante, y enseñarnos sin ninguna prueba o evidencia, la verdad.

Así pues, la intermedialidad clariniana tiene ese carácter metafórico, de acercar los opuestos. Clarín gustaba de crear en sus obras imágenes y espacios románticos, donde se sitúa una escena, que acaba sirviendo de reserva romántica, idealista, permaneciendo en el trasfondo de la narración. Ya estudié esta cuestión y una escena concreta en otro lugar. Lo que simplemente quiero indicar aquí es que la narrativa de Leopoldo Alas, uno de nuestros grandes narradores, supone una sucesión de escenas, de momentos, de núcleos narrativos en los que se alterna la imagen romántica, en que la música y la pintura tienen una papel relevante que desempeñar, y otras escenas en que la imagen es totalmente narrada, de un fuerte contenido realista, como la famosa escena de *La Regenta* en que el Magistral ve acercarse a Ana Ozores, y el confesionario cruje de los rebullidos incontenibles del cura dentro de su prisión de madera. Aquí no hay nada de romanticismo, hay amor, lujuria, odio y pasión incontenible. Y así avanza la narrativa clariniana de imagen romántica a imagen realista, probablemente porque su autor nunca puede dejar de lado o no quiso apartar de sí las creencias idealistas, porque sin ellas el hombre le parecía entregado al vaivén de la cruda realidad, de un destino no programado.

Algo parecido pasa en *Tristana* de Galdós, aunque la ironía del narrador, el poder de la palabra tiene mayor fuerza y el romanticismo aparece allí en forma de cliché al que el narrador toma para burlarse de él a cada momento. Tristana exprime el donjuanismo, el romanticismo hasta aniquilarlo. Luis Buñuel, años después, sobre el cadáver del amor romántico del viejo don Lope y de la joven Tristana exprimirá también a muerte los aspectos de ese desigual amor que él subraya, la iglesia y la perversión sexual.

Sorprende que se escriba que *Tristana* no es uno de los mejores logros de Galdós; sólo una mente en un período opaco puede opinar así. Resulta extraordinario que Galdós trasladase de la realidad a la ficción la persona que en el mundo se llamó Concha Ruth Morell al personaje

Tristana Reluz de la novela. Para ello hubo de cambiar el paradigma novelesco, concluyendo un proceso de renovación novelesca que se había iniciado con *La incógnita* (1888-89) y *Realidad* (1890). El tema central de la obra es la vida de una mujer inteligente, que piensa, planteamiento bastante novedoso en su época, lo cual entrañaba un cambio radical en el tratamiento de la mujer en la cultura española y en la propia obra de Galdós. Aquí no se trataba de reivindicar los derechos de una mujer por respeto a su ingenuidad, caso de Isidora Rufete en *La desheredada* (1881), ni por sus profundas convicciones, caso de Fortunata, sino de una mujer que exige ser aceptada en sociedad en pie de igualdad con el hombre, y aún más, por su cerebro. Menuda novedad, y aquí sale, y no puedo roer un hueso que ya roí hace tiempo, el trato habido con Emilia Pardo Bazán; el que las cartas de Tristana sean una réplica de las de Concha Ruth Morell (Smith 1975), no excluye que la relación habida con una persona tan cultivada e inteligente como la Pardo Bazán no dejaría de influir positivamente en el escritor canario a la hora de repensar la tesitura en que se encontraba la mujer en aquel entonces.

Lo que propongo a continuación resulta sencillo: que en la novela de Galdós la palabra acabará siendo la que domine el texto, y esto no lo digo en plan paradójico, asimilando/absorbiendo las imágenes visuales o auditivas, que tan fuerte presencia tenían, según mostré hace un momento en el texto clariniano. La escritura domina absolutamente a cualquier otro medio de comunicación que se invoque en el texto. Ya vimos antes en el texto clariniano la contribución de la música y de la pintura, que en el tira y afloja intermedial ofrecían imágenes poderosas, mientras que la palabra ocupaba la posición primaria, pero muy vehicular. Por el contrario, en la novela galdosiana la imagen visual aparece ripiosa y pobre, no por ello menos interesante, mientras que la narración es un bordado espectacular de palabras en varios idiomas y popularismos que seducen al lector. Porque *Tristana* acaba seduciendo al lector con su incontenible poder de invención verbal; en este sentido, la novela resulta puramente cervantina, porque nos cautiva con sus palabras como el hidalgo de la Mancha lo hace con las invenciones forjadas sobre su graciosa Dulcinea.

Veamos dos imágenes en que se subraya el contenido visual de las mismas:

> Contemplaban [Tristana y Horacio] al caer la tarde el grandioso horizonte de la Sierra, de un vivo tono de turquesa, con desiguales toques y transparencias, como si el azul purísimo se derramase sobre cristales de hielo. Las curvas del suelo desnudo, perdiéndose y arrastrándose como líneas que quieren remedar un manso oleaje, les repetían aquel más, siempre más, ansia inextinguible de sus corazones sedientos. Algunas tardes, paseando junto al canalillo del Oeste, ondulada tira de oasis que ciñe los áridos contornos del terruño madrileño, se recreaban en la placidez bucólica de aquel vallecito en miniatura. Cantos de gallo, ladridos de perro, casitas de labor; el remolino de las hojas caídas, que el manso viento barría suavemente, amontonándolas junto a los troncos; el asno, que pacía con grave mesura; el ligero temblor de las más altas ramas de los árboles, que se iban quedando desnudos; todo les causaba embeleso y maravilla, y se comunicaban las impresiones, dándoselas y quitándoselas como si fuera una sola impresión que corría de labio a labio y saltaba de ojos a ojos (Galdós 1989: 55).

Otra semejante es la siguiente:

> El Arte se confabuló con la Naturaleza para conquistarle [a Horacio], y habiendo pintado un día, después de mil tentativas infructuosas, una marina soberbia, quedó para siempre prendado del mar azul, de las playas luminosas y del risueño contorno de tierra. Los términos próximos y lejanos, el pintoresco anfiteatro de la villa, los almendros, los tipos de labradores y mareantes le inspiraban deseos vivísimos de transportarlo todo al lienzo; entrole la fiebre del trabajo, y por fin, el tiempo, antes de estirado y enojoso, hízosele breve y fugaz; de tal modo que, al mes de residir en Villajoyosa, las tardes se comían las mañanas y las noches se merendaban las tardes, sin que el artista se acordara de merendar ni de comer (104).

Todas estas escenas en que se bañan los novios, y él muy en particular, no son precisamente las que prefiere Tristana. Escuchen sus palabras:

> [...] no quiero alas ni alones, ni andar entre ángeles sosos que tocan el arpa. Déjenme a mí de arpas y acordeones y de fulgores celestes, Venga mi vida mortal, y salud y amor, y todo lo que deseo (103).

Más claro imposible. «Aspiro [añade] a no depender de nadie, ni del hombre que adoro» (104). Así funciona la mente de Tristana. «Si vieras mi cerebrito por dentro, te asustarías» (112), le dice al amante. Ella es el cerebro, la cabeza, y, desde luego, el verbo, mientras que él es el contemplador, el embebido, cuyos cuadros constituyen una descripción sensible del paisaje que ve, mientras lo de ella viene de dentro, de su cabeza, y se expresa en palabras.

> Monigote, ¿en qué consiste que cuanto más sé, y ya sé mucho, más te idolatro?... Ahora que estoy malita y triste, pienso más en ti. Curiosón, todo lo quieres saber. Lo que tengo no es nada, nada; pero me molesta. No hablemos de eso. Hay en mi cabeza un barullo tal, que no sé si esto es cabeza o el manicomio donde están encerrados los grillos que han perdido la razón grillesca [...] ¡Un aturdimiento, un pensar y pensar siempre mil, millones más bien de cosas bonitas y feas, grandes y chicas! Lo más raro de cuanto me pasa es que se me ha borrado tu imagen: no veo claro tu lindo rostros; lo veo así como envuelto en una niebla. Y no puedo precisar las facciones, ni hacerme cargo de la expresión, de la mirada. ¡Qué rabia!... A veces me parece que la neblina se despeja..., abro mucho los ojitos de la imaginación, y me digo: «Ahora, ahora le voy a ver». Pero resulta que veo menos, que te oscureces más, que te borras completamente, y abur mi señó Juan. Te me vuelves espíritu puro, un ser intangible, un... no sé como decirlo. Cuando considero la pobreza de las palabras, me dan ganas de inventar muchas, a fin de que todo pueda decirse. ¿Serás tú *mimito*? (114 s.).

En toda novela se dirime una especie de política del estilo, la manera en que el narrador asigna valores a los personajes. En *Tristana*, el narrador, Galdós, asigna la palabra a la joven Tristana, mientras Horacio se queda a este respeto muy por debajo.

EL ESPACIO INTERMEDIAL

A la vista de lo argumentado, concluyo que cabe hablar de un espacio intermedial, que venga a sumarse a los conceptos de lugar y de espacio que venimos utilizando en la crítica habitualmente. Lugar es el sitio donde ocurren los hechos narrados en un texto, identificables geográficamente, sea un mapa real (Oviedo) o ficticio (Vetusta). Reservamos el concepto de espacio para aludir al lugar sensibilizado por una perspectiva personal. Lo que hace de una casa de ladrillos y cemento, un lugar, un hogar, la perspectiva, la vivencia que le añade su dueño. Mientras que el espacio intermedial que intento esbozar correspondería con ese mismo espacio, pero no sólo concebido desde una perspectiva personal, sino complementado, suplementado por imágenes. El espacio intermedial sería el lugar donde la palabra y la imagen visual se completan, se manifiestan a la vez.

Lo que Genette en su iluminador análisis del tiempo y del espacio no incluyó fue precisamente esa complementariedad que nosotros percibimos, esencial a la hora de estudiar el espacio en la literatura moderna, donde lo que el narrador dice no puede simplemente ser tratado por la perspectiva o las ideas que trasmite, las imágenes visuales que suplementan la narración, los otros sentidos artísticos evocados, piden su reconocimiento. Si al leer la historia de doña Berta descontamos el espacio intermedial reducimos su fuerza, porque la emotividad que levanta en el espíritu de la anciana el recuerdo de su hijo perdido está hecha de palabras, la historia de su valentía contada por el pintor y de imagen, la reflejada por el pintor en la tela, y ambas hieren a la persona, al lector.

Así la literatura alrededor de 1900 se colocó en el centro de atención del mundo cultural, porque en sus textos se resolvían y trataban los temas candentes de la sociedad de su tiempo de un modo diferente. Es desde luego el gran momento de la literatura, cuando está a punto de entrar en el cenit de la edad de la literatura, cuando Miguel de Unamuno, Pío Baroja o Valle aborden los temas del ser y del existir, lo mismo que Juan Ramón Jiménez o Antonio Machado en su poesía. Y lo harán gracias a que en la batalla intermedial la palabra se ha erigido en el instrumento simbólico por excelencia para el debate de la realidad humana, flanqueada siempre por las imágenes. Mas, aunque en el cenit de la Edad de la Literatura, en torno a 1900, el verbo, la literatura adquirió una enorme autonomía, alcanzando su máxima expresión *literalista* en la obra de Jorge Luis Borges, quien a base de palabras y de símbolos creó una trasrealidad. Un ejemplo inmejorable es el ofrecido por su cuento «Las ruinas circulares» (1944), donde un nadie que llega, al que nadie ve, acaba habitando un simbólico templo redondo, donde las llamas no le alcanzarán, y cuando lo hagan descubrirán a un nadie, una mera imagen o sueño de otro (Borges 2001: 65). Algo que supuestamente yace del otro lado de lo palpable. No obstante, la intermedialidad literaria, la mezcla en un mismo espacio de percepciones provenientes de imágenes visuales y de la recia causalidad de lo verbal se hará un hecho a partir de la segunda mitad del siglo XX, y si no lo tenemos en cuenta habrá escritores que no entenderemos bien.

BIBLIOGRAFÍA

ALAS, Leopoldo (Clarín) (2003 [1892]): *Doña Berta*. Edición de Adolfo Sotelo. Madrid: Cátedra.

AZUELA, Mariano (1958): *Los de abajo*. México, D. F.: Fondo de Cultura Económica.

BORGES, Jorge Luis (2001 [1944]): *Ficciones*. Madrid: Alianza Editorial.

BOURGET, Paul (2003 [1889]): *El discípulo*. Traducción de Inés Bértolo Fernández. Barcelona: Debate.

BUTLER, Christopher (1994): *Early Modernism. Literature, Music and Painting in Europe 1900-1916*. Oxford: Clarendon Press.

CAVALLO, Gugliemo/CHARTIER, Roger (eds.) (1998): *Historia de la lectura en el mundo occidental*. Madrid: Taurus.

GENETTE, Gérard (1980): *Narrative Discourse: An Essay in Method*. Ithaca: Cornell University Press.

GULLÓN, Germán (2003): *El jardín interior de la burguesía española. La novela española moderna 1885-1905*. Madrid: Biblioteca Nueva.

HERRÁEZ, Miguel (2004): «Prólogo», en: Julio Cortázar: *Los venenos y otros cuentos*. Madrid: Mare Nostrum.

HUTCHEON, Linda (1988): *A Poetics of Postmodernism: History, Theory, Fiction*. New York/London: Routledge.

MOHANTY, Satya P. (1995): «Epilogue. Colonial Legacies, Multicultural Futures: Relativism, Objectivity, and the Challenge of Otherness», en: *PMLA* 110/1, pp. 108-118.

PÉREZ GALDÓS, Benito (1989 [1892]): *Tristana*. Edición de Ricardo Gullón. Madrid: Alianza.

SMITH, Gilbert (1975): «Galdós's *Tristana* and Letters from Concha Ruth Morell», en: *Anales Galdosianos* 10, pp. 91-120.

WHITE, Hayden (1978): *Tropics of Discourse. Essays in Cultural Criticism*. Baltimore: John Hopkins University Press.

WILDE, Oscar (1976 [1891]): *The Picture of Dorian Gray*. London: Penguin.

POLIFONÍA Y ARMONÍA DE LOS ESPACIOS EN *HERRUMBROSAS LANZAS* DE JUAN BENET

Axel Wasmuth

En su trilogía *Herrumbrosas lanzas*, cuyas distintas partes se publicaron entre 1983 y 1986, Juan Benet aborda no solo el tema de la Guerra civil, sino también la reflexión sobre las categorías de su descripción[1]. Como podemos leer en una «Nota del autor», originariamente la obra estaba pensada como «una historia de la Guerra Civil dedicada exclusivamente a sus operaciones militares». Después de haberse dedicado durante años a leer intensamente sobre el tema, pero «no teniendo la capacidad de estudio, investigación y trabajo», y cuando estaba a punto de abandonar el proyecto, cayó en sus manos la *Historia de la Guerra civil americana* de Shelby Foote. Su lectura le sugirió la idea de «convertir aquel proyecto en una larga narración que describiera toda la guerra reducida a un sector aislado y, por supuesto, imaginario». Para ello tendría, sobre todo, que volver a leer lo que él mismo había escrito hasta entonces sobre «la Guerra Civil en Región y comprobar la dificultad de esclarecer la historia a causa de la impericia del historiador y de la confusión que reina en su estilo narrativo» (Benet 1999: 23).

Benet incluye una reflexión poetológica sobre la restricción a un «sector aislado e imaginario» en el tercer libro de la novela:

[1] Cito por la siguiente edición: Benet, Juan ([3]1999): *Herrumbrosas lanzas*. Madrid: Alfaguara.

> Un cierto autor ha venido a describir la Guerra Civil en Región como una reproducción a escala comarcal y sin caracteres propios de la tragedia española. Sin embargo, ha olvidado o desdeñado el hecho de que *toda reducción, como toda ampliación, concluye, se quiera o no, en un producto distinto de la matriz*, no sólo formado a veces de una sustancia diferente, sino en el que —a causa de la diversa elasticidad de sus ingredientes en el momento de ser dimensionalmente alterados, aun conservando la homotecia general entre los dos todos— *ciertos componentes ejercen sobre el conjunto un influjo que es distinto según sea su dimensión*. Si a ello se añade que cuanto más reducido y menos poblado es el campo de la tragedia, mayor influencia tendrá el héroe o el individuo (aun cuando la propaganda montada en torno al líder pretende hacer todo lo contrario), se admitirá que *la transformación homotética de un fenómeno histórico nacional para la representación del mismo a escala local provocará las suficientes deformaciones como para proveer una imperfecta e inexacta composición*. [...] Se pensará, por tanto, que la elección de la distancia focal es esencial para obtener el cuadro que se desea; *se concluirá, sin embargo, que cualquiera que sea esa distancia —y tal vez elegida al azar— se obtendrá un cuadro y sólo uno, ni más exacto ni falso que cualquier otro, más o menos satisfactorio para el ojo que lo contempla y más o menos concordante con la curiosidad que le llevó a contemplarlo* (117; la cursiva es mía)[2].

La formulación «un cierto autor» puede entenderse como referencia implícita a su propia novela *Volverás a Región*, que ya contiene una descripción del estado de las cosas de los habitantes de Región. Las frases marcadas ponen de relieve de forma destacada lo inevitable de las diferencias epistemológicas; pero así mismo lo justificado de la reducción del espacio.

El que la trilogía tematiza la descripción narrativa, más exactamente, la descripción literaria, lo indica ya el título, ya que «herrumbrosas lanzas», como metáfora de arma acentuadamente anacrónica, representa un desgarro entre la designación y lo designado. Desde el punto de vista fenomenológico y hermenéutico, esta obra no habla de la Guerra Civil española como acontecimiento histórico, sino que describe que al novelista se le presenta algo como algo. Dicho de otro modo, la realidad se

[2] La documentación es abundante, ya que a menudo resulta bastante difícil aislar una frase del discurso benetiano. Pero he subrayado los pasajes que me parecían particularmente significativos para mi argumentación.

determina como mediación fáctica entre sujeto y objeto dentro de determinados conceptos y posibilidades referenciales. Tales son los conceptos formales «tiempo», «espacio» o las designaciones de ámbitos fundamentales como «naturaleza», «historia», «lenguaje».

De aquí en adelante se va a partir de que se trata de constituyentes dialécticos que no se pueden determinar unilateralmente en el plano del sujeto o del objeto, sino que, más bien, siempre llevan a que el sujeto se vea condicionado por el objeto y viceversa. Uno de estos constituyentes dialécticos es, como ya hemos mencionado, el espacio, tema central de este simposio. El espacio puede ser elevado a una dimensión abstracta, pero también puede ser concentrado en aquellas circunstancias concretas de percepción y orden en las que se desenvuelve el sujeto[3]. Ni el espacio abstracto es el espacio verdadero, ni el espacio concreto, el espacio vivido, es el origen de todo espacio. Ambos se remiten recíprocamente. Sin esta posibilidad de alternancia referencial, solo existiría una distancia sin proximidad y una proximidad sin distancia. Mi tesis se basa en el supuesto de que es en la tensión entre un espacio abstracto y un espacio perceptivo —el espacio perceptivo de los personajes de sus novelas— donde Juan Benet desarrolla sus categorías específicas de la descripción narrativa de la Guerra Civil española. El espacio de la comarca de Región es entonces no sólo «un sector aislado e imaginario» como dice en la «Nota del autor». No es ya tan sólo un paradigma en el que se puede plasmar de forma evidente lo general de la Guerra Civil española desde una perspectiva todavía olímpica, en consecuencia, hipotética. Como espacio perceptivo vincula —tanto mediante la unión, como mediante la separación— al sujeto a su circunstancia humana y natural[4]. Resulta imprescindible para posibilitar la génesis del sentido en un campo antropológico. Si el espacio de la comarca de Región ingresa también en esa función en el plano de la subjetividad capaz de entender, cabe entonces plantear aquí la cuestión de las categorías benetianas de la narración.

[3] Cuando hablamos aquí de un espacio abstracto, corresponde éste a un espacio constituido geométricamente por un sujeto puro desde el punto de vista de la teoría del conocimiento (como en Kant).

[4] «Mazón intentó sin ningún resultado que el paisano señalara en el mapa la posición de la casa; no sólo no lo entendía, sino que a cada pregunta protestaba de la impropiedad de todas sus indicaciones y a cada nombre que le dictaban respondía que aquello no estaba por allí, que aquello caía por la otra cara del monte» (Benet 1999: 247).

Ya no se trata entonces ciertamente de un concepto formal del espacio, sino de un espacio traspolado al *status* de metáfora. Pero esta metaforización plasma solamente la relación de la definición de «espacio» con la subjetividad. Impide con ello la disolución de «la cosa misma» en referencia logicista a la cosa o en auto-referencia psicologista[5].

Mi tesis está concebida en estos términos: por medio de una metáfora del espacio muy diferenciada, Benet describe que como figura de la realidad histórica, a él se le presenta algo como algo, y que ese algo se muestra esencialmente como mediación espacial fáctica y connotativa entre sujeto y objeto.

Como orientación, un esbozo del argumento de *Herrumbrosas lanzas*: comienza con la frase «La caballería ya no tiene sentido» formulada en febrero de 1938 «después de una de las reuniones del Comité Republicano» (29). Tras este comienzo minimalista *medias in res* y desde una perspectiva elevada, se nos presentan breves biografías de los miembros del Comité, descripciones de las acciones bélicas en cambio continuo, las peculiaridades geográficas y militares de la «bolsa republicana» en territorio del «bando rebelde» y consideraciones sobre la táctica militar de los sublevados. La ralentización de la guerra por parte del mando superior —jamás se pronuncia su nombre— se explica en aras al objetivo lejano de la toma de poder, de la dictadura. Al mismo tiempo, sin embargo, ha llegado a erosionar el espíritu de unidad y de lucha del «bando republicano». Será en el segundo de los doce libros acabados, donde la narración siga la cronología de los acontecimientos comenzando con el «levantamiento del 18 de julio». A partir de aquí, y casi exclusivamente desde la perspectiva de los personajes, la narración irá presentando los procesos políticos, las acciones militares y las condiciones impuestas por la sierra, las estaciones y la climatología. Desemboza los errores, los egoísmos e intrigas de los individuos, su corruptibilidad por armas y poder. El sexto libro finaliza con la identificación del traidor que ha sido introducido por los rebeldes dentro del Comité de Defensa.

La segunda entrega, el séptimo libro, comienza con los esfuerzos de Mazón, principal caudillo militar de Región, por romper el cerco y con-

[5] Esto recuerda a la exigencia programática de Husserl de analizar en la fenomenología «la cosa misma» (Husserl 1975: 9).

quistar Mazerta, la ciudad del enemigo. El libro deriva en una panorámica de anécdotas pasadas de su historia familiar.

En la tercera entrega se retoma y concluye la campaña de Mazón. En la última frase su fracaso lo ilustra la descripción de un caballo muerto, cuyos ojos intentan comprender «[...] lo que en vida a fuerza de obedecer le había resultado tan enigmático» (591).

La edición de 1998 de *Herrumbrosas lanzas* se ofrece acompañada de un mapa a una escala 1:165.000, que presenta al lector de forma gráfica la comarca de Región con su toponimia. Ahí el lector puede contemplar lo tantas veces dicho con palabras en la obra por Benet. Aunque el autor de la toponimia sea Benet, y en muchas ocasiones se trate de un homenaje a sus amigos, hay que señalar que el «Mapa de Región» representa el espacio abstracto. El dibujo se basa en convenciones cartográficas y reproduce los desplazamientos militares en el enclave de la Guerra Civil de Región según el código correspondiente. El mapa presenta de forma compleja un icono. Si existiera Región, un punto en el mapa representaría un lugar en Región porque adoptan recíprocamente lugares correspondientes en estructuras parecidas. Región no existe en la realidad, pero el «como si» de su existencia sugiere con su referencia geográfica imaginaria, pero a la vez presentada como posible, que el espacio y lo que en él hay de visible se fundamentan en un orden preestablecido, más concretamente, en un orden fijado en las cosas.

El historiador de una Guerra Civil que no se siente comprometido con lo acontecido y que lo contempla a la vez desde todos los ángulos, que ha reunido un sinfín de testimonios y que conoce el desenlace de la Guerra Civil, ese historiador puede creer que conoce la verdad de la Guerra Civil. Pero él sólo reproduce una idea de la guerra, no confluye con ella como cosa suya, puesto que en el momento del acontecimiento, el desenlace está abierto y, sin embargo, en el momento de la narración del historiador, ha dejado de estarlo. Con respecto a un punto de vista adoptado a posteriori análogo a ello, la novela *Herrumbrosas lanzas* tendría que admitir el a priori de un orden tal en las cosas del espacio abstracto. Para este tipo de narración, el espacio no sería un constituyente dialéctico. Supondría que la realidad histórica no es determinada por una mediación entre sujeto y objeto, sino —y así, análogo al puro ser existente del objeto material— que está determinada unívoca y definitivamente. El acontecimiento histórico, sin embargo, va más allá del modo de ser de la cosa. Narrarlo literariamente dejando inalterado el orden en las cosas contradice la concepción del arte independiente en la modernidad: el cómo de la narración estará sujeto a un qué y a un para qué.

Herrumbrosas lanzas de Juan Benet puede ser leída de forma muy distinta; esto es, en el sentido del cómo emancipado; la obra es entonces algo muy distinto a una novela que se ha dispuesto con la meta de reproducir artísticamente la Guerra Civil española en un orden establecido de lo visible, del pretendido conocimiento histórico epistemológicamente afianzado. En su concepción poetológica hay que asignarla entonces, más bien, a un tipo de arte que todavía busca su forma de plasmación y no a uno que ya la tenga.

Para entender la metáfora del espacio benetiana como característica constitutiva de *Herrumbrosas lanzas*, resulta especialmente adecuada la teoría del espacio de Jurij Lotman. En su obra *La estructura del texto artístico* (1970), parte del supuesto antropológico de que para el hombre, en virtud de su propia percepción visual, las denotaciones de los signos lingüísticos resultan casi siempre objetos espaciales y visibles. De esto se deriva la percepción singular de modelos verbalizados a los que, aun tratándose de términos abstractos, les son propios una concreción en virtud de marcas de carácter espacial.

En literatura, el espacio se podría definir —prosigue Lotman citando a A. D. Aleksandrov— como «la totalidad de objetos homogéneos (manifestaciones, circunstancias, funciones, personajes, valores de variables y semejantes) entre los que existen unas relaciones establecidas que se asemejan a las relaciones espaciales ordinarias» (en Lotman 1982: 312). Esto hace posible plasmar en modelos espaciales conceptos cuya naturaleza no es espacial. Por medio de la semantización de una estructura espacial se pueden engarzar entonces conceptos sociales, religiosos, políticos, éticos generales como modelos interpretativos de la realidad.

Ha llegado el momento de vincular la metáfora del espacio de *Herrumbrosas lanzas* con la concepción poetológica de Benet, o en otras palabras, de cuestionarla sobre las categorías benetianas de la narración. Benet habla de «una larga narración que describiera toda la guerra reducida a un sector aislado y, por supuesto, imaginario».

En ello se reconocería una intención estética en analogía con la definición de Lotman del arte como sistema creador de modelos, de la obra de arte como modelo finito del mundo infinito. Esta definición abarca la concepción del espacio artístico de Lotman esbozada anteriormente. Si la reproducción benetiana de la Guerra Civil española no plasma un orden establecido de lo visible, sino, más bien, algo hace su aparición al volverse lenguaje artístico, entonces esta reproducción responde a una búsqueda de su plasmación estética.

Para relacionar esta búsqueda con la metáfora del espacio, vamos a volver a hacer referencia al semiótico ruso y a sus reflexiones sobre el problema del espacio artístico. En relación con las relaciones espaciales, Lotman habla de estructuras opuestas binarias, que pueden hallarse no sólo en un plano topográfico, sino también en un plano semántico normativo-valorativo. Es así como puede describir en relaciones espaciales una oposición que contrapone *lo creativo* a *la esclavitud de las certezas previas*. Lotman relaciona la potencia de lo creativo, que para él se halla en una liberación del mundo, con un singular concepto de la armonía. Esto implica una apertura semántica del concepto de armonía ya que Lotman se refiere con él, y aquí me apoyo en su formulación, no a las proporciones ideales de formas ya constituidas, sino a la creación de nuevas, de mejores proporciones[6]. Una armonía concebida de este modo no es propia de lo visto reproductivamente, sino del esbozo del espíritu humano.

A mi modo de ver, Lotman formula aquí un pensamiento que bajo el término «pensamiento estético» se desarrolló durante los años noventa del siglo XX. Bajo este término se reúne un pensamiento para el que las percepciones son determinantes «tanto como fuente de inspiración, como medio de dirección y ejecución» y que consuma el paso de la «percepción sensorial» a la «percepción del sentido» (Welsch 2003: 46-48). A partir de este concepto de la armonía, modificado de tal manera por Lotman que ya no designa la correspondencia entre elementos sueltos en un todo, se puede comprender la característica constitutiva singular de *Herrumbrosas lanzas*.

Son las categorías benetianas de la narración las que con la creación de una metáfora del espacio específica aspiran a hacer posibles nuevos procesos imaginativos, cuya extensión cree un fundamento que augure nuevos conocimientos y una forma nueva de interpretar la realidad.

[6] Cito a Lotman según la traducción alemana de *La estructura del texto artístico* (Lotman 1972: 323).

Podríamos, entonces, describir características esenciales de su modelo estético de la siguiente forma:

1. El espacio llamado «Región» se ha constituido en el curso de la defensa de la República española. Por lo tanto, no es un espacio de por sí, sino uno creado por el hombre. Esto significa que este espacio no es sólo un espacio geográfico objetivizado, sino que también es un espacio de conciencia. Región, como espacio configurado tanto material como mentalmente, representa de este modo un tipo de espacio multicodificado, por lo que resulta un espacio con la posibilidad de ampliar el espectro de su cobertura semántica a otros espacios diferentes. Región aparece como espacio militar, histórico, político, sociológico, psicológico, cultural y, no por último, también como espacio mítico. Estos espacios se sobreponen de forma enormemente compleja al substrato espacial geográfico. Sin embargo, la colisión de los distintos códigos semánticos no lleva a reconocer como imposible la reproducción, sino que por el contrario, el discurso narrativo de *Herrumbrosas lanzas*, ramificado en múltiples cursos y meandros, genera de la multicodificación un código nuevo: la instrumentalización de antinomias e ironizaciones, o sea, de pluralidad semántica para así, en la reproducción, hacer referencia a lo irreproducible[7]. Las proporciones armónicas diseñadas en este discurso narrativo y tal como las concibe Lotman se corresponden ante todo con el interés por el objeto a causa de su apariencia. Aquí se perfila en Benet un paralelismo entre reflexión fenomenológica y criterio estético.

Sería posible llevar esta concepción más lejos: Lyotard atribuye al escritor postmodernista, lo que ya está trazado en la oposición entre la *esclavitud de las certezas previas* y *lo creativo* en Lotman: una reflexividad artística que siempre está a la búsqueda de las reglas de su acción

[7] En este punto quiero señalar que no pretendo evidenciar en la novela de Benet una demostración modernamente alambicada de un agnosticismo, o sea, algo así como lo que Nietzsche ha llamado *Anbetung eines Fragezeichens* («la veneración de una interrogante»). Para Juan Benet es posible un pensamiento que en contacto con el acontecimiento observe sus estructuras y su transcurso. De lo que se trata únicamente es del posible *logos* (con el significado de «idea fundamental») de categorías narrativas que con un texto como medio señalan sobre algo que de por sí no es legible y que incluso se nos sustrae por amorfo.

estética e inventa la alusión a algo imaginable que no puede ser representado[8].

2. Región es un espacio cerrado cuyas fronteras son infranqueables a causa de una situación militar particular, pero también debido a las condiciones topográficas, así como a las condiciones meteorológicas recurrentemente evocadas, e incluso a fuerzas míticas. El acotamiento así provocado es una simulación y como tal condición para la proyección de imágenes de la totalidad sobre un espacio reducido, es condición para la forma en la que Región se manifiesta como paradigma de España. Hablar aquí de una simulación es razonable solo mientras haya una perspectiva exterior sobre este espacio cerrado, desde la que se pueda reconocer que la simulación no es realidad. Tal perspectiva exterior se da en *Herrumbrosas lanzas* cuando se narra desde una perspectiva centralizada —a ello responde el signo icónico del «Mapa de Región»— lo que en el espacio perceptivo corresponde a las perspectivas de los personajes desvinculadas entre sí. En este sentido, adquiere significado pleno la diferencia entre las operaciones militares señalizadas en el mapa y los movimientos espaciales en justamente el terreno al que remite el mapa: las relaciones espaciales de ambas ya no se corresponden, y la relación de semejanza del signo icónico queda con ello prácticamente suspendida. Esto significa para el receptor que puede retraerse de la perspectiva centralizada y al mismo tiempo permanecer en ella. En otras palabras, el receptor puede actualizar su comprensión egocéntrica a la par que reflexiona sobre ella.

El rasgo topológico de la infranqueabilidad de las fronteras, sobre el que habremos de volver, enlaza al mismo tiempo a las personas del espacio cerrado de Región con la infranqueabilidad de las fronteras ideológicas, o sea, con la infranqueabilidad de la situación política y con la insolubilidad del conflicto.

[8] «Un artiste, un écrivain post-moderne est dans la situation d'un philosophe: le texte qu'il écrit, l'œuvre qu'il accomplit ne sont pas en principe gouvernés par des règles déjà établies, et ils ne peuvent pas être jugés au moyen d'un jugement déterminant, par l'application à ce texte, à cette œuvre de catégories connues. Ces règles et ces catégories sont ce que le texte recherche. L'artiste et l'écrivain travaillent donc sans règles, et pour établir les règles de ce qui *aura été fait*. De là que l'œuvre et le texte aient les propriétés de l'évènement [...]» (Lyotard 1986: 33).

«*Por ahí no se va a ninguna parte*», dijo Juan de Tomé sin apearse de su montura. Los otros se habían desmontado; dejaron las cabalgaduras con las riendas sueltas, para que pastaran a su antojo, y se dirigieron a pie a un escarpado risco desde el que *esperaban divisar la salida de aquel pequeño valle. Pero una vez más aquel horizonte les remitió a otro más lejano*. [...] Aunque aquella parte de la sierra era la menos conocida para Tomé, como para cualquiera de Región, tenía la evidencia de que lo que con tanto afán buscaba Mazón era imposible de encontrar [...] (241; la cursiva es mía).

Pronto quedaron divididos en dos grupos y cuando los más adelantados creyeron haber alcanzado la entrada del paso *toparon con una pared sin dimensiones ni color, como el escenario anterior a cualquier escenario, surgida del mismo ímpetu retrógrado de la tormenta*; caminaron sin dirección, en busca de la salida y les sobrevino la noche sin que lograron verla; tan sólo acertaron a palparla, con el cuerpo encorvado hacia adelante. Caminaron aún por espacio de un par de horas, despacio y con poco provecho, hundiendo en la nieve toda la caña de sus botas (252; la cursiva es mía).

Tuvieron que cavar con las manos una trinchera para salir de allí; un sol ártico apenas se atrevía a contemplar, tras un visillo de inmaterial emulsión, *un lugar casi inexistente, sólo presente por sus destellos y tan fugaz como la escarcha*, que sólo necesitara de un instante en la retina para metamorfosearse en hojas de cuchillos y trozos de espejo e *indefinibles residuos incoloros que hubieran perdido todo nexo con el ente del que procedían, casi más allá de la audición y de la visión en el más apacible paradigma del caos* (254; la cursiva es mía).

Éstos serían la primera frase y otros pasajes que siguen más abajo en el comienzo del séptimo libro, que abarca al tercio medio de la novela. Las frases marcadas caracterizan las infranqueabilidades topológicas, meteorológicas y míticas que experimentan los personajes en su espacio perceptivo.

3. Región es como espacio cerrado también un espacio mítico[9]. Esto se pone de manifiesto en la lucha del hombre contra la naturaleza, la montaña, el clima, los fenómenos meteorológicos. Aquí puede surgir de la mediación fáctica de objeto y sujeto la relación entre expiación y víctima:

[9] Sobre el empleo del mito en la obra de Juan Benet, cf. Spires (1978: 237-244); Summerhill (1986: 93-107) y Gullón (1986: 127-146).

[...] pues el viento [...] es el verdadero dueño y señor del Roque; [...] todo el año está presente (bien sea silbando y rugiendo) y aun cuando en cualquier fecha y cualquier hora puede suspender su sospechoso sueño y hacer una demostración de su casi dormida fortaleza, es en el mes de marzo cuando celebra sus fiestas; o más que fiestas, misterios, pues de tal modo quiere que sean secretos que la sola presencia de un inadvertido testigo basta para que despierte toda su cólera y, al tiempo que cierra las puertas de su pétreo y escabroso templo, se disponga a recibirlo tan sólo como víctima para sus sacrificios (248).

La culpa aparece aquí como una infracción inconsciente del orden:

Durante unos días de marzo la sierra suena [...] se convierte en el permanente diapasón de un telúrico la (más sonoro durante la noche que durante el día), un impaciente y mórbido zumbido de caracola a escala continental tal como si en el seno de esa masa de piedra un fuego negro se hubiera de nuevo encendido para revivir su catastrófico nacimiento; de sobra saben el paisano y el pastor que, cualquiera que sea el estado del cielo, en tanto la sierra suena nadie deberá aventurarse por terreno abierto, desguarnecido y fuera de los límites del bosque, más allá de los 1.200 metros de altitud. Ay de él si no respeta el mandato; durante meses no se vuelve a saber de él [...] (248 s.).

Los intentos de encontrar un paso para cruzar la sierra se llevan a cabo en inocencia subjetiva y sin embargo —lo que recuerda a la tragedia griega— llevan marcado el signo de la ofuscación. La realidad se experimenta aquí en dimensión humana, en la del hombre expuesto a su destino[10].

[10] «[...] se podía pensar que el clima, envidioso de los desastres provocados por la guerra o molesto por su desplazamiento a causa de ella a un segundo plano de importancia o cansado de una industria que obligando a todos a protegerse de la intemperie hacía más soportables sus estragos, suspendía temporalmente sus rigores para proporcionar a ambos contendientes la oportunidad de concluirla durante la época de su mandato; pero las guerras muy rara vez terminan en invierno, cuya parálisis acostumbra a aprovechar el beligerante, aun aquel que se halle en la más estrecha penuria, para reparar su fuerzas y levantar sus ánimos con vistas a la siempre definitiva campaña de primavera. Pero viendo que ninguno de los jugadores se decidía a hacer uso de una baza tan generosamente ofrecida, el invierno perdía la paciencia y allá por enero, febrero o marzo rompía la tregua para descargar sus golpes, más furiosos cuanto más reprimidos y tardíos» (Benet 1999: 249 s.).

Sólo aparentemente se corresponde el espacio narrado de las perspectivas de los personajes, en el que se desarrollan las operaciones militares, con la topografía del «Mapa de Región». El espacio dibujado y el espacio vivido no son congruentes. Al lector que pretende reproducir las relaciones espaciales sobre el mapa se le presenta Región como un laberinto sobreimpresionado cartográficamente. El laberinto que se hace visible desde la perspectiva exterior enlaza en el espacio mítico del plano de la acción la conciencia de los personajes con las oscuridades epistemológicas del mundo vivo, surcado éste por el miedo y la violencia, por la traición y el terror. La estructura del orden en el espacio mítico se halla en relación alterna con los personajes. Estando en el mundo del laberinto constituyen ese mundo. O de otra forma, el espacio dispuesto como laberinto hace aparecer una realidad histórica que no es transparente ni carece de sombra, y de cuya infranqueabilidad el sujeto no puede zafarse.

El espacio multicodificado, el espacio infranqueable, el laberinto; éstas son tres formas de manifestación del espacio artístico en *Herrumbrosas lanzas* que pueden ilustrar la intención estética de Benet: referirse a lo no reproducible. Y es así, que estas formas de manifestación también permiten —y el «Mapa de Región» no viene precisamente a contradecirlo— entender la novela como un modelo de percepción de la experiencia de una realidad enteramente inaccesible.

En este caso se plantea la cuestión de si un concepto de realidad que se orienta por la experiencia de lo opuesto consigue cumplir con la intención de Benet. Este concepto de la realidad está planteado como una figura de pensamiento paradójica: en ella se entiende «la ilusión como el ideal predilecto del sujeto [...], lo irreal, como amenaza y tentación que sufre el sujeto al proyectar sus propios deseos», y como antítesis, «la realidad como aquello que no se somete al sujeto». Como ilustrativo para este concepto de realidad, Blumenberg aporta una afirmación de Heisenberg, según la cual «el juego con dos imágenes que se excluyen recíprocamente puede conseguir finalmente la impresión correcta de una realidad» (Blumenberg 1964: 14). Por lo tanto, la intención de Benet sería compatible con el concepto de realidad de lo opuesto, de lo que ofrece resistencia siempre y cuando las formas de manifestación del espacio como metáfora no vinculen entre sí cosas que se excluyen recíprocamente, en otras palabras, que no hagan accesible lo inaccesible.

El siguiente informe sobre un incidente acontecido el día del comienzo de la Guerra Civil lo pone de manifiesto de forma irónica:

> [Se trata de tres oficiales del cuartel de Macerta que no abrazaron la rebelión.] Un comandante y dos capitanes que se declararon leales al Gobierno legalmente constituido y trataron por unas horas de disuadir de su locura a sus compañeros de armas, fueron encerrados en sus respectivos despachos, con una pistola de reglamento y una bala para cada uno, [...] tres retenes permanecieron en los pasillos en espera de los tres fatales disparos.
> Los dos primeros sonaron pronto, pero el comandante se hizo esperar [...] Al fin un brigada de O. M., [...] se decidió a aporrear la puerta para, sin faltarle al respeto, suplicar al comandante una mayor diligencia: «Mi comandante... que es para hoy» [...] «Mi comandante...», quiso insistir el brigada de O. M. Una voz apagada, pero firme, replicó al otro lado de la puerta: «No pretenderéis que me vaya de este mundo sin haber concluido mis oraciones». [...] Ante una segunda espera más larga que la primera los más impacientes empujaron al brigada a que repitiera su insistencia [...] y así lo hizo: «Mi comandante, ¿a qué clase de oraciones está usted aplicado?» La respuesta se hizo esperar, sin duda para no interrumpir la plegaria. La misma voz apagada —y más lejana— pero entera contestó: «Un rosario que le tenía prometido a Santo Domingo desde el día que senté la plaza actual y una salve a Santa Áurea cuya festividad celebramos hoy». «¿Le falta mucho, mi comandante?», preguntó el brigada. «Un par de misterios nada más, hijo mío, y la salve», contestó el comandante [...]. Unos minutos después se oyó un sonoro Amén y al poco tiempo el disparo, un tanto apagado y lejano [...]. Entraron en tropel, obstaculizándose unos a otros [...]. Lo que no encontraron por ningún lado fue el cuerpo del comandante [...].
> El enigma no se resolvió nunca a pesar de que sus compañeros de armas pretendieron zanjarlo haciendo pública la noticia de su suicidio, cosa que no hicieron con los que realmente se suicidaron (72-74).

El franqueo de los límites entre los espacios pone aquí de manifiesto una contradicción fundamental. En esta escena, la separación de los espacios se supera de momento sólo por el hablar y el oír. La acentuación del mutismo, que todavía es más manifiesta en el pasaje no abreviado, hace audible el silencio, más exactamente: la existencia de lo inaudible en lo audible. Es por ello por lo que el foco de la comprensión deberá dirigirse a lo inaudible. El punto de partida, sin embargo, será lo audible. Ello reproduce las funciones y competencias de los personajes, siendo a su vez una reducción del mundo de la experiencia a constructos culturales y religiosos, a fórmulas sociales, a modelos históricos. Esto rige para el brigada y su espacio contextual de leyes explícitas. El comandante, sin embargo, acabará revelándose como un interlocutor que sabe hacer uso de esas reglas, pero que ante la conciencia de lo que le acontece, se escurrirá entre ellas. Lo inaudible se halla en esta conciencia que, a la sombra de la muerte amenazante, echa mano de lo posible aquí y ahora y hace saltar el orden establecido como su polisémica parte contraria. Lo que aquí parece ser el núcleo de la anécdota es de hecho una realidad que se nos rehuye, que se abre a otras posibilidades. La última frase de la cita denuncia el intento militar pero inadecuado de hacerla compatible. De este modo lo que puede parecer anécdota es, como construcción modélica, significativa para el argumento que la abarca: el verdadero acontecimiento de la Guerra Civil no se halla ni en aquello que puede ser comprendido en el espacio abstracto, ni en lo que puede ser comprendido en el espacio perceptivo. No es de ninguna manera un objeto determinable. Es aquello que acontece en los confines de estas perspectivas y aquello de lo que surgen estas perspectivas.

La referencia a la idea de realidad concebida como resistencia, plasmada aquí en el juego de dos imágenes que se excluyen recíprocamente, confirma lo que resultaba de la multicodificación del espacio. La instrumentalización espacial de antinomias e ironizaciones produce en *Herrumbrosas lanzas* una reproducción que hace referencia a lo no reproducible.

Otro ejemplo es el relato de la primera intrusión de los falangistas en la comarca de Región. En una escena burlesca toman a un espantapájaros por un puesto enemigo:

> «Tú, ven acá», ordenó el jefe a uno de los jóvenes, «¿que ves allá?», le preguntó, al mismo tiempo que le cedía los prismáticos. El chico se aplicó los prismáticos a los ojos, con mucha fuerza, para despojarse de ellos en seguida y observarlos con extrañeza. «¿Qué te pasa?», preguntó. «Yo no veo nada, jefe.» «¿Es que no sabes mirar? Gradúalo con esto.» El voluntario hizo así, pero tardó un rato en ajustar el foco. Al fin dijo: «Ahora sí que se ve; vaya que si se ve; sucio pero se ve, se ve muy bien». «¿Qué ves? ¿No ves allí un hombre de guardia? ¿No ves que se mueve con el fusil al hombro?» «Aquello es una cuerva, jefe», repuso el joven. «¿Una cuerva? ¿Qué coño es una cuerva?» «Aquello es una cuerva, jefe», es todo lo que supo decir. El jefe se impacientó: «Pero ¿qué coño es una cuerva?» «Una cuerva para los pájaros, para que no se coman la fruta, jefe» (85 s.).

Lo que aquí se presenta en esta dilatada puesta en escena del ver abarca varios estratos sensoriales. Los objetos visibles están engarzados en órdenes visuales subjetivos. El ver del jefe se activa a partir de un anhelo de ver. Resulta de una preferencia que condiciona la referencia. El mero ver del voluntario no conoce tal anhelo de ver y por ello, su visión termina de momento en un no-ver. Después, ciertamente, también se establece para él su orden visual, pero en un primer grado de visibilidad, en el que el objeto visible se muestra por sí mismo ante él. Será la pregunta del jefe, «¿qué coño es una cuerva?», la que le coloque definitivamente el objeto en un contexto reflexionado por él. Aunque el jefe tenga que doblegarse a él, como se desprende del siguiente acontecimiento, no acabará de abandonar realmente el ámbito de su preferencia, porque su proyección de la violencia, que intentaba superar el espacio de forma meramente visual —a este estrato sensorial corresponderían los prismáticos— lo rebasa por la irreversibilidad de su actuación. Así aparece plasmado en la siguiente secuencia.

> Entonces ordenó a los dos muchachos montar el ametrallador y disparar una ráfaga sobre el espantapájaros. No lo consiguieron a causa de un mal funcionamiento del percutor que el jefe, en su impaciencia, golpeó con el pomo de su mano hasta que, con un imprevisto sonido, brotaron unos proyectiles que solamente agitaron las hojas de una higuera próxima. Entonces se oyó en el pueblo el angustiado rebuzno de un asno, siempre consciente de su soledad, siempre atento al vacío del éter para llenar con su lamento el límite inferior de la tragedia. Le contestó la ráfaga, que no alcanzó al espantapájaros, tan sólo levantó el polvo a unos pocos pasos y provocó un insólito y rotundo eco, como el de una botella al ser descorchada. Esperó el jefe, y cuando comprobó que en el pueblo sólo un par de voces de mujeres y una agitación de gallinas replicaban a sus disparos, ordenó la formación de las dos columnas que habrían de ocuparlo por dos caminos distintos, uno alto y otro bajo (86).

En el pueblo El Salvador preguntan a un paisano por el alcalde:

> «A buena parte van ustedes a preguntar», intervino la mujer [...] «éste no sabe lo que es eso», les vino a decir no para salir en defensa de su marido, sino para dejar bien claramente establecida, ante desconocidos, la clase de estimación que le merecía en cuanto hombre público. «A ver si te callas», dirá el marido, «¿no voy a saber yo lo que es el Frente Popular?» (87).

El campesino y el presunto alcalde son tomados rehenes y son fusilados al día siguiente:

> Hasta el último momento no supieron o no comprendieron que iban a ser fusilados. No sabían lo que era eso. [...] Los ataron a dos troncos, muy semejantes. Apenas se miraron. [...] pero no protestaron, como esos perros incapaces de comprender la ley que les impide acompañar a sus amos al interior del establecimiento [...] sino que esperaron pacientemente su vuelta al cabo de unos pocos pasos. La vuelta fue una descarga cerrada, a seis metros de distancia [...] (89).

Estas escenas representan el choque de la guerra con el apacible mundo rural como un franqueo del espacio en dos direcciones contrarias. La abstracción de la guerra se personifica, invade el espacio perceptivo de El Salvador y se adapta a la grotesca candidez de este mundo concreto. La frase «¿No voy a saber yo lo que es el Frente Popular?» adquiere una función umbral. Los rehenes y los asesinos abandonan la grotesca inocencia. Los espacios divergentes chocan aquí y producen una realidad caótica.

Hay que añadir a las tres formas de manifestación del espacio expuestas hasta ahora una cuarta. Se trata de la polifonía de los espacios, mencionada ya en el título de mi ponencia. Este término proviene asimismo del estudio de Lotman *La estructura del texto artístico*. Partiendo de una estructura del espacio básicamente binaria, Lotman designa como la característica topológica del espacio más importante aquel límite casi siempre infranqueable que lo hace desintegrarse en dos espacios parciales con dos sistemas de normas contrapuestos. En el caso sencillo, el ordinario, los personajes corresponden a uno de estos diferentes espacios. En el caso complejo, se hallan vinculados a tipos incompatibles dentro de la división. Un único mundo del texto, según Lotman, aparece distribuido de forma diferente para los personajes. Lotman habla en este contexto de una polifonía de los espacios. Lo que aquí se revela y que no ha sido tratado por Lotman es la posibilidad de incluir en la teoría del espacio artístico la experiencia de una realidad en sí heterogénea. Una posibilidad así corresponde a la concepción de orden de la modernidad, que da cabida a la contingencia en el orden. El orden también podría ser cada vez otro, el modo de ser de la realidad se halla atravesado por el modo de ser de la potencialidad.

La literatura moderna participa de forma significativa en la generación de esta transformación y con ello en la potencialización y pluralización del orden. Hace ver que realidad y orden sólo pueden tenerse en plural. Coordinaciones sucesivas ocupan el lugar de constelaciones hasta ahora fijas y unívocas, el todo abarcador se fragmenta en esferas particulares, se disuelve en dominancias divergentes.

El espacio en el que se desarrolla este proceso en *Herrumbrosas lanzas* es el espacio perceptivo, que se compone de espacios de percepción orientados a los sujetos y divergentes entre sí. Los personajes que lo constituyen pueden estar asignados a dos espacios acotados el uno del otro, y así lo están en la mayoría de los casos. Pero también pueden aparecer vinculados a espacios no conciliables entre sí.

Representativo para este tipo de personaje con función de dos espacios parciales es el capitán Arderíus. Él pertenece a ambos espacios opuestos de la Guerra Civil diferenciados por sus sistemas de valores. A pesar de haber sido descubierto como espía por el Comité de Defensa, no llegará nunca a ser confrontado con su desenmascaramiento durante los acontecimientos bélicos que se narran en *Herrumbrosas lanzas,* sino que se le permitirá permanecer en su puesto militar por consideraciones del servicio secreto. Siguiendo a Lotman, Arderíus podría ser un personaje portador de un acontecimiento[11]. Ya que desde el punto de vista funcional, transgrede unos límites presentados en principio como insuperables, especialmente en el argumento de la Guerra Civil. Este concepto de transgresión de fronteras y del acontecimiento que de ello deriva justifica en Lotman, por cierto, la vinculación de las estructuras espaciales con el desarrollo argumental. Si se traspasa la frontera, nos encontramos ante un texto con *sujet*[12]. Si se respeta la frontera, nos encontramos ante un texto sin *sujet*.

En *Herrumbrosas lanzas* Benet ha superpuesto ambos. La traición de Arderíus es un acontecimiento constitutivo del *sujet*, ya que ha infringido el sistema de normas de la República. Por otro lado, al capitán del Comité de Defensa se le permite seguir desempeñando su función de liderazgo

[11] En *Estructura del texto artístico* de Lotman se define un acontecimiento como uno de los elementos de la concatenación de sucesos de una historia. El acontecimiento marca esta historia.

[12] En el sentido de acontecimiento.

militar. Y la acción de la traición queda sin consecuencias, transgrede la frontera sin volverse acontecimiento. Lo que a raíz de ello aparece como una anulación de oposiciones básicas en el espacio semántico, constituye a la vez la desestabilización de los criterios de orden en la Guerra Civil; y con ello un aspecto esencial del acontecer histórico. Esto significa que los parámetros ficcionales de Benet no sólo asumen el antagonismo entre contingencia y orden, el conflicto entre posibilidad y realidad, sino lo contingente como parte perteneciente al orden.

El siguiente párrafo quiere ilustrar ejemplarmente cómo los espacios polifónicos con sus incompatibilidades, incluida la liberación de contradicciones fundamentales, entrelazan el espacio artístico de *Herrumbrosas lanzas*.

> [Las primeras reuniones del Comité de Defensa tienen lugar en el Colegio de los Escolapios, cuyo portero se revela como aficionado a la destrucción con el fuego, o sea, como pirómano.]
> «Cuando todo Región no sea más que un montón de pavesas —decía el portero— seguiremos por la vega y pegaremos fuego a los huertos, los molinos y hasta los caballos». «¿Y las cabras?», preguntaría alguno, hecho a la idea de dedicar toda la sesión a aquel asunto. «Las cabras también, lo primero de todo las cabras. Pienso que deberíamos quemar las cabras incluso antes que el colegio.» «Podríamos quemarlas a la vez», insinuó otro. El portero debió entrar en trance: «Excelente idea, muy acertado, señores; naturalmente —musitó—, el colegio y las cabras al mismo tiempo ¿cómo no se me había ocurrido antes?». Su mirada quedó transfigurada. «Ya veo...», comenzó, y todos los miembros del Comité —incluso los más recalcitrantes y los menos dispuestos a perder su tiempo— tuvieron su aliento ante la visión escatológica del portero [...] (79 s.).

En este caso sintetiza Región, como espacio de reflexión de un comité republicano, la contradicción flagrante entre visión del mundo y práctica anarquistas por una parte y estructuras de decisión jerarquizadas en toda acción militar por la otra.

El espacio abstracto se basa en una proyección espacial de perspectiva centralizada. Está sujeto a la perspectiva de un punto de vista unitario, que un sujeto perceptivo reducido a su función ha asumido. Este sujeto constituye la perspectiva centralizada y a su vez está contenido en ella. Está sobreimpresionado con ella a través de la relación sujeto-objeto, condición *sine qua non* de toda perspectiva centralizada. Pero no consigue dar cabida en la representación a esta *origo* absoluta, que determina que su campo visual sea así y no de otra forma. Ya que ésta se haya ya presupuesta en cada intento de representarla. Esto lo enuncia Foucault en su análisis de *Las meninas* de Velázquez: la representación no puede ser parte de lo representado. El espacio perceptivo, en cambio, tiene la tendencia a desdoblarse en diferentes formas de perspectivación. Pero esta multiplicidad no puede ser extendida hasta un infinito en el que lo acontecido devendría en lo ideal imaginado. Estos dos polos, el espacio abstracto y el espacio perceptivo, Benet los sitúa en una relación de tensión de tal intensidad, que ésta evita que el acontecimiento histórico devenga en contenidos de expresión particulares-subjetivos o en una forma vacía.

Mientras el espacio abstracto muestra índices de lo ficticio (nombres imaginarios, eclecticismo geográfico, otorgamiento de nombres con función de homenajes), bajo el espacio perceptivo subyace una referencia ficticiamente vinculante: con relación al «Mapa de Región», la novela hace como si el espacio geográfico ficticio fuera un espacio de realidad. Se trata de un «*como si* doblemente dialéctico» (Schulz 1985: 509). En el juego benetiano de la constitución del espacio, la novela señala paradigmáticamente hacia una realidad, y niega al mismo tiempo esta indicación, en tanto que es obra artística.

La constitución del espacio se vuelve para él medio epistemológico. Lo que se manifiesta sólo puede existir como apariencia, no simula ser algo existente con otra modalidad. Pero a diferencia de la semiótica tradicional, no se trata aquí de la reproducción y transmisión de significado, ya que no existe tal significado. La narración revela más bien la génesis de lo narrado y del narrador. Sin la ficción, carecería de forma, sería inimaginable, no podría ser apreciado. La novela no es una crónica, no documenta un acontecimiento histórico. La presentación narrativa no significa ya presentación de algo existente fuera del texto. Significa, más bien, que algo hace su aparición en la narración, que algo surge al ser narrado.

Su ficción constituye, comparable con lo que desarrolla Foucault sobre los textos narrativos de Maurice Blanchot, «no en hacer visible lo invisible, sino en hacer ver cómo de invisible es la invisibilidad de lo visible» [13]. Foucault reconoce ahí la afinidad de la ficción con una idea específica del espacio, en la que éste rodea a las cosas y a las personas como si fuera una dimensión de lo indeterminado, del olvido, de la disolución, del vacío.

Cuando el lector finalmente puede entablar comunicación con aquello que traspasa un mundo ideado como transparente, en tanto que ello es parte de éste, entonces parece como el conocimiento fuera a hacerse posible gracias a una contradicción fundamental. Y entonces quizá se quiera argüir que no se puede hacer de una contradicción la base de esta narrativa que prefigura el conocimiento: al fin y al cabo, si todos los espacios ficcionales no fueran imaginables, no transmitirían finalmente nada.

La objeción tendría razón de ser, si la intención de Juan Benet fuera únicamente dejar al descubierto una experiencia prerracional o mágica en el campo de fenómenos descriptibles. Entonces sería válido elegir entre confiar en lo visible y prescindir de lo imaginable o querer saber lo que hay que decir, y renunciar a lo visible. Pero la narrativa de Juan Benet puede brindarle al lector la ocasión de acceder a un logos más fundamental que el pensamiento objetivo, de que a alguien se le muestre algo como algo. Es entonces cuando su narrativa con respecto a la factibilidad del conocimiento se evidenciaría como más radical que toda visión reconocedora.

(Traducción: Carmen Martínez Labiano)

[13] Compárese Michel Foucault (1994: 524): «Le fictif n'est jamais dans les choses ni dans les hommes, mais dans l'impossible vraisemblance de ce qui est entre eux: rencontres, proximité du plus loin, absolue dissimulation là où nous sommes. La fiction consiste non pas à faire voir l'invisible, mais à faire voir combien est invisible l'invisibilité du visible».

BIBLIOGRAFÍA

BENET, Juan (1999): *Herrumbrosas lanzas*. Madrid: Alfaguara.

BLUMENBERG, Hans (1964): «Wirklichkeitsbegriff und Möglichkeit des Romans», en: Hans Robert Jauß (ed.): *Nachahmung und Illusion*. München: Fink, pp. 9-27.

FOUCAULT, Michel (1994): «La pensée du dehors», en: D. Defert/F. Ewald/J. Lagrange (eds.): *Dits et écrits 1954-1988*. Tomo I (*1954-1969*). Paris: Gallimard, pp. 518-539.

— (1966): *Les mots et les choses: une archéologie des sciences humaines*. Paris: Gallimard.

GULLÓN, Ricardo (1986): «Esperando a Coré», en: Kathleen M. Vernon (ed.): *Juan Benet*. Madrid: Taurus, pp. 127-146.

HUSSERL, Edmund (1975 [1913]): *Logische Untersuchungen. Vorwort zur zweiten Auflage*. En: *Gesammelte Werke*. Tomo XVIII. Den Haag: Martinus Nijhoff, pp. 8-16.

LOTMAN, Yuri M. (1982): *Estructura del texto artístico*. Traducido del ruso por Victoriano Imbert. Madrid: Istmo.

— (1972): *Die Struktur literarischer Texte*. Traducido del ruso por R.-D. Keil, München: Fink.

LYOTARD, Jean-François (1986): *Le postmoderne expliqué aux enfants. Correspondance 1982-1985*. Paris: Edition Galilée.

SCHULZ, Walter (1985): *Metaphysik des Schwebens. Untersuchungen zur Geschichte der Ästhetik*. Pfullingen: Neske.

SPIRES, Robert C. (1978): *La novela española de postguerra*. Madrid: Cupsa editorial.

SUMMERHILL, Stephen J. (1986): «Prohibición y transgresión en *Volverás a Región* y *Una meditación*», en: Kathleen M. Vernon (ed.): *Juan Benet*. Madrid: Taurus, pp. 93-107.

VERNON, Kathleen M. (ed.) (1986): *Juan Benet*. Madrid: Taurus.

WELSCH, Wolfgang (2003): «Zur Aktualität ästhetischen Denkens», en: Wolfgang Welsch: *Ästhetisches Denken*. Stuttgart: Reclam, pp. 41-78.